# 언어학의 이해

언어학의 이해

# 언어학의 이해

## 김 진 호

역락

# 머리말

    인간은 여러 가지 면에서 동물과 구별되는 특성을 지니고 있다. 불을 사용한다든지 또는 직립 보행한다는 원초적 차이와 함께 이상과 목표를 실현하기 위해 공동체 사회를 구성하여, 그 속에서 다양한 문화를 형성해 간다는 점 등이다. 인간이 사회를 통해 이상을 실현하고, 문화를 형성하기 위해서는 '언어'라는 도구가 필요하다. 우리가 사회 생활을 함에 있어 원만한 인간 관계를 유지하고 자기의 맡은 바 임무를 충실히 수행할 수 있는 것도 언어 활동을 통해서이기 때문이다.

    언어의 사용을 인간과 동물을 구분 짓는 가장 명확한 기준으로 삼을 경우, 인간의 본질을 이해하고 탐구하는 출발점은 언어에 대한 연구가 될 것이다. 그러나 우리는 언어에 대해 알고 있는 것보다 모르는 것이 훨씬 많으며, 심지어 언어에 대해 무관심한 것도 사실이다. 현재 대학의 교양 강좌 중 '언어의 이해' 또는 '언어학의 이해' 등으로 개설된 강좌에 대한 학생들의 반응 또한 이러한 현실에서 벗어나지 않는 듯하다. 사실 이들 강좌가 학생들에게 인기 있는 것은 아니다. 이러한 이유로 어떻게 하면 학생들이 지루해하지 않고 강의에 집중할 수 있을 것인가에 대한 부담과 함께 또 다른 고민은 교재 선정에 있다.

    지금까지 언어 및 언어학에 관련되는 직·간접적인 교재는 상당하다. 그러나 지금껏 별다른 관심을 가지지 않았던 분야인 만큼 언어학의 전공자가 아닌 일반 학생들이 읽고 이해하기란 쉽지가 않다. 이에 대학 교양 과정의 '언어'를 좀 더 알기 쉽고, 간략하게 써 보았으면 하는 마음을 가지게 되었고, 그 간의 강의 노트와 개론서를 중심으로 『언어와 문화』(2001)를 출간하였다.

본서는 『언어와 문화』의 내용을 기본 틀로 하여 설명이 잘못되었거나 이해의 오해가 생길 수 있는 부분을 수정하였다. 그렇지 않아도 수정의 기회만을 기다리고 있었던 차였기에 다행스럽게 생각한다. 그럼에도 불구하고 설명이 잘못되었거나 원 저자의 의도를 벗어나는 설명이 있다면 이는 전적으로 저자의 책임임을 밝혀 둔다.

끝으로 양가 부모님들과 가족들에게 감사하다는 말씀을 드리고, 항상 따뜻하게 보살펴 주시는 이광정 교수님을 비롯하여 경원대학교 국어국문학과의 교수님들께도 감사의 말씀을 올린다. 또한 원고의 교정에 시간을 아끼지 않은 아내 그리고 항상 예쁘게 자라는 예원이에게도 고마움을 전하며, 출판을 맡아주신 역락 출판사 이대현 사장님과 편집에 수고를 아끼지 않은 박윤정님에게도 깊이 감사드린다.

2004년 2월

김 진 호 씀

# 차 례

# 제 1 장  언어(言語)와 언어학(言語學)

유사(有史)이래 인간은 수많은 시행착오를 거치면서 그들의 삶에 가장 적합한 생활 방식 내지 생활 양식을 형성해 왔다. 우리는 이렇게 생성된 생활 양식 전반을 '문화'라 지칭한다.

그러나 이는 문화의 사전적 의미에 불과할 뿐 문화의 포괄적 측면에 대한 완전한 정의는 되지 못한다. 왜냐하면 인간의 문화란 너무나 복잡다기(複雜多岐)한, 즉 언어·정치·사회·경제·제도·역사 등의 복합체이기 때문이다.

인간의 생활 방식 가운데 언어는 인간 상호간의 의사 전달이라는 매우 중요한 기능을 담당하는 문화적 요소로, 타 문화 요소에 깊이 관여하고 있다.

우리는 인간의 특징을 말할 때 흔히 동물과의 차이를 들어 설명한다. 동물과 달리 인간은 사회 생활을 하며, 문화를 보존하고 또 그것을 후손들에게 전수하여 발전시킨다. 무엇보다도 인간과 기타 동물을 명백히 구별짓는 특징은 언어의 유무이다. 다른 동물과 달리 인간에게는 언어 구사를 위한 기관이 특별하게 발달되어 있다. 인간의 대뇌에는 말을 하도록 작용하는 중추 신경이 있는데 이 신경의 작용으로 발음 기관을 움직여서 말을 하게 되고, 또 청신경과 대뇌를 통하여 타인의 언어를 이해하는 것이다. 물론 다른 동물도 자신의 소리로써 그 나름의 신호를 교환

하지만, 비교적 지능이 발달해 있다는 침팬지 같은 짐승들을 대상으로 이루어진 언어 훈련 등의 실험을 통해 확인되었듯 인간의 복잡하고 다양한 의사 소통과는 비교할 수 없는 정도의 수준이라 하겠다.

우리가 사회 안에서 인간 관계를 유지하고 맡은 바 직책을 수행할 수 있는 것은 언어로서 상호 의사를 소통할 수 있기 때문이며, 교육을 통해 지식을 습득하고 문화를 형성, 발전시킬 수 있는 것도 언어가 있기 때문이다.

그러나 인간의 사회 생활과 일상에 가장 중요한 기능을 담당하는 언어에 대해 우리는 별다른 관심을 가지지 않을 뿐 아니라 기본적인 이해마저 부족한 경우를 종종 발견하게 된다.

외국어를 효과적으로 학습하는 방법은 무엇이며, 외국어 교육은 어느 정도까지 해야 할 것인가, 표준어의 제정이나 맞춤법의 통일은 왜 필요한가 등과 같이 흔히 언어와 관련하여 제기되는 여러 문제들을 해결하기 위해서는 무엇보다도 먼저 언어의 본질에 대한 이해가 선행되어야 한다. 그리고 그것은 인간과 문화 전반을 이해하는 데에도 많은 도움이 될 것이다. 따라서 본 장에서는 언어에 대한 일반적 특징에 대해 알아보고자 한다.

 ## 언어의 본질


현재 인간이 사용하는 구체적 언어는 약 수천 개에 달한다고 한다. 가까운 아시아 문화권에만 해도 한국어를 비롯해 중국어, 일본어, 만주어 등의 언어들이 존재한다. 이들 언어들은 다른 언어와 구별되는 독특한 성질을 지니고 있는데, 그러한 개별 언어의 특수성만을 지나치게 강

조한 결과 많은 사람들이 언어와 관련해 다음과 같은 몇 가지 잘못된 생각을 지니게 되었다.

첫째, 언어와 민족을 필연적인 관계로 설정하여 특정한 개별 언어는 특정한 민족과 불가분의 연관성이 있다고 생각해 왔다. 즉 한국어는 한민족과 중국어는 중국 민족과 떨어질 수 없다는 입장이다. 물론 이들이 밀접한 관련을 가지는 것은 사실이지만 그렇다고 필연적인 관계로까지 이어지지는 않는다. 예를 들어 말을 배우기 전의 한국 어린이가 미국 사회에서 자라면 영어를 '모국어'(母國語)로 배우게 되고, 서양 선교사의 아이들이 한국 사회에서 자라면서 한국어를 자국어보다 능숙하게 구사하는 것을 볼 수 있다.

언어를 지배하는 것은 민족이 아니라 화자가 접하고 있는 언어 환경이다. 그래서 말을 배우기 시작하는 어린이들이 한 가지 이상의 언어에 노출되면 한 가지 이상의 언어를 배우게 되는 것이다.

둘째, 언어와 문화, 문화 발전을 필연적인 관계로 설정하여 언어가 발달한 민족은 그 문화 또한 발전된 것이라고 생각해 왔다. 그러나 언어와 민족의 관계와 마찬가지로 언어와 문화 및 문화 발전도 밀접한 관계이기는 하지만 필연적이지는 않다. 즉 사용하는 언어가 다르면 문화도 다르다든지 또는 서로 다른 문화를 가진 사회가 각기 다른 언어를 사용하는 것은 아니다. 미국의 경우, 다양한 문화를 형성하는 언중들임에도 불구하고 모두 동일한 언어를 사용하고 있는 사실만 생각해 보더라도 알 수 있다.

셋째, 언어와 사고를 필연적인 관계로 설정하여 언어가 그 언어를 사용하고 있는 언중들의 사고를 지배한다고 생각해 왔다. 즉 우리가 객관적인 세계를 그대로 보고 경험하는 것이 아니고, 언어를 통해서 인식한다는 뜻이다. 이러한 예로 많은 사람들이 들고 있는 것이 무지개 색깔이다. 우리 언어 체계에서 무지개 색은 7가지 '빨, 주, 노, 초, 파, 남, 보'

로 인식하지만, 다른 언어에서는 두 가지 내지 세 가지로 표현하기도 하기 때문이다.

그러나 실제로 언어가 그만큼 철저하게 우리의 사고를 지배하는 것은 아니다. 즉 앞서 말한 무지개 색깔의 예만 하더라도 어떤 색깔에 해당하는 단어가 없다고 해서 그 색깔을 인식할 수 없는 것은 아니기 때문이다. 또한 언어가 사고를 지배한다면 언어가 달라짐에 따라 사고도 달라져야 하는데도 불구하고 자기를 중심으로 1세대 위의 남자를 '아버지' 그리고 2세대 위 남자를 '할아버지'라 하는 것은 언어의 사용과는 상관없이 모든 언어 사회의 공동점이다.

세계 각국의 언어들은 개별성으로서의 언어적 특수성을 지니는 반면, 언어 차이를 불문하고 보편성으로서의 언어적 공통성도 지니는데, 이에는 언어의 '기호성(記號性), 자의성(恣意性), 창조성(創造性), 사회성(社會性), 역사성(歷史性), 분절성(分節性), 추상성(抽象性), 개방성(開放性)' 등이 있다.

이상과 같은 언어의 일반적인 특성에 대해 알고 나면 지금보다 훨씬 더 풍요로운 언어 생활을 하는 데는 물론이고 우리가 다른 언어를 배울 경우에도 많은 도움이 될 것이다.

## 1.1 언어의 기호성(記號性)

언어는 추상적인 기호 체계를 이루고 있다. 언어 기호는 어느 특정 개인에 의해 만들어진 것이 아니라 언중 누구에게나 그렇게 사용하도록 약속되어 있는 언어 형식이다. 이들은 개별적으로 존재하지 않고 다른 언어 기호들과 함께 상호 공존하는 가운데서 그 가치를 발휘한다.

약속으로서의 언어 기호와 함께 언어는 언어를 구성하는 요소들의 체계를 형성하고 있다. 즉 언어는 '음운(음성), 형태, 문법, 의미' 등과 같은 하위의 체계들로 이루어져 있고, 또한 하위의 체계들은 그보다 더 작은 구성 요소들의 결합으로 형성된다. 참고로 아래는 언어의 구성 요소 중 음운의 하위 체계를 나타낸 것이다.

(1) 음운의 하위 체계

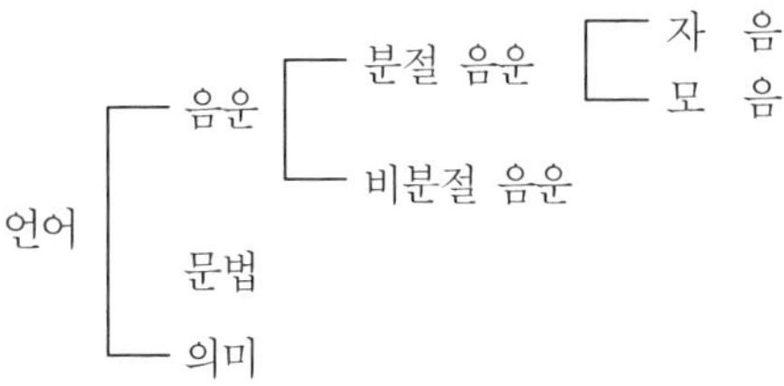

언어의 한 구성 요소로서 음운은 문법, 의미 등과 대등한 위치에 있으며, 분절 음운과 비분절 음운으로 이루어진다. 그리고 분절 음운은 다시 자음과 모음의 체계로 구성되어 있음을 알 수 있다.


## 1.2 언어의 자의성(恣意性)

추상적인 기호 체계를 이루는 언어는 음성과 의미를 수단으로 하는 구조이다. 즉 '음성'은 언어의 형식적인 수단으로, '의미'는 언어의 내용적인 수단으로서 언어를 논함에 있어 없어서 안될 요소이며 이들은 마치 동전 앞뒤처럼 분리하여 설명할 수 없는 관계이다.

그러나 언어 기호의 음성과 의미 사이에는 필연성이 없는데, 이를 언어의 '자의성'이라 한다. 달리 '우연성, 임의성'이라고도 부른다. 만약 이들의 관계가 필연적이라면 동일한 의미를 표현하는 각 국의 언어 음성의 차이를 설명할 방법이 없다. 예컨대 '人'이라는 단어의 의미를 표상하는 음성이 나라나 종족마다 여러 가지로 다르게 나타나는 아래의 경우를 보기로 하자.

(2) 언어의 자의성

| | 의미 | 음 성 |
|---|---|---|
| 한국어 | | sa:ram |
| 중국어 | | rén |
| 영  어 | | mæn |
| 일  어 | | hit′o |
| 독  어 | | menʃ |

이와 같이 동일한 개념을 지닌 사물과 이를 지시하는 음성이 언어마다 다르다는 사실이 음성과 의미의 자의적 관계를 잘 드러낸다. 한편 이들의 관계가 필연적일 것 같은 의성어, 의태어의 경우에서도 마찬가지이다.

| | 개 | 닭 |
|---|---|---|
| 한국어 | 멍 – 멍 | 꼬끼오 |
| 영  어 | bow-wow | cockadoodledoo |

결국 '멍멍'이 정확하다거나 'bow-wow'가 정확한 표현이라는 논의는 무의미하며 우리 언어 체계에서 개소리는 '멍멍'이라는 표현으로 관습화되었고, 미국에서는 'bow-wow'가 언중들의 표현으로 사용될 뿐 그 이상의 의미는 없다.

## 1.3 언어의 사회성(社會性)

언어의 자의적인 성질로 인해 언어 사용자들은 언어 기호가 나타내는 의미를 서로 약속하지 않으면 안 된다. 그렇지 않으면 상호 의사 전달에 많은 어려움이 따를 것이다.

언어는 사회적 약속으로서 한 개인의 힘으로 마음대로 바꿀 수 없는데, 이러한 언중들 사이의 약속을 언어의 '사회성' 내지 '불역성'(不易性)이라 한다.

언어의 사회성은 언어의 모든 구성 요소에 적용되는데, 이 가운데 어휘 분야에서의 한 예를 보이면 다음과 같다. 지난날 고속 도로의 맨 바깥 차선을 가리키는 용어는 '노견'(路肩)이었다. 그러나 이는 한자말로서 고유어로 바꾸었으면 하는 언중들의 공통된 인식에 의해 오늘날은 '갓길'이라는 명칭으로 보편화되었다. 반면, 오늘날 '시멘트'로 불리는 용어는 고유어인 '돌가루'로 불려지는 듯 하다가 사라진 경우이다.

이 예에서 '갓길'과 '돌가루'의 차이는 무엇인가? 간단히 언중들의 공인을 받았느냐 받지 못했느냐는 차이다. 즉 전자는 대다수의 사람들이 '노견'보다는 '갓길'이라는 용어를 사용하자는 무언의 약속을 한 것이고, '돌가루'는 기존의 '시멘트'로 사용하자는 언중들의 약속이 그대로 지켜진 경우이다.

## 1.4 언어의 역사성(歷史性)

시간의 흐름에 따라 세상 만사가 변하듯, 언어 또한 변화했고 현재 변화중이며 앞으로도 끊임없이 변화할 것이다.

언어는 본질적으로 의사 소통을 위한 약속의 기호 체계이기 때문에 개인이 마음대로 바꿀 수 없다고 하였다. 그러나 어떤 개인에 의한 인위적인 변화는 불가능할 지라도 시간의 흐름에 따른 자연적인 변화들이 쉴새없이 일어나고 있다. 당시에는 그 변화의 양상을 아는 것이 쉽지 않지만 어느 정도 시간이 흐르고 나면 그 변화의 모습이 확실하게 드러난다.

사람들은 곧잘 언어를 살아있는 유기체에 비유한다. 신체를 구성하는 각 부분들이 제 기능을 다할 때 완전한 인격체로 기능하듯, 언어도 이를 구성하고 있는 음운, 형태, 문법, 의미의 각 요소들이 어떠한 질서 속에서 이루어진다는 것을 의미한다. 그리고 유기체로서의 인간이 태어나, 성장하고, 죽듯이 언어도 이러한 과정을 똑같이 겪는다. 즉 개별적인 말의 소리가 변하고 그 변화가 쌓여서 음운 체계가 변하기도 하며, 그로 인한 문법적 요소와 문법 체계도 변화의 과정을 겪게 된다. 이러한 언어의 성질을 '역사성'이라 한다.

현재 우리가 사용하고 있는 한국어도 역사적으로 많은 변화를 겪으면서 오늘날의 모습으로 발전 내지 변화해 왔는데, 언어의 4가지 요소, 즉 음운, 형태, 문법, 의미에서 이러한 변화의 구체적 실상을 쉽게 확인할 수 있다.

첫째, 음운 체계에서 확인할 수 있는 것은 일단 '중세 국어 – 근대 국어 – 현대 국어'로 이어지는 과정 속에서의 다음과 같은 모음 체계의 변화를 들 수 있다.

(3) 모음 체계의 변화

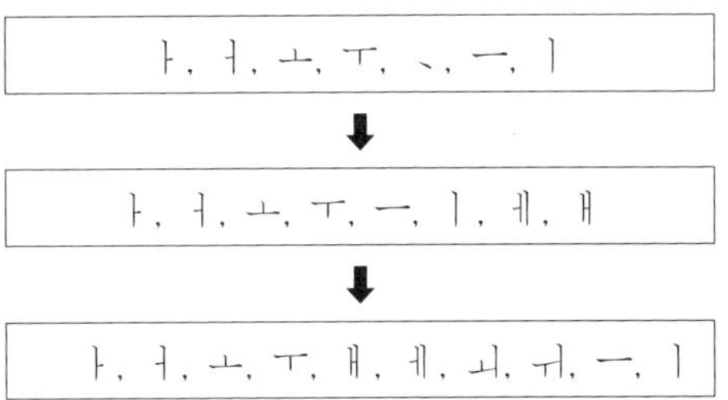

'훈민정음'(訓民正音) 창제 당시인 중세 국어 시기의 7모음 체계(ㅏ, ㅓ, ㅗ, ㅜ, ㅡ, ㅡ, ㅣ)가 16세기 임진란을 거치면서 'ㅡ'모음의 소실로 인해 8모음 체계로 변했다가 오늘날 현대 국어에서는 10모음 체계로 변화의 과정을 밟아 온 것이다.

둘째, 형태 체계에서는 고유어였던 많은 어휘들이 한자어의 도입으로 사라진 경우를 들 수 있다. 어휘는 끊임없이 생겨나고 소멸된다. 음운 체계의 변화나 문법 체계의 변화는 그 속도가 대단히 느리지만 어휘의 변화는 그 양도 많으며, 변화의 속도 또한 대단히 빠르다는 특성이 있다. 특히 지식의 양이 폭발적으로 늘어나고 문물 제도가 급격하게 변화를 거듭하며 단기간에 사회 구조의 변동이 극심한 현대 사회에서는 어휘 변동의 폭이 엄청나게 크고, 빠른 속도로 진행된다. 새로운 생각, 세분화되는 지식, 새로 생겨나는 사물들이 많기 때문에 이들을 표현해야 할 새말이 그만큼 많이 요구되는 한편, 사라져 가는 문물 제도와 함께 사라져 가야 할 운명에 놓이는 말들도 그만큼 많기 때문이다.

셋째, 문법과 의미 체계에서의 변화 양상 또한 언어의 중요한 변화이다. 다음은 15세기에 쓰여진 『훈민정음』의 서문으로, 이를 통해 문법과 의미에서 여러 가지 변화가 일어났다는 사실을 확인할 수 있다.

(4) 『훈민정음』 서문

나랏 :말ᄊᆞ·미 中듕國·귁에 달아, 文문字ᄍᆞ·와로 서르 ᄉᆞᄆᆞᆺ·디 아니
ᄒᆞᆯ·ᄊᆡ·이런 젼·ᄎᆞ·로 어·린 百·빅姓·셩이 니르·고·져 ·ᄒᆞᇙ ·배 이·셔·도, ᄆᆞ·ᄎᆞᆷ:내
제 ·ᄠᅳ·들 시·러 펴·디 :몯ᄒᆞᇙ ·노·미 하니·라. ·내 ·이·를 爲·윙·ᄒᆞ·야 :어엿·비
너·겨, 새·로 ·스·믈여·듧 字·ᄍᆞ·ᄅᆞᆯ 밍·ᄀᆞ노·니, :사ᄅᆞᆷ :마·다 :ᄒᆡ·여 :수·비
니·겨 ·날·로 ᄡᅮ·메 便뼌安한·킈 ᄒᆞ·고·져 ᄒᆞᇙ ᄯᆞᄅᆞ·미니·라.

문법에서의 변화로 들 수 있는 것은 위 예시문 '니르고져'의 '-고져'는
당시 의도를 나타내는 연결 어미였는데 지금은 '-고자'로 쓰이고 있으며,
'ᄒᆞᇙ 배 이셔도'에서는 의존 명사 '바'에 주격 조사 'ㅣ'가 붙어 있지만, 오
늘의 국어에서는 '하는 바가 있어도'처럼 주격 조사 '가'가 쓰인다. 이러
한 예들은 15세기에서 지금에 이르는 동안 일어났던 문법의 변화 모습
을 드러낸다.

의미에서의 변화는 '어린 백성이'에서 '어리석다'란 의미의 '어린'이 오
늘날 '(나이다)어리다'로 의미가 바뀌었고, 또한 '몯ᄒᆞᇙ 노미'의 '놈'도 '일
반적인 사람'을 가리키는 평어에서 오늘날 '비어'(卑語)로 바뀌어져 사용
되고 있다. 이 외에도 16세기 『소학언해』의 '얼굴'도 '형체'라는 의미에
서 오늘날은 '안면'만을 축소해 가리키고 있다.

## 1.5 언어의 창조성(創造性)

우리는 언어를 수단으로 많은 대화를 하며 산다. 가정에서는 가족들
과, 학교에서는 친구들과 매일 매일 자기의 생각을 주고 받는데, 실제
언어 사용에 있어 항상 동일한 문장을 발화하는 것은 아니다. 동일한 사
람일지라도 문맥 상황에 따라 다양한 발화를 하게 된다.

인간은 발화에 앞서 그 내용을 미리 배우거나 암기하는 것이 아니라

그가 직면하는 새로운 상황에 걸맞은 언어 표현을 언제 어디서나 할 수 있는데, 언어의 이러한 성질을 '창조성'이라 한다.

우리가 생전 들어보지도 써보지도 않은 문장을 만들어 낼 수 있고, 들어서 이해할 수 있다는 것을 생각한다면 창조적인 언어의 특성을 충분히 이해할 수 있다. 그리고 언어의 창조성은 우리가 사용하는 유한한 음운과 어휘를 가지고 무한수의 문장을 생성할 수 있다는 사실도 포함한다.


## 1.6 언어의 분절성(分節性)


언어는 연속적으로 이루어져 있는 객관적인 세계를 불연속적인 것으로 끊어서 표현하는 성질, 즉 '분절성'을 가진다. 실제로 나누어져 있지 않지만 언어 체계에는 나누어진 것으로 생각하고 표현하는 것을 말한다.

인간은 추상적인 세계든 구체적인 세계든, 연속적으로 이루어진 것을 불연속적인 것으로 나누어 생각하기를 좋아한다. 이는 인간이 객관 세계를 그대로 보고 경험하는 것이 아니라, 언어를 통해서 인식하기 때문인 듯하다.

Whorf-Sapir 가설에 따르면, "인간은 보통 생각하듯이 객관적인 세계에 살고 있는 것이 아니고, 언어를 매개로 해서 살고 있는 것이다. 언어는 단순히 표현만의 수단이 아니다. 실세계라고 하는 것은 언어 습관의 기초 위에 세워져 있다. 우리는 언어가 노출시키고 분절시켜 놓은 세계를 보고 듣고 경험하는 것이다", "언어는 우리의 행동과 사고의 양식을 주조한다."고 하였다.

언어의 분절적인 성질은 우리 주위에서 쉽게 찾아볼 수 있다. 우리가

4계절을 '봄, 여름, 가을, 겨울'로 무지개 색깔을 '빨, 주, 노, 초, 파, 남, 보', 인간의 신체를 '머리, 목, 몸통, 팔다리'로 구분하는 경우가 그 예이다. 사실 이들은 실세계에서 그 경계를 명확히 그을 수 없는 대상임에도 불구하고 국어에서는 마치 객관적으로 분절되는 것으로 인식하고 있다.


## 1.7 언어의 추상성(抽象性)


기호 체계인 언어는 개념을 단위로 운용되는데, 언어에서의 개념은 추상화의 과정을 거쳐 형성된다. 이를 언어의 '추상성'이라 한다. 이해를 돕기 위해 어휘 '사과'의 추상화 과정을 보기로 하자.

(5)

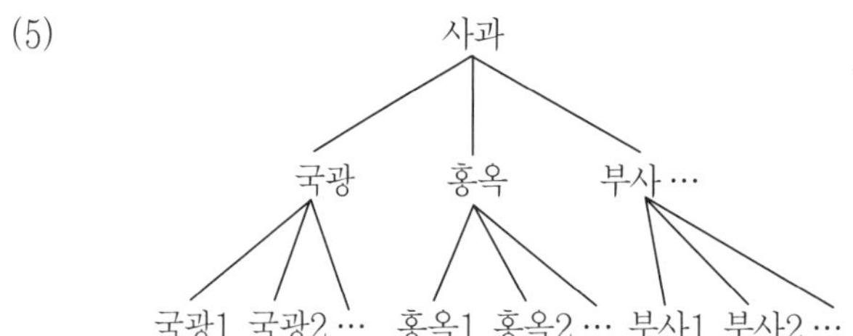


'사과'는 대상의 구체적 실체와는 상관없이 그 하위에 나열된 '국광, 홍옥, 부사' 등을 모두 아우를 수 있는 개념이다. 즉 그 하위를 구성하는 개별적인 것들의 차이를 무시하고 오직 그들의 공통적인 속성만을 뽑아 간추려 표현한 것이다. 따라서 '사과'라는 어휘는 가장 상위에 위치하는 개념으로 추상화되었다.

이와 같이 추상화 과정을 거친 어휘 '사과'의 개념은 인간의 머릿속에만 존재하고 있다. 결국 언어의 추상화 과정이란 개별적인 사물이나 구체적인 개념으로부터 공통적인 요소를 뽑아 일반적인 개념으로 파악하는 과정을 이른다.


## 1.8 언어의 개방성(開放性)


　문장은 여러 언어 단위들의 결합으로 이루어지는데, 작게는 '주어-서술어'만을 갖춘 구조도 있지만 이론적으로는 무한히 긴 문장을 생성할 수도 있다. 또한 눈에 보이는 구체적인 사물을 지시하는 언어 단위도 있지만 그렇지 않은 것들도 우리는 별다른 어려움 없이 사용하고 있다. 이러한 언어의 특성을 '개방성'이라 한다.


> (6) ㄱ. 철수와 영희와 … 순이는 학교에서 공부한다.
> 　　ㄴ. 철수가 배와 사과와 … 바나나를 먹었다.
> 　　ㄷ. 용, 도깨비, 사랑, 평화, 기억 등


　6.ㄱ)은 주어부를 형성하는 명사구가 접속 조사 '-와/-과'의 연결에 의해 그리고 6.ㄴ)은 서술부의 목적어 명사구가 무한히 길어지는 경우이다. 6.ㄷ)은 추상적이거나 지시 대상이 실제 존재하지 않는 단어들이다.


# 2  언어의 기원


　언어의 기원에 관한 연구는 언어학 자체 뿐 아니라 인류학적인 측면에서도 매우 중요한 의미를 가진다. 인류의 본질 및 기원 탐구와 그 궤

적을 함께 하는 언어 기원 연구의 내용과 성과에 대해 알아보고자 한다.


## 2.1 언어 기원 연구의 본질 및 성과


이을환·박상규(1995, 329-331)에서는 언어 기원의 성격 및 성과에 대한 여러 학자들의 주장을 제시하고 있는데, 이를 간단히 정리하면 다음과 같다.


### (1) 언어 기원 연구의 본질


Cassirer : "언어의 본질 기원에 관한 철학적 의문은 존재의 본질 및 기원에 관한 의문과 같이 오래다."

Whitney : "언어학상 이 문제만큼 여러 정도, 여러 학자에 의하여 광범위하게 논술된 것이 없다."

Jespersen : "언어의 기원 즉, 언어 진화의 본원은 언젠가는 해결되어야 한다."


### (2) 언어 기원 연구의 성과


L. R. Palmer : "언어의 기원에 관하여 상상을 많이 꾀하는 것은 결코 우리들이 의미하는 언어 과학의 긴요한 부분은 아니다. 그것은 마치 물리학자가 물질의 기원에 대한 학설을 수립할 필요를 느끼지 않는 것과 흡사하다. 언어학은 경험적·실증적 과학이다. 언어학이 흥미를 지

니고 연구하는 본 원의 대상은 문자에 기록된 구체적 언어 및 이 자신 현재에 나타나 눈과 귀로 연구할 수 있는 언어적 행동이다."

Vendryes : "언어의 기원이라고 하는 문제는 실은 언어학상의 문제는 아니다. 이 근본적 진리를 무시하고 각 국어의 기원을 밝힘으로써 일반 언어의 기원을 밝히려고 하는 데 종래의 학자의 과오가 있다. 각 국어는 그 과거에 올라가서 연구한다 하더라도 과거는 또 과거가 있으므로 해서 궁극에 도달한다는 것은 어려운 일이라고 하겠다."

불란서 언어학회 회칙 제2조 : "본회는 언어의 기원에 관한 어떠한 논문 발표도 채택하지 않는다."


## 2.2 언어의 기원설


언어의 기원설과 관련해서 언어가 신이 주신 선물이라는 '신의 선물설'과 인간이 만들었다는 '인간의 발명설' 그리고 '언어의 진화설'로 대별된다.


### (1) 신의 선물설


언어의 기원 문제에 관련한 이 가설은 고대인의 종교적 신앙에서 인류 역사상에 언젠가 신이 인류에게 내려준 원어가 있었을 것이라는 전제로부터 출발한다. 그리하여 지구상의 수많은 언어들이 모두 이 원어에서 유래되었다는 것으로, 원어의 구체적 실상에 관심이 집중되었다. 이 원어란 어떤 언어인가? 이에 대해서 김진우(1985:37-40)에서는 다음과 같이 설명하고 있다.

7세기 이집트의 파라오 쌈메티쿠스(Psammetichus)는 아무런 언어와도 접촉 없이 자라는 아이가 자발적으로 하는 언어가 원어일 것이라는 전제 하에, 태어난 두 아이를 고립시켜 관찰하였다. 그 결과 처음 발성한 단어가 '베코스'[bekos]라는 것과, 이 단어가 소아시아의 프리지안어임을 알았다. 따라서 신의 선물인 원어가 '프리지안어'라 하였다.

그러나 이 가설은 어떤 언어와도 접촉을 하지 않은, 즉 야생아 또는 고립아의 경우 나이를 막론하고 하나같이 말을 할 줄 아는 아이가 없다는 점을 간과하고 있어 그다지 신빙성이 없다.

야생아에 대해서는 18세기 독일, 불란서, 그리고 1920년 인도 벵갈주 미드나포어 지방의 늑대 소굴에서 발견된 8세의 언니 '카말라', 한 살 반 정도의 동생 '아말라'의 기록이 있다. 당시 이들은 두 손, 두 발로 기고, 음식을 혀로 핥아먹고, 하루에 세 번씩 짖었다. 주위의 극진한 보살핌과 집중적인 교육에도 불구하고 1년 안에 동생은 죽고, 언니는 4년 동안 45개의 단어만 습득한 후 죽었다.

고립아의 대표적인 예는 1970년 미국 지니(14세)에 대한 기록으로, 부정한 사회와의 접촉을 일체 금지하려는 부모의 의도적인 행위에서 비롯된 것이었다. 발견 후의 모국어 습득 과정은 마치 외국어를 배우는 과정과 흡사하였다는데, 이는 선천적인 언어 습득 능력이 두뇌에서 사라진 후에 언어를 배우기 시작한 때문일 것이다.

결국 인간의 언어 습득은 어떤 언어와의 접촉과 자극이 있어야만 가능하지 진공 상태에서는 불가능함을 여실히 보여주는 예라 할 것이다. 야생아와 고립아의 언어 습득의 예에서 알 수 있듯 신의 선물로서의 원어에 대한 설명은 객관성과 설득력을 얻지 못하고 부정적인 견해만을 산출하였다.

## (2) 인간의 발명설

언어의 발명설은 신의 선물설과 다른 차원, 즉 언어는 인간이 주체가 되어 발명·안출한 것으로, 인간이 음성과 의미의 결합체인 언어를 사용할 수 있는 것은 인간의 고도의 정신 심리 작용, 추상 작용, 지적 활동에 의한 것이라는 주장이다.

인간의 발명설에 기초한 언어 기원에 대해서 다음과 같은 다양한 주장들이 있는데, 납득하기 어려운 면이 많다.

1. 멍멍설(bow-wow theory) : 멍멍설은 언어의 기원이 자연 현상에서 일어나는 음성을 모방하려는 의도로 출발했다고 본다. 즉 언어가 동물의 울음소리를 흉내내기 위한 것이라는 설명이다.
2. 땡땡설(ding-dong theory) : 땡땡설은 어떤 사물이든지 소리가 난다는 자연 법칙 하에, 인간이 사물 고유의 소리를 지각하는 그대로 표현하기 위해 언어가 생겼다는 주장이다.
3. 쯧쯧설(pooh-pooh theory) : 쯧쯧설은 인간은 본능적으로 자신의 감정을 표출하게 되는데, 이러한 감정의 표출로부터 언어가 생겨났다는 주장이다.
4. 끙끙설(yo-he-ho theory) : 끙끙설은 과거 원시 사회의 인간들이 모든 일을 공동작으로 수행함에 있어, 어려운 일이나 협력을 요하는 일을 하기 위해 의사소통의 한 수단으로 언어가 발생했다는 가설이다.

## (3) 언어의 진화설

인간 언어의 기원에 대한 끊임없는 연구에도 불구하고 신의 선물설이나 인간의 발명설은 대다수의 공감을 얻지 못한 대립된 두 개의 가설로만 존재할 뿐 언어 기원 문제에 대한 어떠한 명확한 결론이나 해결책을 제시하지 못하였다.

그러나 20세기에 들어와 급속히 발달한 여러 인문 과학 분야의 도움으로 과거에는 얻을 수 없었던 언어 발달 관련 자료들이 제공되어 새로운 각도에서 언어의 기원 문제를 다룰 수 있게 되었다. 그 결과 인간 언어의 발달과 인류의 진화적 발달의 관련성에 대한 관심이 증가되었다.

오늘날 언어의 진화 문제를 생각할 때, 두 가지의 진화 과정을 생각해 볼 수 있다. 첫째, 인간의 두뇌 조직의 진화에 따른 언어의 발달과 둘째, 언어를 생산하고 수용하는 두 기관 즉 구강과 청각 기관의 진화에 따른 언어의 발달이 그것이다. 그러나 후자의 경우는 앵무새나 구관조와 같은 동물에게도 적용될 수 있으므로 인간의 언어는 전자의 진화와 직접적인 관련을 맺고 있다.

언어학자들은 인간의 두뇌 조직을 언어 습득 과정과 관련하여 이의 진화 과정에 따라 언어가 진화했다는 주장을 하고 있다. 이는 생물학자들의 인간 두뇌의 진화 과정에 대한 연구를 통해 얻은 언어 발달에 대한 생리적, 해부학적, 정신적 조건의 증거를 바탕으로 진행되어 왔다.


## (4) 언어 기원 문제에 대한 종합

지금까지 언어의 기원 문제와 관련한 세 가지 가설을 고찰해 보았다. 언어의 기원에 대한 연구 방향은 주체 설정의 방향에 따라 신과 인간 사이에서 다루어져왔다. 즉 언어가 신이 인간에게 베푸신 선물인지, 아니면 신과는 상관없이 인간들의 힘에 의해 주체적으로 발명되었는지의 여부에 따라 그 연구 방향이 결정되었다.

언어의 기원 문제에 대한 다양한 주장들이 이 후에도 수세기 동안 공전되었지만, 어느 주장도 완전하고 결정적인 단정을 내려주지는 못했다. 다만 선천적인 언어 능력에는 동의하고 있다.

## ③ 언어와 언어학

우리는 앞에서 언어의 본질과 기원에 대해 살펴보았다. 그럼에도 불구하고 '언어란 무엇인가?, 언어학이란 어떤 학문인가?' 라는 질문에 명확히 대답하기가 쉽지 않다.

본 절에서는 언어를 연구 대상으로 하는 언어학이란 학문의 정의와 그 종류에 대해 살펴보기로 한다.

### 3.1 언어학의 정의

언어학(言語學 : linguistics)에 대한 연구는 19세기 중엽 서구에서 처음 시작되어, 20세기에 들어와서야 과학적인 학문의 한 영역으로 자리를 잡았다.

언어학은 흔히 'Philology'라는 용어로 통칭되는데, 이는 아랍어 'Philologia'에서 유래되었다. 이의 원의(原義)는 "언어를 사랑하여 찾아다니면서 연구한다"는 것으로, 이의 어원을 분석하면 다음과 같다.

(1) 언어학의 어원

Philologia
- Philo : (Philosophy의 Philo) 사랑하다, 탐구하다, 희구하다 등
- logia : 언어, 이성

언어학은 'linguistics, linguistics science, science of language' 등으로도 불리는데, 이들은 모두 언어를 과학의 한 대상으로 파악하고

있다는 공통점을 지닌다. 언어학은 인류의 인문적 사실, 현상 중 언어 사실 현상을 과학적으로 체계적으로 관찰 연구하는 인문 과학의 한 부분으로서의 언어 과학인 것이다.

그러나 과학으로서의 언어학은 규범적이거나 명령적인 것이어서는 안 된다. 어디까지나 언어 구조에 대한 객관적이고 정확한 기술, 즉 과학적이어야 함을 그 목표로 한다. 이처럼 우리는 학문의 성격을 규정할 때 과학적이라는 용어를 잘 쓰는데, 이 말은 쓰이는 시대의 성격을 어떻게 규정하느냐에 따라 다르게 사용되어져 왔다.

먼저 행태주의(行態主議 : bahaviorism) 이론이 지배적인 시기의 과학적 연구란 '귀납적'(歸納的) 방법을 의미했다. 이는 사물에 대한 관찰에서부터 출발하여 그 관찰에 입각한 가설을 실험을 통해 조직적으로 검증하는 방법이다. 한편 앞선 행태주의를 부정하고 이성주의(理性主義)를 내세워 언어학에 혁명을 불러일으킨 생성 문법 이론이 풍미하던 시기의 과학적 연구란 '연역적'(演繹的) 방법을 의미한다. 즉 관찰의 대상인 사물의 선택·기술에 앞서 이론적 가정을 설정하여 이런 가정이 일반성 있는 이론적 원칙에 따라 관찰 및 실험을 거쳐 검증되는 방법이다.

이상과 같이 언어학이란 학문은 과학적 학문의 분파로서 인간의 생활, 사회에 존재, 전개되는 여러 사실 현상 중 특별히 언어에 관련된 자료를 수집, 정리, 비교한다. 그리하여 그 본질과 특성, 기능 구조 등 무한하고 다양한 언어 현상을 체계적 이론으로 규칙화, 일반화하는 인문 과학의 하나라 할 것이다.

영국의 언어학자 R. H. Robins(1964)도 언어학의 과학성을 주장하고, 이의 기술에 필요한 세 가지 기준을 들었다.

    (2) ㄱ. 포괄성(包括性)
        ㄴ. 일관성(一貫性)
        ㄷ. 간결성(簡潔性)

첫째, 포괄성은 모든 언어 자료에 대한 타당한 처리로서, 규칙의 일
반화가 이루어져야 한다는 것이고, 둘째, 일관성은 각 부분의 모순 없이
전체의 기술에 맞는 체계를 이루어야 하고, 셋째, 간결성은 장황하고 복
잡한 학술어보다는 짧고 적은 술어를 사용하여 규칙화하여야 한다는 것
이다.


## 3.2 언어학의 종류


언어학은 다루고자 하는 대상, 즉 언어의 취급 범위 및 연구 방법, 언
어 구조, 주변 학문과의 관계에 따라 몇 가지 갈래로 나눌 수 있다.


### (1) 연구 범위에 따른 언어학의 종류


일반 언어학(一般言語學 : general linguistics)은 인류의 모든 언어를
연구 대상으로 하여 일반 언어의 보편적 특질, 일반적 법칙을 연구하는
언어학의 분야로서, 개별 언어를 연구하기 위한 이론적 근거와 연구 방
법론을 추구하기도 한다. 언어의 성격, 기능, 발생, 기원, 구조 등을 시
간과 공간을 초월한 연구라 하여 '이론 언어학'(理論言語學 : theoretical
linguistics)이라고도 한다.

개별 언어학(個別言語學 : special linguistics)은 세계의 언어 가운데
어떤 특수한 개별 언어를 대상으로 해서 그 언어 자료를 체계적으로 기
술하는 것을 그 목표로 삼는다. 예를 들면 한국어, 중국어, 일본어 등과
같은 구체적인 언어를 연구, 체계화한 '국어학, 중국어학, 영어학' 같은
것들이 그 예이다.

일반 언어학과 개별 언어학은 각기 독자적인 영역의 부분들이 있는가 하면 때로는 상호 의존적인 영역들도 상당히 존재하는 양면적인 관계를 형성하고 있다. 일반 언어학의 이론은 개별 언어의 구체적 기반과 자료를 통해서 수립되고, 이렇게 수립된 일반 언어학의 이론적 바탕을 기반으로 개별 언어학이 성립하기 때문이다.

## (2) 연구 방법에 따른 언어학의 종류

언어학은 연구하는 방법론의 차이에 따라 '공시 언어학'과 '통시 언어학'으로 나눌 수 있다. 이들 방법론은 언어학자 F. de. Saussure(1916)가 『一般言語學講義』에서 언급한 것으로, 아래의 그림으로 설명하고 있다.

**[그림 1-1]**

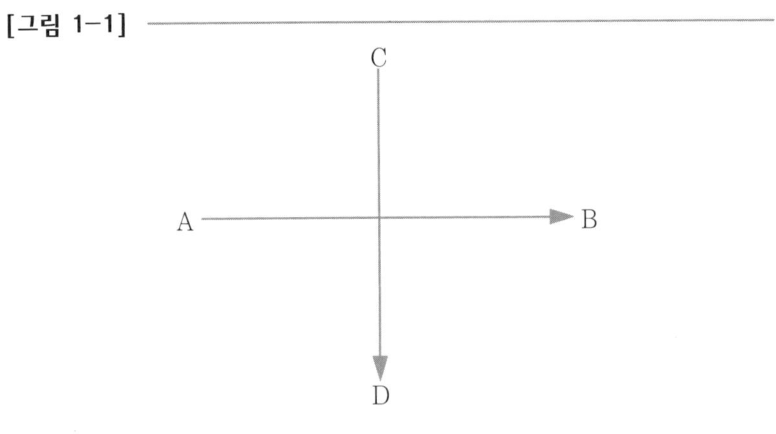


위 도식의 AB축은 공시성의 축이고, CD축은 통시성의 축을 가리키는데, 전자가 공시 언어학의 연구 방법론을, 후자는 통시 언어학의 연구 방법론을 나타낸다.

## 1) 공시 언어학

공시 언어학(共時言語學 : synchronic linguistics)의 어원 synchronic 은 'syn-'이 'with'의 의미를 'chrons'는 'time'의 의미를 나타낸다. 따라 서 공시 언어학은 어느 특정한 한 시기의 언어를, 시간적 흐름에 따른 변화를 일체 고려하지 않고 정지된 상태로서 연구하여 그 체계를 파악 하려는 언어학 연구 방법을 뜻한다.

공시 언어학은 현재든 과거든 임의의 시점에서의 언어 구조와 상태를 그 대상으로 하기 때문에 '정태 언어학'(靜態言語學 : linguistics static) 이라고도 한다. 예를 들면 '15세기 국어의 모음 체계'나 '17세기 국어의 모음 체계' 등이 이에 해당한다.

## 2) 통시 언어학

통시 언어학(通時言語學 : diachronic linguistics)의 어원 diachronic은 'dia-'가 'across'의 의미를 'chrons'는 'time'의 의미를 나타낸다. 즉 통시 언어학은 계기(繼起)되는 여러 시대 언어의 변화해 온 모습을 종적으로 연구하여 그 변화의 양상과 함께 그러한 변화의 원리를 밝히려는 연구 방 법이다.

통시 언어학은 19세기 인구어(印歐語 : Indo-European language)들 의 체계와 음운 변화를 밝히려는 계기에서 발전한 것으로, '동태 언어 학'(動態言語學 : linguistics dynamic), '진화 언어학'(進化言語學 : linguis- tics evolutive)이라고도 한다. 이에는 다음과 같은 예가 해당한다.

> (3) **고대 국어**의 어휘는 자료가 부족하기 때문에 지금으로서는 자세 히 알 수가 없지만, 이 시기의 우리말 어휘는 외래 요소에 의한 오 염이 없이 순수한 고유어로 이루어져 있었을 것으로 생각된다. 삼 국 시대가 성립할 즈음에 중국과의 교섭이 잦아지면서 수많은 한

자어들이 들어와 우리말의 어휘는 고유어와 한자어로 된 이중적 (二重的) 체계를 이루게 되었다. 신라 경덕왕(景德王) 16년 (서기 757)에는 원래 고유어였던 땅 이름, 사람 이름, 관직 이름 등이 대부분 한자어로 바뀌게 된 것도 한자어의 세력이 강해진 모습을 반영하는 것이다.

과거에는 지금보다 고유어가 훨씬 많이 사용되었다. 예를 들어, **중세 국어**의 문헌들에는 현대 국어에서는 잘 쓰이지 않는 많은 고유어들이 발견된다. '온'(百), '즈믄'(千), 'ᄀᆞ롬'(江), '미르'(龍), '눗곳(顏色)' 등이 그러하다. 이들은 뒤에 대부분이 한자어로 대체되었다.

외래어의 도입도 또한 끊임없이 이어져서 그 결과 고유어는 수적으로 점점 위축되어 왔다. '붇'(筆), '먹' 등의 단어는 중국어를 직접 차용한 것이며, '부텨(佛陀)' '미륵'('彌勒) 같은 불교 용어는 범어(梵語)가 한자어를 통해서 우리말에 들어온 것이다. 고려 말기에는 관직, 군사에 관한 어휘를 비롯하여, 말과 매, 그리고 음식에 관한 단어들이 몽골어에서 들어왔다. '가라말'(黑馬), '보라매(秋鷹)', '수라(御飯)' 등이 그 예이다. 또, '투먼'(豆萬)과 같은 여진어(女眞語)의 단어가 들어오기도 하였다.

갑오경장(甲午更張)으로 대표되는 **개화기**를 전후하여 우리말의 어휘에는 다시 커다란 변화가 일어났다. 중국이나 일본에서 한자를 사용하여 번역된 서구의 신문명어들이 대량으로 도입되었던 것이다. '공기(空氣), 전기(電氣), 지구(地球), 이발(理髮), 사진(寫眞), 대학교(大學校), 소학교(小學校), 권리(權利), 연필(鉛筆), 석유(石油), 철로(鐵路), 병원(病院),……' 등과 같은 단어들은 모두 이 시기에 들어온 것이다. 또, **일제 강점기**에는 많은 일본어들이 우리말에 들어왔었으나 해방 뒤 꾸준한 정리 작업을 통해서 지금은 많이 사라졌다. **해방 이후** 미국을 비롯한 서구 문명과 직접 관계를 맺는 일이 잦아지면서 수구 외래어들이 쏟아져 들어오고 있는 것은 현대 국어 어휘의 커다란 특징이다.

공시 언어학과 통시 언어학의 관계도 일반 언어학과 개별 언어학의 관계와 마찬가지로 양 연구 방법이 상호 보완적 관계를 형성한다. 그러나 엄밀히 따지면 공시적 연구가 통시적 연구의 기초가 되는데, 이는 언어 변화의 양상을 관찰하기 위해서는 각 시기에 해당하는 언어 자료에 대한 공시적 연구의 정립이 우선되어야 하기 때문이다.


## (3) 언어 구조에 따른 언어학의 종류

세상의 모든 구조물은 그것을 이루는 구성 요소의 결합으로 형성돼 있다. 마찬가지로 언어도 음성과 의미 그리고 문법이라는 구성 요소의 결합으로 되어 있는 구조로, 이에 따라 언어학의 하위 영역이 결정된다.

먼저 인간의 음성을 연구하는 분야를 '음운론'이라 하고, 의미를 연구하는 분야를 '의미론', 그리고 이들의 결합 규칙, 법칙을 연구하는 분야를 '문법론'이라 한다.

언어학자에 따라 각 영역에 대한 세부적 내용이 다를 수 있지만 본 절에서는 이 세 가지 영역을 중심으로 개관하고자 한다.


### 1) 음성학과 음운론

언어 구조상으로 언어학은 음성학과 음운론으로 구성되어 있고, 이들 학문에는 각기 독자적인 영역이 존재한다. 즉 음성을 연구하는 분야가 '음성학'(音聲學 : phonetics)이라면 음운을 그 연구 대상으로 하는 분야는 '음운론'(音韻論 : phonology)이다. 우리가 사용하는 개별적인 소리를 '음성'이라 하고, 이들의 공통적이고, 추상적인 성질을 '음운'이라 한다. 다음을 보자.

(4)

음운 /ㄱ/ ┌─ 무성음 : [k]
          └─ 유성음 : [g]

국어의 음운 /ㄱ/은 언어 현실에서는 [k] 또는 [g]의 음성으로 실현된다. 즉 음성학적으로는 각기 다른 음의 자격을 지니지만 음운론적으로는 동일한 음운의 자격을 가지고 있다. 따라서 이들의 학문적인 차이를 다음과 같이 정의할 수 있다.

음성학은 음성의 생성, 전달, 청취에 관계되는 문제들을 객관적으로 연구하는 학문으로, 음운론 연구의 바탕이 된다. 이러한 이유로 언어 과학이라고 부르지만 일반 언어학의 중심 분야는 아니다. 다만 언어의 틀을 연구하는 데 있어 기본이 되는 배경 지식이라 할 것이다. 반면 음운론은 조음 가능한 개별 음성 중 의미 기능을 지니는 음성과 그 체계를 연구하고, 인접해 있는 소리와의 변화를 연구하는 학문이다.

## 2) 형태론과 문법론

언어 구조적인 측면에서 언어는 하나의 규칙 체계를 형성하고 있고, 그러한 규칙 체계로서의 언어를 연구하는 분야가 형태론과 문법론이다. 이는 의미를 지니는 가장 작은 언어 단위인 형태소부터 최대의 언어 단위인 문장까지를 대상으로 하는 언어학의 연구 분야인데, 연구 범위의 기준에 따라 나뉘어진다.

형태론(形態論 : morphology)은 의미를 가진 최소의 언어 단위인 형태소 및 형태소의 배합에 의한 단어의 구성과 그 구조에 대한 연구 분야이다. 따라서 형태소 자체의 분석과 그 성격의 이해는 형태론의 가장 기본적인 과제로, 이의 올바른 이해와 기술이 선행되어야 한다.

문법론(文法論 : syntax)은 형태론의 단위인 형태소들을 적절하게 결합하여 문법적인 문장을 구성하는 방법을 연구하는 분야이다. 이 분야는 언어에 있어서의 체계적인 현상 그 자체를 가리키는 것으로, 언어학 연구의 핵심적인 영역이다. 따라서 가장 다양한 이론과 학설이 나타나기도 하였다.

## 3) 의미론

의미론(意味論 : semantics)은 문자 그대로 내용적 측면으로서 언어에 대한 의미 구조를 연구하는 언어학의 한 분야이다. 언어의 기능이 의사소통에 있다 한다면 언어 형식 속에 담겨져 있는 의미에 대한 연구는 매우 당연하다 할 것이다.

그럼에도 불구하고 언어학의 영역 가운데 가장 뒤늦게 발전한 분야가 바로 의미론이다. 사실 언어의 '의미'는 '음운' 및 '문법'과 달리 매우 추상적인 성격을 지니고 있다는 점과 함께, 인간의 심리적 현상과 밀접한 관련을 맺고 있어 객관적 관찰이 불가능하다는 이유 등으로 최근에 이르러서야 관심을 가지기 시작한 분야이다.

지금까지 살펴본 음운론, 의미론, 문법론이라는 언어의 영역은 공시 언어학의 3대 분야를 이루고 있다. 이들의 관계를 Chomsky의 초기 생성 문법에서는 문장론의 심층 구조가 의미론에 입력이 되며, 문장론의 표면 구조가 음운론의 출력이 된다하여, 아래와 같이 도식화하였다.

(5) 언어학 영역

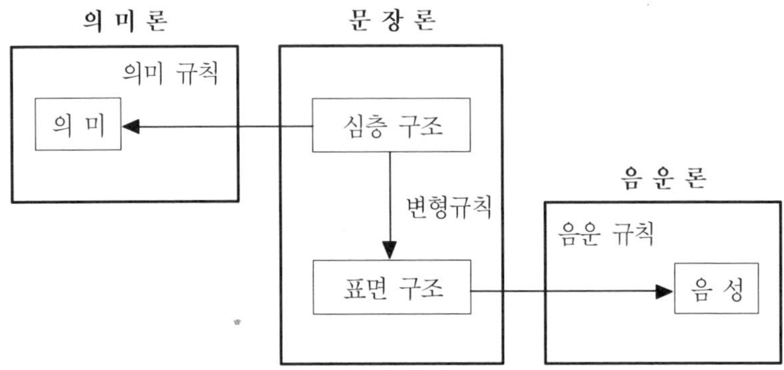


## (4) 인접 학문과의 연관에 따른 언어학의 종류

언어에 관심을 갖는 분야는 비단 언어학만이 아니다. 달리 말해서 언어학은 언어에 관심을 갖는 여러 학문과 관련을 맺고 있으며 그 범위는 인문・사회・자연 과학에 폭넓게 뻗치고 있다. 다음과 같다.

첫째, 언어는 인간의 정신・심리・의식의 표현인 만큼 심리학과 밀접한 관계를 형성하는데, 이에 대한 학문을 '언어 심리학'(言語心理學 : psychology of language), '심리 언어학'(心理言語學 : psycholinguistics)이라 한다.

둘째, 인간의 언어 활동은 인간 사회에서 일어나는 현상으로 이에 대한 사회학적 연구가 필요하다. 이를 '언어 사회학'(言語社會學), '사회 언어학'(社會言語學 : sociolinguistics)이라 한다.

셋째, 언어학은 언어의 학습・교육과 밀접한 관계를 맺고 있다. 특히 외국어 교육에 이의 중요성이 부각되는데, 이러한 영역의 언어학을 '응용 언어학'(應用言語學 : applied linguistics)이라 한다.

Aitchison(1978)에서는 공시적 언어 연구의 3대 영역과 그 주변 학문의 연결 관계를 다음과 같은 그림으로 제시하고 있다.

**[그림 1-2]**

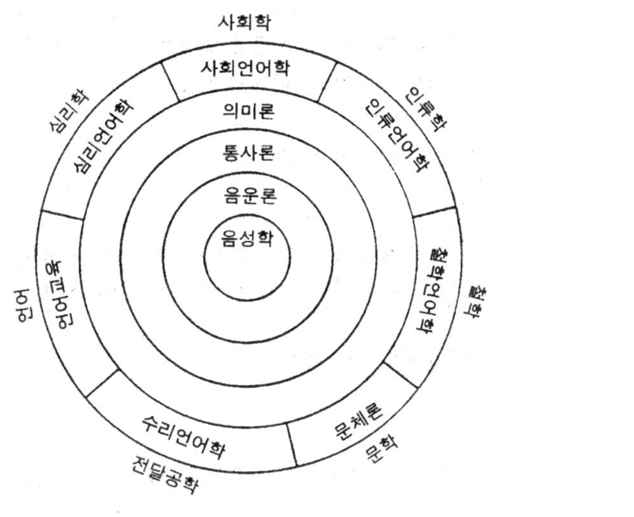


　이처럼 인간의 언어는 여러 활동의 기본이 된다는 점에서 다양한 학문과 연관을 맺고 있다.

　위에서 언급한 것 외에도 언어는 모든 일반 과학의 통일이며, 근원이 되는 철학과 관련을 맺고 있는데, 이에 대한 학문을 '언어 철학'(philos-ophy of language)이라 한다. 즉 철학이라는 학문의 도움을 받아 언어의 본성, 언어의 형이상학적 연관, 기호이론, 의미 현상 등을 연구하게 된다. 또 다른 한편으로 세부적으로 언어에 대한 연구는 과거의 수사학, 문예비평, 문헌학과 밀접한 관계를 맺어왔고, 근래 문체론에 있어서도 언어학에 대한 관심이 커지고 있다. 인류학은 미국의 구조주의 언어학을 키워 왔고 아메리칸 인디언의 여러 언어에 대한 연구는 아직도 문화 인류학과 깊은 관계를 맺고 있다.

## 3.3 언어학 연구 약사

과거의 발자취를 더듬어 지금까지 연구된 이론의 근원을 찾고 그 이론을 토대로 새롭고 발전적인 연구를 도모하여 앞으로의 연구 방향에 도움을 주는 것이야말로 모든 학문의 기본 전제라 할 것이다.

본 절에서는 언어에 대한 관심이 시작된 시기인 희랍 시대로부터 과학적 언어 연구 방법의 틀이 마련된 19세기 후반을 거쳐 현대에 이르기까지 언어학이 어떤 역사를 밟아 왔는가를 간단히 살핌으로써 앞으로의 언어학 연구의 방향을 전망하는 데 도움을 얻고자 한다. 이 절에서 다룰 언어학사는 다음과 같이 3시기로 나눌 수 있다.

  1. 전통 언어학 : 18C까지의 언어학
  2. 근대 언어학 : 19C의 언어학
  3. 현대 언어학 : 20C의 언어학
     1) 기술 언어학(記述言語學) : 20C 초기부터 중기까지의 언어학
     2) 생성 언어학(生成言語學) : 20C 중기에서 후기까지의 언어학

### (1) 전통 언어학(傳統言語學)

### 1) 인도의 언어학

전통 언어학 시기의 언어에 대한 본격적 연구는 먼저 인도에서 시작되었다. 기원전 4세기 파니니(pāṇini)가 고전어인 '산스크리트'(sanskrit)어를 대상으로 약 4천여 항에 달하는 규칙을 완성하였다.

그의 문법은 단어의 구조 기술에 있어 철저하다는 점과 전체적으로 일관성을 유지하고 있다는 점 그리고 그 기술에 있어 매우 간략한 기호

를 사용하여 설명하고 있다는 점에서 타 문법보다 우위성을 갖추고 있다. 이는 19세기 언어학 연구 방법에 영향을 주었을 뿐만 아니라 서양의 음성학 및 비교 언어학의 발달에 크게 공헌하였다.

## 2) 희랍의 언어학

인도의 언어 연구와는 달리 언어를 철학적 관점에서 다룬 유럽 최초의 연구는 기원전 5C경 희랍 시대로 거슬러 올라간다.

그들의 언어에 대한 관심은 두 가지 방향으로 정리할 수 있다. 즉 낱말과 그것이 표현하고 있는 사물 또는 관념과의 필연적인 관련성을 주장하는 '자연주의론자'(naturalist)와 그들의 관계를 인간 사회의 관습이나 전통에 의해서 인간에 의해 이루어진 관계라 주장하는 '관습주의론자'(conventionalist)들이 그것이다. 이들의 주장은 아래와 같다.

1. 플라톤 : 사물의 명칭은 그 사물의 본질을 나타내려고 하는 것이라 하여 자연설을 주장하고, 품사를 명사(ónoma)와 동사(rhêma)로 설정하였다.
2. 아리스토텔레스 : 사물과 이름과의 관계에 대해서는 관습론을 주장하고, 품사 설정에 있어 명사, 동사 외에 접속사(sýndesmoi)를 추가하였다.
3. 스토아학파 : 언어와 사물은 직접적 관계가 없으며 언어 구조는 비논리적이라는 변칙주의적 입장을 취했고, 품사는 위의 설정에 관사(article)를 하나 추가하였다.
4. 알렉산드리아학파 : 언어가 규칙적이라는 입장을 지켰고, 이들 가운데 Thrax(B.C. 2)는 최초로 8품사, 즉 명사, 동사, 분사, 관사, 대명사, 전치사, 부사, 접속사를 설정해 전통 문법의 기반을 마련하였다.

그 후, 그리이스, 로마 시대에는 앞선 시기의 연구 방법을 그대로 답

습해 오다가, 중세 시대에 이르러 기독교의 포교로 인한 몇몇 라틴어 연구 성과만 일부 인정될 뿐 전반적으로 이 시기의 언어 연구는 앞 시기와 비교해 별다른 진전이 없이 근대를 맞이하게 되었다.


## (2) 근대 언어학(近代言語學)


전통 언어학의 흐름에서 보았듯이 19C 이전의 언어학은 주로 철학자들에게 관심의 대상이었고, 언어 문법 이론을 논리학에 적용하여 문법을 형식 논리학의 일부로 취급하였다.

그러나 19C에 접어들면서 언어를 바라보는 시각에 변화가 일어났다. 영국인 William Jones경은 1786년 산스크리트어가 희랍어나 라틴어와 놀랄 만큼 구조상의 유사점을 갖고 있다는 점을 지적하고, 이것이 너무나 감동적이어서 이들 언어가 하나의 공통 근원에서 나왔음에 틀림없다고 결론을 내렸다. 이 연구를 계기로 언어는 항상 발전하고 끊임없이 변화하는 것이라는 관점이 새롭게 대두되었으며 이후 희랍어 산스크리트어를 비롯한 인구어(Indo-European language)간의 음성의 대응 규칙을 찾고, 조어(祖語)를 재구(再構)하는 체계적인 연구를 통해 F. Boop, R. Rask, J. Grimm 등의 대표적인 연구자들의 업적이 탄생되었다.

근대 시기의 '비교 언어학'(比較言語學) 내지 '역사 언어학'(歷史言語學)적 방법은 언어들 사이의 대응 규칙을 밝히는 것을 중요하게 다루기 때문에 현대 언어학의 중요 개념인 통시 언어학적 방법이 성행하게 되었고, 이를 위해 언어학자들은 각 지역 내지 시기별의 언어 자료를 수집하기에 이르렀다. 그리하여 역사 언어학 연구의 충족성을 위한 필요 조건으로 공시적인 언어 연구 방법도 탄생하게 되었다.

## (3) 현대 언어학(現代言語學)

현대 언어학은 20C 중기를 전·후로 하여 20C 초기부터 중기까지의 언어학을 '기술 언어학', 20C 중기에서 후기까지의 언어학을 '생성 언어학'으로 구분할 수 있다.

### 1) 기술 언어학(記述言語學 : descriptive linguistics)

20C 언어 연구의 가장 커다란 변화는 앞 시기까지의 연구가 언어 변화에 초점이 맞추어졌다면 이 시기부터는 언어 기술로 초점이 옮겨졌다는 것이다. 즉 한 언어군의 어휘가 다른 언어들에게 어떠한 변화를 일으켰는가를 보는 대신에 언어학자들은 어느 한 특정한 시기의 언어를 기술하는데 관심을 집중하기 시작한 것이다.

이런 관점에서 현대 언어학의 시조(始祖)는 F. d. Saussure라 할 수 있다. 그는 일반 언어학에 관한 어떤 연구도 기록으로 남기지 않은 채 사망했지만 제자들이 그의 강의 노트를 한데 모아 『一般言語學講義』(Course in General Linguistics, 1915)라는 이름으로 출판을 함으로써 현대 언어학의 진로에 지대한 영향을 끼쳤다.

언어학 연구에 있어 소쉬르의 가장 중대한 공헌은 모든 언어 항목은 본질적으로 서로 연결되어 있다고 명백하게 언급했다는 것이다. 이것은 전에는 강조되지 않았던 언어의 한 면이었다. 어떤 언어학자도 언어 전체에 대한 각 요소의 관계에 관심을 두지 않았기 때문이다. 앞의 1.1 '언어의 기호성'에서 정의했던 것처럼 언어는 체계로서 장기 놀이와 같다고 처음으로 밝힌 사람이 소쉬르였다. 언어란 서로 섞여 짜여있는 요소를 주의깊이 쌓아 만든 하나의 구조라는 그의 주장은 '구조 언어학'(structural linguistics)의 시대를 열어주었다.

한편, 미국에서는 언어학이 인류학의 한 파생물로 출발했다. 20세기

초경에 인류학자들은 재빨리 소멸해 가는 아메리칸 인디언 족의 문화를 기록하기 위해 그들의 언어를 연구하였고, 1933년에 출간된 L. Bloom-field의 『言語』란 저서가 그 지침서로서의 역할을 담당하게 되었다.

Bloomfield는 언어학은 관찰할 수 있는 자료를 객관적으로 그리고 체계적으로 다루어야 한다고 하였다. 그리고 그는 의미에 있어서보다 항목들이 배열되는 방법에 더 관심이 두었는데, 이는 의미에 대한 연구가 엄격한 분석 방법에 따를 수가 없었기 때문이다.

그리하여 많은 수의 언어학자들이 문자가 없는 언어의 문법을 기술하려는 데 정신을 집중하였다. 이것은 첫째, 관계된 언어의 모국어 화자를 찾아 그들로부터 일련의 발화를 수집해야 하고 둘째, 관계된 언어를 될 수 있는 한 의미에 의존하지 않고 음운 및 통사의 형을 연구하게 된다. 그럼으로써 수집된 발화 자료를 분석하는 일에 그친다는 명백한 한계를 드러내게 되었다.

그러나 대다수의 학자들에 있어 언어학의 궁극적인 목표는 보편적이고 일반적인 일련의 원칙, 내지 규칙의 발견에 있다. 따라서 언어의 내부의 형, 즉 내부 구조에 대한 관심만을 가진 이들을 일컬어 구조주의자라 부른다.

## 2) 생성 언어학(生成言語學 : generative linguistics)

기술 언어학적인 분위기에 반발하고 실제 언어 행동을 지배하는 기저의 원리를 찾아 자연 언어의 현상을 설명하고자 하는 언어 이론이 1957년을 전환기로 하여 탄생하게 되는데, 바로 N. Chomsky의 변형 생성 문법 이론이다.

그는 기술 언어학이 산더미 같은 자료로부터 한 언어의 완전한 기술을 얻을 수 있는 규칙을 세우기를 바라는 것은 비현실적이라고 비판하고 문법은 옛 발화의 목록 이상이어야 하기 때문에 앞으로 있을 수 있는 발화도 고려해야 한다는 것이다. 한 언어를 알고 있는 모든 사람은 그 사람 마음속에 무한한 수의 새로운 발화를 만들어내고 이해할 수 있게 해주는 지식의 축적, 즉 그 언어의 문법을 갖고 있음에 틀림없다. 문법을 쓰는 언어학자는 이 내면화된 세계에 대하여 추측하거나 가설을 세워야만 한다. 그의 말을 빌리자면 '문법'이란 한 언어의 모든 문법적인 배열을 생성해 내고 비문법적인 배열은 어느 것도 생성해 내지 않는 장치이다.

따라서 이 이론의 목표는 자연 언어의 모든 문법적인 문장만을 생성할 수 있는 명시적인 규칙들의 집합을 규명하는 것이라 할 것이다. 이 생성 문법 이론은 오늘날 미국에서 뿐만 아니라 전 세계 언어학의 주류를 이루고 있고 그 안에서도 다른 이론으로 끊임없는 수정·보완·확충의 과정을 겪어나가고 있다.

## 3.4 언어학의 중요 개념

F. d. Saussure(1916)와 N. Chomsky(1957)에서는 오늘날 언어를 연구하는 데 있어 매우 중요한 개념들에 대해 정의 내리고 있다. 간단히 살펴보기로 하자.

### (1) 랑그와 빠롤

소쉬르는 언어 활동을 구성하는 요소로 랑그와 빠롤을 들었다. 인간의 언어 활동에는 개인 차이에 상관없이 누구나 똑같이 지니고 있는 추상적, 잠재적인 부분의 활동이 있는가 하면, 개인차에 따른 자신의 감정과 사상을 표현하는 구체적인 발화로서의 활동이 존재한다.

전자가 추상적인 언어 목록인 '랑그'(langue)로서 인간의 언어 활동 중 사회적인 측면에 관련되고, 이것이 언어 연구의 직접적인 대상이 된다. 반면 후자는 구체적인 발화체인 '빠롤'(parole)로 개인적인 측면과 관련되고, 개인차에 따라 매우 다양하고 복잡하여 언어학의 직접적인 연구 대상이 될 수가 없다. 우리는 이들의 성격 차이를 다음과 같이 정리할 수 있다.

> (6) ㄱ. langue : 잠재적, 고정적, 사회적, 추상적 성격
> ㄴ. parole : 실현적, 가변적, 개인적, 구체적 성격

랑그와 빠롤은 총칭어로서의 '사과'와 구체적이고 개별적인 '사과'의 관계에 비유할 수 있다. 즉 지구에 존재하는 구체적인 '사과'는 셀 수 없을 정도로 무수히 많지만 모든 면에서 100% 똑같은 사과는 있을 수 없다. 즉 종류, 형태, 크기 등에서 조금씩 차이가 나는데, 차이를 드러내는 하나 하나의 대상을 지칭하는 단어가 따로 존재하지 않는다.

우리의 두뇌는 구체적이고 개별적인 사과 하나 하나를 다 기억하는 것이 아니라 누구에게나 공통적인 속성의 개념인 '사과'만을 기억하고 있다. 그러나 발화 현장에서 실현되는 '사과'는 머리 속에 기억된 추상화된 개념이 아니라 구체적 개념인 사과를 의미한다. 즉 '벌레 먹은 사과, 나무에서 떨어진 사과, 수확을 앞둔 사과' 등과 같이 구체성을 띤 개념인 것이다.

## (2) 공시적 연구와 통시적 연구

공시적 연구(共時的 : synchrony)가 시간의 흐름을 배제한 채 동시대

의 언어 현상을 연구한다면 통시적 연구(通時的 : diachrony)는 시간의 흐름에 따른 언어 현상의 연구로, 언어를 연구하는 방법론의 차이에 따라 분류한 것이다.

이에 대해서는 3.2 '언어학의 종류'에서 언급했기 때문에 자세한 설명은 생략하고, 언어 체계 속에서 이들의 위치를 살펴보면 다음과 같다.

(7)

langage(human speech)
- langue(language)
  - synchrony
  - diachrony
- parole(speaking)

## (3) 기표와 기의

언어는 기호 체계로 개념과 의미를 전달하는 청각 영상으로서의 '기표'(記標 : signifiant)와 언어 기호의 의미를 나타내는 '기의'(記意 : signifié)로 구성된다. 그리고 이들은 언어의 본질에서 살핀 것처럼 자의적인 관계에 있다.

## (4) 통합적 관계와 계열적 관계

통합적 관계(統合的 關係 : syntagmatic relations)란 언어 단위가 전후 연쇄로 횡적으로 공기(共起)하여 전개되는 관계이다. 즉 언어를 이루는 작은 요소들이 결합하여 좀 더 큰 형태나 문장 등의 단위로 늘어나는 관계이다. 계열적 관계(系列的 關係 : associative relations)란 언어 단위가 어떠한 위치에 선택되어 대체될 수 있는 종적인 관계를 말한다.

결국 통합적 관계와 계열적 관계는 언어 체계의 내부 구조를 결정짓는 중요한 개념이다. 아래의 두 예를 보기로 하자.

(8) 철수가       밥을       먹었다.     (문 장)
    철수가  +   밥을       먹었다.     (구, 절)
    철수가  +   밥을  +   먹었다.     (어 절)
    철수+가  +   밥+을  +   먹었다.     (단 어)
    철수+가  +   밥+을  +   먹+었+다.(형태소)


(9) 철수가       밥을       먹었다.
    영희가       빵을       태웠다.
    순이가       떡을       버렸다.


예 8)의 경우처럼 하위의 언어 단위들이 상위의 언어 단위로 결합하면서 최상의 언어 단위인 문장을 형성해 나가는 관계를 '결합적 관계'라 한다. 또한 예 9)에서 알 수 있듯 '철수'의 자리에 '영희, 순이' 등이, '밥'의 자리에 '빵, 떡' 등, '먹었다'의 자리에 '태웠다, 버렸다' 등이 각각 주어, 목적어, 서술어 자리에 삽입될 수 있는데, 이러한 단어 집단들의 관계를 '계열적 관계'라 한다.


## (5) 유표성과 무표성


유럽 구조주의 언어학자인 Trubetzkoy에 의해 '유표성'(有標性 : marked)이라는 언어의 중요한 개념이 정리되었다. 이는 어떤 음의 일반적, 자연적, 정상적인 상태에 대해 특수적, 비자연적, 예외적 특징을 더 부가 받았을 때를 일컫는 것으로, 그 반대의 경우를 '무표성'(無標性 : unmarked)이라 한다.

(10) 유표 및 무표

| | 무 표 | 유 표 | 유표 표지 |
|---|---|---|---|
| 국어 | 개 | 암캐, 수캐 | 암, 수 |
| | 선생님 | 남선생, 여선생 | 남, 여 |
| 영어 | 비과거시제 | 과거시제 | '-ed' |
| | 단수 | 복수 | '-s' |

위의 도표를 보면, 의미면에서 일반성을 띠고 있는 보다 포괄적인 용어들이 무표성을 드러내고, 그렇지 않은 구체적인 것들은 유표성을 나타낸다. 또 사회 관습에 따라 남성을 지칭하는 용어들이 무표성을 띠는 반면, 여성을 지칭하는 용어들은 유표성을 지닌다. 즉 '여선생, 여의사, 여직원…' 등에 비해 '남선생, 남의사, 남류작가…' 등은 잘 쓰이지 않고, 쓰이더라도 어색하다.


## (6) 언어 능력과 언어 수행

### 1) 언어 능력

소쉬르의 랑그와 빠롤의 개념은 촘스키의 용어인 '언어 능력'과 '언어 수행'에 비유할 수 있다.

언어 능력(言語能力 : competence)은 사람이 태어나서부터 배운 자기 언어에 대해 내재적으로 가지고 있는 지식을 일컫는다. 다시 말하면 인간의 언어 능력은 우리의 두뇌 속에 잠재해 있는 언어에 대한 무의식적인 지식으로 누구에게나 동일하다.

우리말을 유창히 구사할 수 있다는 것은 우리말에서 음성과 의미를 어떻게 연결 지어주는가를 알고 있기 때문이다. 즉 한 언어 체계에서 이들의 연결 관계를 안다는 것은 우리가 그 언어에 대한 언어 능력을 가지고 있다는 말이 된다.

> (11) ㄱ. 나는 어제 영화를 보았다.
> ㄴ. 선생님은 어제 영화를 볼 것이다.

우리가 위 문장의 표현이 국어의 문장이 될 수 있고 없음을 아는 것은 국어의 문장 구성 원리를 알고 있기 때문이다. 따라서 언어학자의 목표는 이 추상적인 우리의 잠재 언어 지식을 밝혀내는 데 있다.

## 2) 언어 수행

언어 능력을 '유창한 모어 화자의 자신의 언어에 대한 지식'이라 한다면, 언어 수행(言語遂行 : performance)은 '구체적인 상황에서의 실제적인 언어사용'을 의미한다. 추상적, 잠재적인 언어능력은 누구에게나 완벽하지만 실제의 언어 생활은 그렇지 못할 경우가 있다. 즉 우리의 실제 언어 생활은 반드시 언어 지식에 따라 실행되는 것은 아니라는 것이다.

따라서 언어 수행은 언어 능력의 불완전한 반영이라 할 것이다. 우리는 때때로 언어를 구사할 때 실수를 저지른다. 촘스키는 이러한 말의 헛나감과 같은 유사한 현상들을 '수행적인 오류'라 하여, '피로, 권태, 취기, 약물 중독' 등과 같은 요인들에 의해 일어날 수 있다고 하였다.

그러나 이와 같은 실수로 잘못 말을 했다 해서 이들이 언어에 대한 능력 내지 지식이 없다고 주장할 수는 없다. 이는 자전거를 타다가 실수로 한 번 넘어졌다고 해서 그 사람이 자전거를 타지 못하는 사람이라 할 수 없는 이치와 같다.

언어 능력과 언어 수행에 대한 이들의 관계를 촘스키에서는 '언어 능력 : 악보'와 '언어 수행 : 연주'의 관계식으로 설명하고 있다. 즉 교향곡

을 연주함에 있어 연주자의 실수는 있을 수 있지만 그 실수를 악보 자
체의 실수로 돌릴 수 없듯이 언어 수행의 잘못을 언어 능력의 불완전함
으로 설명할 수 없다.

# 제 **2** 장 음성학(音聲學)

음운론은 인간의 소리에 대해 여러 가지를 연구하는 언어학의 하위 학문으로, 음성학과 음운론으로 세분화할 수 있다. 일반적으로 음운론이라 하면 음성학을 포함한다. 본서에서도 음성학을 포함하는 범위로서의 음운론에 대해 살피기로 한다.

음운론은 문자 언어를 제외한 음성 언어만을 그 연구 대상으로 한다. 인간의 외재적 실현물인 개별적인 음성을 바탕으로 음의 공통적인 성질을 추려내어 체계화한 학문이 '음운론'이다. 반면, '음성학'은 음성 언어를 그 대상으로 하는 독자적인 언어학의 한 분야임에는 틀림없지만, 언어학 전체로 본다면 음운론에 대한 보조적인 역할을 담당하는 것에 불과하다.

음성과 음운의 관계를 '고기'라는 어휘를 통해 알아보자. '고기'는 'ㄱ, ㅗ, ㄱ, ㅣ'의 네 음운을 구성 요소로 하는 구조이다. 그런데 두 'ㄱ'이 발음되는 모습을 살펴보면, 혀와 입천장을 이용하여 공기의 흐름을 막았다가 터뜨려 낸다는 점에서는 동일하지만, 첫 'ㄱ'과는 달리 둘째 번 'ㄱ'은 목청을 떨어 울려 낸다는 차이점이 있다. 즉 '고기'의 음성은 〔kogi〕로 표기되는데, 표면적으로 드러나는 'ㄱ'은 같지만 실제 음성에 있어서는 각각 〔k〕와 〔g〕로 다르다는 것이다.

이와 같이 구체적인 소리 하나 하나를 가리켜 '음성'(音聲)이라 한다.

따라서 '고기'의 'ㄱ'은 각각 [k], [g]로 나타나는 동일한 음운 /ㄱ/의 다른 음성인 것이다. 이를 다음과 같이 정리할 수 있다.

┌ 음성(音聲) : 현실적, 물리적, 개별적 성격
└ 음운(音韻) : 추상적, 논리적, 집합적 성격

이와 같이 음성은 현실적으로 실현되는 구체적 모습으로 나타나고, 음운은 현실적, 개별적 음성을 바탕으로 하여 그 미세한 차이를 무시하고 공통된 특징으로서의 추상성을 띠게 된다.

## ① 음성학의 성격 및 연구 방법

언어학의 하위 분야인 음성학은 언어의 형식인 음성을 과학적으로 연구하는 학문이라 하였는데, 음성이란 발음 기관의 어떤 부분이 움직여 음파를 형성하고, 그 음파가 전파되어 귀의 고막을 떨어 울려서, 청자로 하여금 이를 감지하게 하는 생리적이요 물리적인 작용의 소산이다.

이와 같은 인간 언어 활동의 음성적인 면을 대상으로 연구하는 학문인 음성학은 연구 대상의 범위 및 연구의 중심 영역에 따라 세분화할 수 있다.

먼저 전자의 기준에 따르면 음성학은 '일반 음성학'과 '개별 음성학' 그리고 '응용 음성학'으로 나누어진다. 일반 음성학이 모든 언어에 나타나는 음성을 그 대상으로 하는 반면 개별 음성학은 어느 특정한 언어의 음성만을 연구하는 분야이다. 이들은 일반 언어학과 개별 언어학의 관계에서처럼 상호 보완적인 관계에 놓여 있다. 그리고 개별 음성학과 일반 음성학을 통해 얻은 지식을 기초로 하여 어느 특정 분야에 도움이 되고자 하는 것이 응용 음성학이다.

다음은 연구의 중심을 어디에 둘 것이냐는 기준에 따라 언어음에 대한 연구는 세 가지 측면에서 다루어질 수 있는데, 일반적으로 음성학의 종류를 논할 때에는 이에 의거하는 경우가 많다.

첫째, 조음 음성학(調音音聲學 : articulatory phonetics)으로, 이는 음성 기관의 조음 위치와 조음 방법 등의 차이에 따르는 언어음의 산출 과정에 초점을 둔다.

둘째, 음향 음성학(音響音聲學 : acoustics phonetics)으로, 이는 화자의 음성 기관을 통해 발화되어 청자의 귀에 전달되는 언어음에 대한 음파의 음향적 성질, 즉 진동이나 진폭 등을 다룬다.

셋째, 청취 음성학(聽取音聲學 : audifory phonetics)으로, 이는 청자의 귀에 전달된 언어음의 청취와 관련한 영역이다.

이상과 같이 연구 대상의 차이에 따라 음성학은 세 영역으로 발전하였지만 음향 음성학이나 청취 음성학의 경우 과학이나, 의학과 같이 다른 학문 분야의 도움을 받아 발전한 부분이 큰 만큼 순수 언어학적인 면에서 가장 오래되고 체계적 연구가 확립된 영역은 '조음 음성학'이다. 이는 해부학 및 생리학과 관련하여 간단한 기구나 실험으로도 비교적 용이하게 관찰이 되는 부분이기에 지금까지 가장 활발히 연구가 되었다. 따라서 음성학이라 하면 일반적으로 조음 음성학을 의미한다 할 것이다.

## ❷ 음성 기관과 조음 위치

### 2.1 음성 기관(音聲器官)

발음하는 데 관여하는 우리 몸의 모든 부분을 가리켜 '발음 기관' 내지 '음성 기관'이라 한다. 이에는 공기를 움직이게 하는 부분인 발동부(發動部), 소리를 내는 부분인 발성부(發聲部), 소리를 고르는 부분인 조음부(調音部)의 세 부분으로 이루어져 있다.

대부분의 말소리는 허파(肺)에서 나오는 날숨이 성문과 인두를 통과하여 구강음과 또는 비음으로 실현되는 것이 일반적이다. 그 과정에서 날숨이 성문의 성대를 울려서 내는 '유성음'(有聲音 : voiced)과 그렇지 않은 '무성음'(無聲音 : voiceless)의 구별이 생기고, 이를 통과해 인두에 이르게 되는데, 인두는 조음하는 데는 별로 참여하지 않는다. 인두의 위쪽에 있는 구개음의 끝 쪽에 있는 목젖과 인두의 뒷벽이 닿으면 공기가 입안으로 통하게 된다. 이를 '구강음'(口腔音 : oral)이라 한다. 만약 목젖이 내려와 구강으로 공기가 흘러 들어가지 않으면, 공기는 코로 통하게 되어 '비음'(鼻音 : nasal)을 산출하게 된다.

비강(鼻腔)과 달리 구강(口腔)에는 발음 작용에 활발하게 참여하는 입술, 혀, 구개 등이 있어서, 많은 음성들이 이곳에서 분화되어 나타난다. 이 중에서도 가장 큰 몫을 담당하는 것이 혀로, 발음에 관여하는 혀의 각 부분을 명칭하는 용어가 따로 있을 정도이다.

   (1) 혀의 명칭
      설면(舌面) : 경구개와 닿아 있는 혀의 부분
      설첨(舌尖) : 윗니 뒤편에 닿는 혀의 끝부분

설단(舌端) : 치조(齒槽)와 닿는 혀의 부분
설근(舌根) : 연구개와 인두벽에 닿는 혀의 부분


인간의 음성을 산출하는 데 관여하는 음성 기관의 구체적인 모습은 아래 그림과 같다.


**[그림 2-1]** 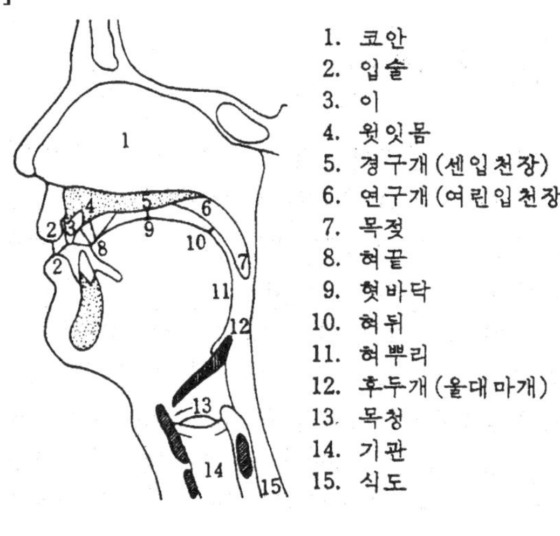


[음성 기관 단면도]


## 2.2 조음 위치(調音位置)


음성 기관은 움직임의 능동성에 따라 '조음체'(調音體 : articulator)와 '조음점'(調音點 : point of articulation)으로 구분할 수 있다.

조음체는 아래턱에 연결된 혀와 아랫입술을 가리키고, 조음점은 위턱에 연결된 윗입술, 치조, 구개음을 가리킨다. 즉 혀, 아랫입술과 대응하는 윗입술, 치조, 구개음의 움직임을 비교해 보면 전자가 상대적으로 더 잘 움직임을 알 수 있다. 이러한 이유로 조음체를 '능동부'(能動部), 조음점을 '고정부'(固定部)라 하는데, 이들의 결합 양상에 따라 다양한 언어음이 산출된다.

(2) 조음체와 조음점의 결합

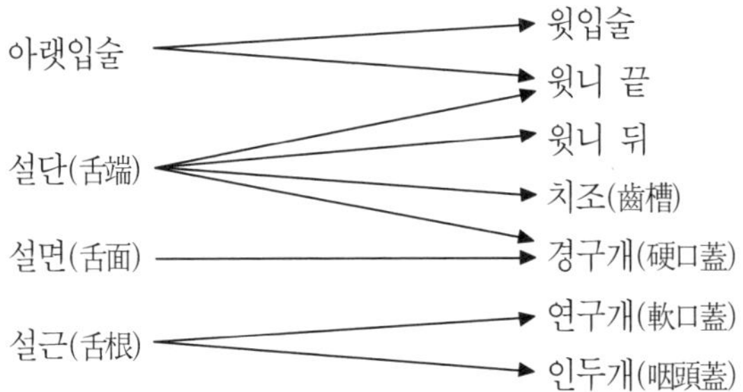


위를 보면, 능동부의 조음체인 아랫입술은 고정부의 조음점인 윗입술과 윗니 끝을 취하여 음을 산출할 수 있음을 알 수 있다. 또한 설단과 설면 그리고 설근도 각각 다른 조음점들과 결합함이 가능하고 이에 따라 다양한 음을 만들어 내게 된다. 이상과 같이 언어의 음성이 조음체와 조음점의 접촉에 산출되는 것은 분명하지만 이들이 접촉되는 위치는 항상 고정되어 있지 않고, 각 조음체와 조음점의 상·하 위치의 차이에 따라 무수한 음성이 산출될 수도 있음을 간과해서는 안 된다.

## ③ 음성의 종류 및 체계

우리가 사용하는 음성은 분류 기준에 따라 몇 가지로 나눌 수 있는데, 간단히 설명하면 다음과 같다.

1. 유성음(有聲音 : voiced)과 무성음(無聲音 : voiceless)
   유성음 : 성대의 떨림, 즉 진동에 의한 소리(모음과 ㄴ, ㄹ, ㅁ, ㅇ)
   무성음 : 성대의 진동에 의하지 않는 소리(ㄴ, ㄹ, ㅁ, ㅇ을 제외한 자음)

   cf) 영어 ┌ 유성음 : b, d, g, m, n, ng
   └ 무성음 : p, t, k

2. 자음(子音 : consonant)과 모음(母音 : vowel)

   1) 자음 : 기류가 구강에서 저지되어 나는 소리인 장애음

   (1) 공강(空腔)의 위치
       비  음 : 공기가 비강을 통해서 나는 소리(ㄴ, ㅁ, ㅇ)
       구두음 : 공기가 구강을 통해서 나는 소리(비음을 제외한 음)

       cf) 영어 ┌ 비  음 : m, n, ng
       └ 구두음 : p, t, k, b, d, g

   (2) 기식음(氣息音)의 유무
       무기음 : 기식음을 동반하지 않은 소리
       유기음 : 기식음을 동반한 소리

   (3) 조음위치(調音位置) : 양순음, 설단음, 경구개음, 연구개음, 성문음

　　　　(4) 조음방법(調音方法) : 파열음, 마찰음, 파찰음, 설측음, 유
　　　　　　음, 비음

　　2) 모음 : 기류의 저지 없이 나는 소리
　　　　(1) 입술의 모양 : 원순모음, 평순모음
　　　　(2) 혀의 높낮이 : 폐모음, 반폐모음, 반개모음, 개모음
　　　　(3) 혀의 위치 : 전설모음, 중설모음, 후설모음


## 3.1 자음의 종류

국어의 자음에는 '공명음'(共鳴音 : sonorants)에 속하는 '비음, 유음, 반모음'과 '장애음'(障碍音 : obstruents)에 속하는 '파열음, 마찰음, 파찰음'이 있다. 이들은 조음 방법과 조음 위치에 따라 다음과 같이 세분화할 수 있다.


### (1) 조음 방법에 의한 분류

### 1) 파열음

파열음(破裂音 : plosive)은 '폐쇄음'(閉鎖音 : stop)이라고도 하는데, 허파에서 나온 공기가 새지 못하도록 구강이나 비강의 어느 조음점을 완전히 막았다가 순간적으로 터트리며 내는 소리이다. 파열음의 산출 과정을 좀 더 세분화해서 표현하면 다음과 같다.

**[그림 2-2]**

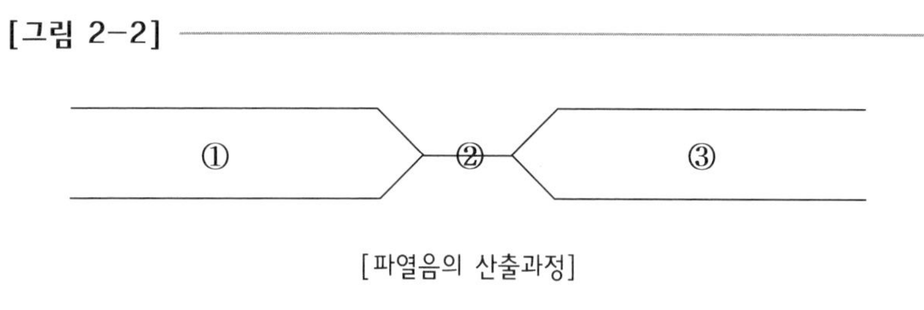



[파열음의 산출과정]

즉 ①의 과정이 허파에서 나오는 공기의 흐름을 나타낸다. ②의 과정은 그 공기의 흐름이 조음점의 어느 곳에서 완전히 막히는 과정이다. ③은 막혔던 공기가 터지면서 음성이 산출되는 과정을 나타낸다.

국어의 파열음에는 'ㄱ, ㄷ, ㅂ'이 해당한다. 이들은 다시 발음할 때 성대 진동의 여부와 '기'(氣 : aspiration)의 수반 여부에 따라 삼중 체계, 즉 'ㄱ-ㅋ-ㄲ', 'ㄷ-ㅌ-ㄸ', 'ㅂ-ㅍ-ㅃ'으로 구성된다.

| | | 양순음 | 치경음 | 연구개음 |
|---|---|---|---|---|
| 파열음 | 평 음 | ㅂ | ㄷ | ㄱ |
| | 격 음 | ㅍ | ㅌ | ㅋ |
| | 경 음 | ㅃ | ㄸ | ㄲ |

국어의 파열음 계열이 이러한 삼중 체계를 이루는 것은 유, 무성에 의한 이중 체계의 영어와 대조할 때 국어만이 지니는 독특한 성질임에 틀림없다. 영어에서는 'p, b, m, t, d, n, k, g, ng' 등이 파열음에 속하는데, 이를 조음 위치에 따라 재분류하면 다음과 같다.

| | 양순음 | 치경음 | 연구개음 |
|---|---|---|---|
| 파열음 | b, p, m | d, t, n | g, k, ng |

### 2) 마찰음

  마찰음(摩擦音 : fricative)은 조음체와 조음점의 사이를 아주 좁혀 그 좁아진 사이로 공기가 마찰을 일으키면서 통과하는 소리이다. 파열음이 입안의 어느 지점을 완전히 막았다가 터뜨리는 소리라는 점에서 마찰음의 성질을 이해할 수 있다. 국어의 마찰음은 다음과 같다.

| | | 치경음 | 성문음 |
|---|---|---|---|
| 마찰음 | 평   음 | ㅅ | ㅎ |
| | 경   음 | ㅆ | - |

  영어에서는 's, z, f, v, th' 등이 마찰음에 포함되는데, 역시 조음 위치에 따라 다음과 같이 분류할 수 있다.

| | 양순음 | 치조(치간)음 | 치경(경구개)음 |
|---|---|---|---|
| 마찰음 | f, v | s, z | th |

### 3) 파찰음

  파찰음(破擦音 : affricate)은 파열음의 성질과 마찰음의 성질을 둘 다 지니고 있는 소리이다. 즉 처음에 공기의 흐름을 차단하는 것은 파열음과 같고 막혔던 공기를 일순간에 터트리지 않고 극히 좁혀진 사이로 공기를 통과시킴으로써 마찰을 일으킨다는 점이 마찰음과 성질을 같이 한다. 국어의 파찰음에는 'ㅈ'이 있는데, 이도 파열음처럼 삼중 체계를 이루고 있다.

| | | 경구개음 |
|---|---|---|
| | 평    음 | ㅈ |
| 파찰음 | 격    음 | ㅊ |
| | 경    음 | ㅉ |

영어에서는 'church, judge'의 초성과 종성음이 각각 무성 파찰음과 유성 파찰음으로 분류된다. 한편 국어에서는 찾아볼 수 없는 '치찰음'(齒擦音 : sibilants)에는 'sip, zip, shoe, leisure, measure, church, jug'의 밑줄 친 음들이 해당한다.

### 4) 유음, 비음, 반모음

유음(流音 : liquid)은 자음 중 공기의 흐름이 장애를 가장 적게 받으면서 발음되는 음으로, 마치 물 흐르듯 잘 흘러간다는 특성을 반영하고 있다. 이는 입천장에 혀의 끝을 닿아 공기의 흐름을 완전히 막는 상태가 유지되면서 혀의 양쪽으로 공기가 통과하는 소리이다. 이러한 이유로 '설측음'(舌側音 : lateral)이라고도 한다. 또한 혀가 떨리는 반복의 현상으로 나오는 소리를 '설전음'(舌顫音 : trill)이라 한다. 우리 국어에서는 설측음인 [l]만 발음되고, 영어에서는 설전음 [r]도 발음된다.

비음(鼻音 : nasal)은 구강으로 통하는 길을 막아 비강으로 공기가 통과하면서 나오는 소리이다. 국어의 유음과 비음에는 다음의 음들이 포함된다.

| | 양순음 | 치경음 | 연구개음 |
|---|---|---|---|
| 유음 | | ㄹ | |
| 비음 | ㅁ | ㄴ | ㅇ |

한편, 모음과 성격이 비슷한 자음으로 '반모음'(半母音 : semivowel)이 란 것이 있는데, 이를 활음(滑音 : glide), 과도음(過渡音), 전이음(轉移音) 이라고 한다. 영어의 'y, w'가 이에 속한다.


## (2) 조음 위치에 의한 분류


### 1) 양순음

양순음(兩脣音 : bilabial)은 두 입술에서 나는 소리로, 'ㅁ, ㅂ, ㅍ'음 이 속한다. 국어의 양순음을 구체화하면 아래와 같다.

| | 파 열 음 | | | 비음 |
|---|---|---|---|---|
| | 평음 | 격음 | 경음 | |
| 양순음 | ㅂ | ㅍ | ㅃ | ㅁ |

영어에서는 'b, p, m, f, v'가 이에 속한다.

### 2) 치간음

치간음(齒間音 : interdentals)은 혀끝이 윗니, 아랫니 사이에서 나는 소리로 국어음 중에는 이에 해당하는 것이 없고, 영어에서는 'thin, ether'의 무성 치간음과 'then, either'의 유성 치간음으로 분류된다.

### 3) 치경음

치경음(齒莖音 : alveolar)은 설단이 잇니 뒤쪽과 접하는 위치에서 나 는 소리로, 국어의 'ㄴ, ㄷ, ㅌ, ㄹ, ㅅ'음이 속하고, 이를 설단음(舌端音

: blade)이라고도 한다. 아래와 같다.

| | 파 열 음 | | | 마 찰 음 | | 비 음 |
|---|---|---|---|---|---|---|
| | 평음 | 격음 | 격음 | 평음 | 경음 | |
| 치경음 | ㄷ | ㅌ | ㄸ | ㅅ | ㅆ | ㄴ, ㄹ |

영어에서는 무성 치경음의 't, s'와 유성 치경음인 'd, z, n'이 속한다.

## 4) 경구개음

경구개음(硬口蓋音 : palatal)은 설면이 경구개와 마주하는 위치에서 나는 소리로 'ㅈ, ㅊ, ㅉ' 음이 속하고, 설면음(舌面音 : front of tongve) 이라고도 한다.

| | 파 찰 음 | | |
|---|---|---|---|
| | 평 음 | 격 음 | 경 음 |
| 경구개음 | ㅈ | ㅊ | ㅉ |

영어의 'mesher, measure'가 해당된다.

## 5) 연구개음

연구개음(軟口蓋音 : velar)은 설근이 연구개와 마주하는 위치에서 나는 소리로 'ㄱ, ㅋ, ㄲ' 음이 이에 속하고, '설근음'(舌根音 : root of tongve)이라고도 한다. 영어의 'k, g, ng'가 속한다.

|  | 파 열 음 | | |
| --- | --- | --- | --- |
|  | 평 음 | 격 음 | 경 음 |
| 연구개음 | ㄱ | ㅋ | ㄲ |

## 6) 성문음

성문음(聲門音 : glottal)은 성문의 위치에서 나는 소리로, 'ㅎ'음이
이에 속한다.

|  | 마 찰 음 |
| --- | --- |
| 성문음 | ㅎ |

## (3) 자음의 분류표

이상 지금까지 조음 방법과 조음 위치에 따라 언어음을 세분화하였는
데, 이를 종합하면 아래의 도표와 같다.

| 조음 방법 \ 조음 위치 | | 양순음 | 치경음 | 경구개음 | 연구개음 | 성문음 |
| --- | --- | --- | --- | --- | --- | --- |
| 파열음 | 평 음 | ㅂ | ㄷ |  | ㄱ |  |
|  | 격 음 | ㅍ | ㅌ |  | ㅋ |  |
|  | 경 음 | ㅃ | ㄸ |  | ㄲ |  |
| 파찰음 | 평 음 |  |  | ㅈ |  |  |
|  | 격 음 |  |  | ㅊ |  |  |
|  | 경 음 |  |  | ㅉ |  |  |

| 마찰음 | 평 음 | | ㅅ | | | ㅎ |
|---|---|---|---|---|---|---|
| | 경 음 | | ㅆ | | | |
| 비　음 | | ㅁ | ㄴ | | ㅇ | |
| 유　음 | | | ㄹ | | | |

## 3.2  모음의 종류

　자음이 허파에서 나오는 공기가 장애를 받고 실현되는 것이라면 모음은 그러한 장애 내지 방해를 받지 않고 나오는 음성이다. 자음을 조음 방법과 조음 위치에 따라 나누었듯이 모음도 몇 가지 기준에 의해 세분화할 수 있다. 즉 '입술의 모양, 혀의 고저, 혀의 위치'에 의해 구분할 수 있다.

### (1) 입술의 모양

　입술 모양을 둥글게 하여 소리내는 모음을 '원순 모음'(圓脣母音 : rounded vowels)이라 하고, 입술을 펴서 발음하는 모음을 '비원순 모음'(非圓脣母音 : unrounded vowels) 내지 '평순 모음'(平脣母音)이라 한다.

| | 평　순 | 원　순 |
|---|---|---|
| 모 음 | ㅣ[i], ㅡ[ɨ], ㅔ[e], ㅐ[ɛ], ㅓ[ə], ㅏ[a] | ㅟ[ü], ㅗ[o], ㅚ[ö], ㅜ[u] |

영어의 모음을 입술 모양에 따라 분류하면 다음과 같다.

| | 평 순 | 원 순 |
|---|---|---|
| 모 음 | i, ɪ, e, ɛ, æ, ʌ, ɑ | ʊ, u, o, ɔ |

## (2) 혀의 고저(高低)

혀의 고저란 혀가 구개를 향하여 접근하는 정도를 말한다. 이에 의한 모음은 4가지 유형으로 나누어진다.

### 1) 고모음

고모음(高母音 : high vowel)은 혀를 가능한 입천장에 가깝게 붙여 발음하는 까닭에 혀의 위치는 높지만 상대적으로 입은 조금만 벌리게 된다. 그리하여 이를 '폐모음'(閉母音 : close vowels)이라고도 하고, 'ㅣ〔i〕, ㅟ〔ü〕, ㅡ〔ɨ〕, ㅜ〔u〕'가 이에 속한다.

### 2) 반고모음

반고모음(半高母音 : half-high vowel)은 고모음보다는 혀의 높이가 입천장으로부터 멀어지고 입이 더 벌어지는 음이기 때문에 '반폐모음' (半閉母音 : half-close vowel)이라 한다. 이에는 'ㅔ〔e〕, ㅚ〔ö〕, ㅗ〔o〕'가 속한다.

## 3) 반저모음

반저모음(半低母音 : half-low vowel)은 저모음보다는 혀의 위치가 높고, 입도 좀 덜 벌어진다. 상대적으로 반고모음보다는 혀의 위치가 낮고, 입은 더 벌어진다. 'ㅐ[ɛ], ㅓ[ə]'가 있다.

## 4) 저모음

저모음(低母音 : low vowel)은 혀끝을 입천장으로부터 비교적 멀리하여 발음하기 때문에 입이 가장 많이 벌려 발음하는 음이다. 이를 '개모음'(開母音 : open vowel)이라고도 하고, 'ㅏ[a]'가 대표적이다.

이상으로 국어의 모음을 혀의 고저에 따라 분류, 종합하면 아래와 같다.

|  | 모 음 |
|---|---|
| 고 모 음 | ㅣ[i], ㅟ[ü], ㅡ[ɨ], ㅜ[u] |
| 반고모음 | ㅔ[e], ㅚ[ö], ㅗ[o] |
| 반저모음 | ㅐ[ɛ], ㅓ[ə] |
| 저 모 음 | ㅏ[a] |

영어의 모음은 혀의 고저를 세 구분으로 하여 정리할 수 있다.

|  | 모 음 |
|---|---|
| 고 모 음 | i, ɪ, ʊ, u |
| 중 모 음 | e, ɛ, o, ɔ |
| 저 모 음 | æ, ʌ, ɑ |

## (3) 혀의 위치

모음의 발음에 관여하는 혀는 그 전후 위치에 따라 앞에서 뒤쪽까지를 세 부위로 나눌 수 있다.

### 1) 전설 모음

전설 모음(前舌母音 : front vowel)은 설면과 경구개가 서로 맞닿는 부위에서 실현되는 모음을 가리킨다. 이에는 'ㅣ〔i〕, ㅔ〔e〕, ㅐ〔ɛ〕, ㅟ〔ü〕, ㅚ〔ö〕'가 있다.

### 2) 중설 모음

중설 모음(中舌母音 : central vowel)은 전설과 후설의 중간 지점에서 실현되는 모음으로, 'ㅡ〔ɨ〕, ㅓ〔ə〕, ㅏ〔a〕'음이 이에 속한다.

### 3) 후설 모음

후설 모음(後舌母音 : back vowel)은 설근과 연구개가 맞닿는 위치에서 실현되는 모음으로 'ㅜ〔u〕, ㅗ〔o〕'가 속한다.

이상으로 혀의 위치에 따르는 국어 모음의 분류는 다음과 같다.

| | 전설모음 | 중설모음 | 후설모음 |
|---|---|---|---|
| 모 음 | ㅣ〔i〕, ㅔ〔e〕, ㅐ〔ɛ〕, ㅟ〔ü〕, ㅚ〔ö〕 | ㅡ〔ɨ〕, ㅓ〔ə〕, ㅏ〔a〕 | ㅜ〔u〕, ㅗ〔o〕 |

영어의 모음은 혀의 위치에 따라 크게 전설 모음과 후설 모음으로 분류

할 수 있다.

| | 전설모음 | 후설모음 |
|---|---|---|
| 모 음 | i, ɪ, e, ɛ, æ | ʌ, ʊ, u, o, ɔ, ɑ |

## (4) 단모음의 분류표

국어의 모음은 입술의 모양, 혀의 고저, 혀의 위치를 고려하여 세분화된다 하였는데, 종합하면 아래의 도표와 같이 나타낼 수 있다.

| | 전설모음 | | 중설모음 | | 후설모음 | |
|---|---|---|---|---|---|---|
| | 평순 | 원순 | 평순 | 원순 | 평순 | 원순 |
| 고 모 음(폐 모 음) | ㅣ〔i〕 | ㅟ〔ü〕 | ㅡ〔ɨ〕 | | | ㅜ〔u〕 |
| 반고모음(반폐모음) | ㅔ〔e〕 | ㅚ〔ö〕 | | | | ㅗ〔o〕 |
| 반저모음(반개모음) | ㅐ〔ɛ〕 | | ㅓ〔ə〕 | | | |
| 저 모 음(개 모 음) | | | ㅏ〔a〕 | | | |

국어의 모음은 단모음 외에 '이중 모음'이 있다. 이중 모음에는 'ㅑ, ㅒ, ㅕ, ㅖ, ㅛ, ㅠ, ㅘ, ㅙ, ㅝ, ㅞ, ㅢ'의 11개가 존재하는데, 이는 자리의 위치에 따라 다음과 같이 분류된다.

(1) ㄱ. 'ㅣ'의 자리에서 시작되는 것   : ㅑ, ㅕ, ㅛ, ㅠ, ㅒ, ㅖ
　　ㄴ. 'ㅗ/ㅜ'의 위치에서 시작되는 것 : ㅘ, ㅙ, ㅝ, ㅞ
　　ㄷ. 'ㅡ'의 위치에서 시작되는 것   : ㅢ

한편, 반모음은 홀로 쓰일 수 없기에 반드시 그 앞이나 뒤에 다른 모음을 요구하게 되는데, 이 때 단모음 앞에 반모음이 온 것은 '상승적 이중 모음', 뒤에 온 것은 '하강적 이중 모음'이라 한다. 반모음 〔y〕가 들어 있는 이중 모음을 'Y계 이중 모음', 〔w〕가 들어 있는 것을 'W계 이중 모음'이라 한다.

##  운율적 요소

지금까지 우리가 분류한 음성들은 분절음으로 단어의 의미를 구분 짓는 데 결정적 역할을 하는 것들이다. 즉 한 음절에서의 의미 분화는 주로 자음과 모음의 차이에 의해 일어난다. 예를 들면, '강 : 망'의 경우 나머지 부분은 모두 동일한 데에 비해 오직 어두에 오는 'ㄱ : ㅁ'의 대립에 의해 '강'과 '망'의 의미 차이가 발생하는 것이다.

그러나 단어의 의미는 이들 분절음뿐만 아니라, 음의 강약, 음의 고저, 음의 장단에 의해서도 분화되는데, 이들을 가리켜 '운율적 요소'(韻律的要素 : prosodic feature) 내지 '초분절 음소'(超分節音素 : supra-segmental)라 한다. 이에 대해 간략히 살펴보기로 하자.

음의 강약(強弱 : loudness)은 생리적으로 호흡의 강약과 그에 따르는 근육의 긴장도에 관련하는 것으로, 음향 물리적으로는 음파의 진폭이 크고 작음에 비례한다. 국어에서 강약에 의한 의미 분화는 일어나지 않는다. 반면 영어에서 쉽게 찾아볼 수 있다. 즉 동일한 어휘임에도 불구하고 강세가 놓이는 위치에 따라 그 의미가 달라지기 때문이다.

음의 고저(高低 : pitch)는 성대의 진동수에 관여하는 것으로, 일정한 시간에 진동수가 많으면 높은 소리가 나고, 그 진동수가 적으면 낮은 소리가 나게 된다. 국어에서는 이것이 중요한 의미 분화의 요소가 아님에 비해 중국어의 경우에서는 매우 다양한 의미를 분화시키는데 사용됨을 쉽게 확인할 수 있다. 즉 성조 언어인 중국어는 동일한 음성의 높낮이에 의해 4가지의 의미 분화가 일어난다.


  (2) ma$^1$ : 媽 : 어머니
      ma$^2$ : 麻 : 삼
      ma$^3$ : 馬 : 말
      ma$^4$ : 罵 : 꾸짖다


  한편, 국어의 경우에도 중세 국어나 현대의 경상도, 함경도 방언에 음의 고저에 의한 액센트가 남아있다고 보기도 하지만, 각 음절마다 성조를 가지고 있는 '성조 언어'와는 구별이 되어야 할 것이다. 다만 상대적인 관점에서 음의 강약보다는 고저가 국어의 의미 분화와 좀 더 관련이 있는 자질임에는 틀림없다.
  음의 장단(長短 : length)은 일정한 음의 지속되는 시간에 비례한다. 이는 의미를 명확히 밝히기 위해 어느 음절을 길게 내지는 짧게 발음하는 것으로 의미 분화 작용을 일으킨다. 다음의 예를 보자.


  (3) 눈 : 설(雪)〔nuːn〕,  안(眼)〔nun〕
      말 : 언(言)〔maːl〕,  마(馬)〔mal〕
      밤 : 율(栗)〔paːm〕, 야(夜)〔pam〕


  ' ː '의 표시는 장음, 즉 길게 발음한다는 의미로, '눈'을 길게 발음하면 '하늘에서 내리는 하얀 눈'이라는 의미가 되고, 짧게 발음하면 '사람 신체의 일부분인 눈'을 의미한다. 이와 같이 음의 장단은 매우 중요한 변별적인 기능을 담당하고 있다.

그러나 김수형(2001)에서는 음의 장단에 의해 의미가 분화되는 최소 대립어는 존재하지 않을 뿐 아니라 이의 존재를 전제한 종래의 모든 주장(학설)은 의미가 없다. 그리고 어느 지역 어느 세대이건 가릴 것 없이 음장에 대한 의식은 지극히 희박하고(거의 없고), 오히려 전후 문맥이나 되묻는 방법 등이 음장의 기능을 대신한다고 주장하였다.

# 제 **3** 장  음운론(音韻論)

언어음의 구체적, 개별적인 성격을 띠는 것이 '음성'이라면 우리의 머릿속에 기억되어 있는 잠재적이고 추상적인 기호의 목록을 '음운'이라 하였다. 음성은 음성학의 중심적 연구 대상으로 제2장 '음성학'에서 개별 음성의 조음 및 음향적 특징들에 초점을 맞추어 다루었다.

반면 음운론의 연구 대상인 음운은 단어의 의미를 분화시키는 소리의 단위로, 국어의 분절음인 자음과 모음을 가리킨다. 구체적으로 국어에서 '굴, 둘, 물, 불, 술, 줄'은 각각 첫소리 'ㄱ, ㄷ, ㅁ, ㅂ, ㅅ, ㅈ'에 의해서 서로 다른 뜻의 단어가 되고, '살, 설, 솔, 술, 실'은 가운뎃소리 'ㅏ, ㅓ, ㅗ, ㅜ, ㅣ'에 의해서 뜻이 다른 단어가 되는 것이다.

본 장에서는 음운의 본질을 비롯하여 음운 구분의 기준과 음운의 체계 및 기술 그리고 음운 변화에 대해 살피기로 한다.

## ① 음운론의 성격

음성학이 자연 과학적 또는 경험 과학적 방법에 의해 음성을 연구하는 데 비해, 음운론은 그 음성이 구체적인 한 언어에서 어떠한 기능을 수행하는가에 대한 연구를 하는 분야이다.

음성학과 음운론에 대해 Trubetzkoy(한문희 옮김, 1991)에서는 "한 사람이 다른 또 한 사람에게 무엇인가를 말할 때마다, 그것은 빠롤의 행위(acte de parole)가 된다. 빠롤의 행위는 항상 구체적이다. 즉 그것은 정해진 장소에서 정해진 순간에 일어난다. 그것은 또 말을 하는 정해진 한 사람(화자)과 말을 듣는 정해진 한 사람(청자)과 이 빠롤 행위가 관계되는 정해진 사태를 전제로 한다고 하였다. 그리고 음성학은 빠롤의 소리를 연구하는 학문으로, 또 음운학은 랑그의 소리를 연구하는 학문으로 정의하고, 여기에 한 가지 사실을 더 첨가하고 있다. 즉 전자는 언어 소리의 단순한 현상학적인 연구가 되며, 반면에 음운학은 이와 같은 소리의 언어학적 기능을 연구하는 것"이라 하여 구별하고 있다.

## 1.1 음운과 이음(異音), 음절(音節)

음운(音韻 : phone)은 어떤 언어에서 단어들의 형태와 의미의 차이, 즉 변별적 기능의 단위이다. 달리 '음소'(音素)라고도 한다. 다음의 예를 보자.

    (1) ㄱ. 산 : 간, 신 : 선, 상 : 살
        ㄴ. pin : bin : tin : win

예 1.ㄱ)은 의미가 다른 3쌍의 단어들로 구성되어 있다. 이들이 서로 다른 의미를 지니는 것은 오직 어두, 어중, 어말음의 차이에 따른 것이다. 즉 'ㅅ : ㄱ', 'ㅣ : ㅓ', 'ㅇ : ㄹ'의 대립에 의한 의미 차이를 나타내고 있다. 이처럼 나머지 조건은 동일하고 오직 하나의 음이 대립하는 짝을 '최소 대립쌍'(最少對立雙 : minimal pair), '최소 대립어'라 하고, 이러한 관계를 이루는 각각의 음을 '음운'이라 한다. 1.ㄴ)의 경우도 마찬가지로, 이들의 다른 점은 오직 어두에 사용된 'p : b : t : w'음이다. 그리고 이 차이에 의해 각각의 단어들은 다른 형태와 의미를 나타내고 있다. 따라서 이들은 의미를 분별하는 음운으로서 손색이 없다.

(2) ㄱ. ㄱ-ㅋ-ㄲ
    ㄴ. ㄷ-ㅌ-ㄸ
    ㄷ. ㅂ-ㅍ-ㅃ

국어에서는 2)의 예들도 모두 단어의 의미 분화에 기여하기 때문에 음운으로서의 충분한 자격을 지니고 있다. 즉 '강-캉-깡', '달-탈-딸', '발-팔-빨'의 의미 차이를 일으키는 것이 오직 어두음에 의한 것이기 때문이다.

한편, 음운은 항상 동일한 모습으로 나타나지 않고, 쓰이는 환경에 따라 여러 가지로 변화하는 성질이 있다. 이렇게 변화한 다양한 각각을 그 음운의 '이음'(異音 : allophone)이라 하는데, 이는 한 음운을 이루는 구체적인 요소라고도 한다. 음운 'ㄱ'은 다음과 같은 이음들의 총체인 것이다.

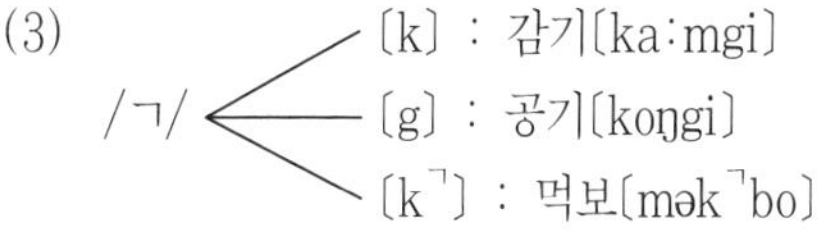



예문 3)에서 보듯 국어의 음운 'ㄱ'은 그 쓰이는 음성 환경의 차이에 따라 세 가지의 모습으로 실현되는데, 이들 각각을 음운 'ㄱ'에 대한 이

음이라 한다. 즉 감기〔kaːmgi〕, 공기〔koŋgi〕, 먹보〔məkˈbo〕에서 국어의 음운 'ㄱ'이 어두의 〔k〕와 어중의 〔g〕, 그리고 어말의 〔kˈ〕로 실현됨을 알 수 있다. 그리고 이들 각각은 무성음, 유성음 그리고 기식음이라는 점에서 분명 그 음성적 성격을 달리하고 있다.

(4)

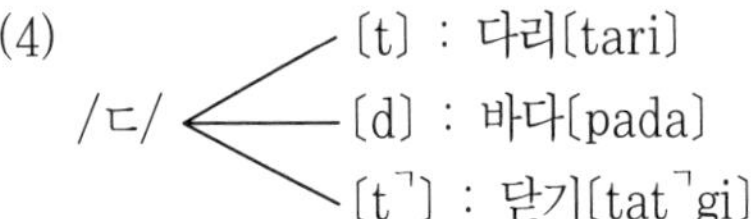

(5)

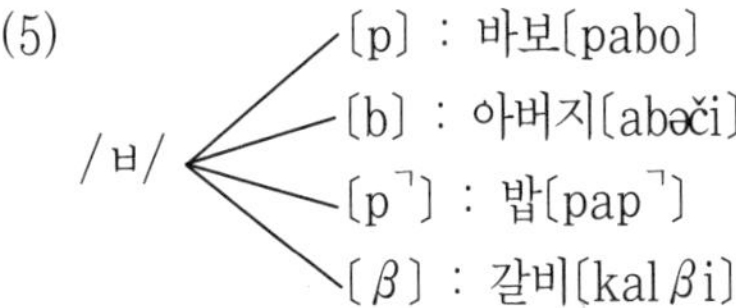

음운 'ㄷ, ㅂ'은 'ㄱ'과 조음 방법에 있어 동일한 파열음으로서 이들 역시 한 가지 모습으로 고정되어 쓰이지 않고, 어두에서는 각각 〔t〕와 〔p〕, 어중에서는 〔d〕와 〔b〕, 어말의 위치에서는 〔tˈ〕와 〔pˈ〕로 변이되어 나타난다. 그리고 'ㅂ'의 경우는 유성 마찰음의 〔β〕로도 나타난다.

음운과 이음의 관계는 이 외에도 다양하게 확인할 수 있는데, 이처럼 환경에 따라 실현되는 구체적 모습이 다름에도 불구하고 우리는 이들을 모두 동일한 음운 'ㄱ, ㄷ, ㅂ'으로 인식한다. 그리고 실제 발음된 음성들은 서로를 '이음' 또는 '변이음'이라 한다. 즉 〔k〕음에 대한 이음이 〔g〕와 〔kˈ〕이고, 〔g〕에 대한 이음이 〔k〕와 〔kˈ〕인 것처럼, 〔t〕음의 이음이 〔d〕, 〔tˈ〕이고, 〔p〕음의 이음은 〔b〕, 〔pˈ〕, 〔β〕이라 할 수 있다.

음절(音節)이란 음운이 단독으로 또는 결합하여 이룬 소리의 덩어리로서 발음의 단위이다. 국어에서 음절을 형성하는 경우는 다음과 같다.

(6) ㄱ. 아, 어
    ㄴ. 가, 거
    ㄷ. 악, 억
    ㄹ. 감, 담


 6.ㄱ)은 모음 단독으로 음절을 형성하고, 6.ㄴ)은 자음과 모음의 결합으로, 6.ㄷ)은 모음과 자음의 결합에 의해 음절을 형성한다. 그리고 6.ㄹ)은 가장 완벽한 음절 형성의 방법, 즉 '자음+모음+자음'으로 구성되어 있다. 그러나 이 4가지 경우를 벗어나는 'ㄱ, ㄴ'과 같이 자음 단독으로는 음절을 형성하지 못한다.


## 1.2  음운과 상보적 분포(相補的 分布)


 '감기'처럼 국어의 음운 'ㄱ'은 음성적 환경의 조건에 따라 세 가지의 이음으로 실현됨을 보았다. 어두에서의 무성음 〔k〕와 어중에서의 유성음 〔g〕, 어말에서의 내파음 〔k¬〕가 그것이다. 그런데 이들은 서로 동일한 위치에 올 수 없는 관계에 있다. 즉 다시 말하면 어두에서는 유성음 〔g〕와 내파음 〔k¬〕가 어중에서는 무성음 〔k〕와 내파음 〔k¬〕가 절대로 쓰일 수 없다는 것이다.

 이처럼 서로 동일한 자리에 쓰이지 않는 두 음의 관계를 '상보적 분포'(相補的分布 : complementary distribution)라 하는데, 개개의 이음으로 볼 때 이들은 각자 특수한 음성 환경에만 독립되어 쓰이기 때문에 이를 '배타적 분포'(排他的分布 : exclusive distribution)라고도 한다. 그리고 상보적, 배타적 관계에 있는 두 음은 서로 대립 관계를 형성하는데, 대립의 종류는 다음과 같다.

## (1) 일원 대립과 다원 대립

일원 대립(一元對立 : eindimentional opposition)은 두 음운의 지니는 공통적 특징을 다른 음운이 지니지 않을 때로 '양면 대립'이라고도 한다. 반면 다원 대립(多元對立 : mehrdimensionale opposition) 내지 다면 대립은 두 음운의 공통적 특징을 다른 음운도 갖추고 있을 때를 가리킨다. 아래의 예를 보기로 하자.

(7) ㄱ : ㄲ → 〔구개음, 파열음, 무기음〕
    ㄷ : ㄸ → 〔치경음, 파열음, 무기음〕
    ㅂ : ㅃ → 〔양순음, 파열음, 무기음〕

예 7)에서처럼 대립하는 음운의 쌍들이 지니는 공통적 특징들은 화살표 오른쪽과 같다. 이 중 어느 대립쌍도 다른 대립쌍의 특징과 일치하지 않는다. 이와 같은 다른 음운의 대립에서는 절대로 나타나지 않는 특징을 공유한 쌍이 '일원 대립'이다. 7)과 동일한 조음 위치에 있는 아래의 음운들도 그 성격을 같이 한다.

(8) ㄱ : ㅋ → 〔구개음, 파열음, 성대음〕
    ㄷ : ㅌ → 〔치경음, 파열음, 성대음〕
    ㅂ : ㅍ → 〔양순음, 파열음, 성대음〕

한편, 일원 대립과 달리 어느 대립쌍의 공통적 특성이 다른 음운에도 나타나는 경우가 있다. 9), 10)의 예를 보기로 하자.

(9) ㄲ : ㅋ → 〔구개음, 파열음〕 : ㄱ
    ㄸ : ㅌ → 〔치경음, 파열음〕 : ㄷ
    ㅃ : ㅍ → 〔양순음, 파열음〕 : ㅂ

(10) ㄱ : ㄷ → 〔파열음, 평음〕 : ㅂ : ㄱ

　9)의 예처럼 대립하는 두 음운들이 가지고 있는 공통 자질이 각각 'ㄱ, ㄷ, ㅂ'에도 다면적으로 속하는 자질임을 알 수 있고, 10)의 경우도 '파열음, 평음'이라는 두 자질이 음운 'ㄱ : ㄷ'의 자질에서만 나타나는 것이 아니고, 'ㅂ : ㄱ'에도 나타난다. 이러한 대립을 '다원 대립'이라 한다.

## (2) 비례 대립과 고립 대립

　비례 대립(比例對立 : proportionale opposition)은 두 음운 사이의 관계를 구별짓는 특징이 대립하고 있는 다른 음운의 관계에도 나타나는 것이고, 고립 대립(孤立對立 : isolierte opposition)은 그러한 특징이 다른 음운의 대립짝에 나타나지 않을 때를 말한다. 먼저 비례 대립의 예를 보기로 하자.

(11) ㄱ : ㄲ ＝ ㄷ : ㄸ ＝ ㅂ : ㅃ
　　　ㄱ : ㅋ ＝ ㄷ : ㅌ ＝ ㅂ : ㅍ

　음운 'ㄱ : ㄲ'의 쌍은 모두 동일한 파열음으로서 오직 '평음 : 경음'이라는 차이만 드러낸다. 그런데 이러한 자질이 'ㄷ : ㄸ'과 'ㅂ : ㅃ'의 관계에서도 발견되는데, 이러한 대립을 '비례 대립'이라 한다.
　한편, 이들과 달리 어떤 대립항 사이의 관계가 다른 대립항에서는 발견되지 않을 때를 '고립 대립'이라 하는데, 아래의 예와 같다.

(12) ㅂ : ㄷ, ㄱ : ㄷ

음운 'ㅂ'과 'ㅅ'은 조음 방식에서는 둘 다 파열음으로서 공통성을 지니지만 조음 위치에서는 각각 〔양순음〕과 〔치경음〕으로 대립된다. 그런데 이러한 대립 자질이 'ㄱ : ㄷ'의 짝에는 적용되지 않는다.


## (3) 유무 대립, 계단 대립, 등치 대립


유무 대립(有無對立 : privative opposition)은 대립하는 두 음운의 항 중에 어떤 자질이 있고 없느냐에 따라 일어나는 대립을 의미한다. 아래의 예와 같다.


    (13) ㄱ. pin : bin
         ㄴ. ㄱ : ㄲ = ㄷ : ㄸ = ㅂ : ㅃ
         ㄷ. ㄱ : ㅋ = ㄷ : ㅌ = ㅂ : ㅍ


13.ㄱ)이 유, 무성음의 자질이 있고 없음에 따라 일어나는 대립이라면, 13.ㄴ-ㄷ)에서는 각각 후두 긴장과 기(氣)의 유무에 의한 대립을 나타낸다. 이 경우, '기(氣)'나 '후두 긴장(喉頭緊張)'을 표지(標識)라 하는데, 표지를 가진 항을 '유표항'(有標項 : marked term)이라 하고 표지가 없는 항을 '무표항'(無標項 : unmarked term)이라 한다.

계단 대립(階段對立 : graduelle opposition)은 대립하는 항목이 어떤 동일한 기준의 정도 차이에 의해 발생하는 것으로, 개구도(開口度)의 정도에 따른 국어 모음의 단계를 그 예로 들 수 있다.


    (14) ㅣ - ㅔ - ㅐ - ㅏ


14)에 제시한 모음은 '개구도(開口度)'라는 기준의 단계적 차이에 따른

점진적 대립을 보이고 있어, 이를 '점진적 대립'이라고도 한다.

등치 대립(等値對立 : equipollent opposition)은 대립하는 양 항의 음운이 논리적으로 대등하고, 한 특징의 유무에 의한 대립과 음성 특징의 정도 차이에 따른 대립이 아닌 것을 가리킨다. 즉 계단 대립이나 유무 대립이 아닌 것이 '등치 대립'이다.

  (15) ㄱ : ㄷ, ㄷ : ㅂ

'ㄱ'에 대해 'ㄷ'이 그리고 'ㄷ'에 비해 'ㅂ'은 모두 파열음과 평음이라는 공통성 밖에 어느 특징의 유, 무에 따른 대립이라 할 수 없을뿐더러 음성 특징의 단계적 차이에 따르지도 않고 있다.


## (4) 중화 대립과 불변 대립

중화 대립(中和對立 : neutralizable opposition)은 어떠한 위치에서는 의미 분화의 기능을 담당하지만, 특정 위치에서 그 기능을 상실하는 음운의 대립이다. 불변 대립(不變對立 : constant opposition)은 어떠한 위치에 오더라도 변별적 기능을 수행할 수 있는 음운의 대립이다. 이처럼 중화 대립과 불변 대립은 의미 분화의 역할과 관련하여 그 차이를 나타낸다.

  (16) 어두의 'ㄷ, ㅅ, ㅈ, ㅊ, ㅌ' : 어말의 'ㄷ, ㅅ, ㅈ, ㅊ, ㅌ'

어두에서 이들 음운은 어휘의 의미 분화에 직접적인 영향을 끼치지만 어말에서는 모두 대표음으로 실현되어 의미의 분화와 직접적인 관계가 없다.

## 1.3 음운과 변별적 자질

　음운 규칙을 형식화할 때에는 말소리에 대한 설명을 다른 방법으로 하는 것이 때로는 더 도움이 되기도 한다. 언어학자들은 분절음을 더 나눌 수 없는 음성 단위로 생각하지 않고 흔히 속성이나 자질의 복합체로서 기술하는데, 이를 '변별적 자질'(辨別的 資質 : distinctive features)이라 한다.

　음운의 변별적 자질은 의미 분화에 직접적으로 관여하는 것으로, 언어마다 그 성질을 달리한다. 다음의 예를 보기로 하자.

>　(17) ㄱ. 강-깡-캉
>　　　　ㄴ. kitchen

　17.ㄱ)처럼 국어의 경우 'ㄱ : ㄲ : ㅋ'은 앞서 확인한 바처럼 '후두 긴장'과 '기'의 대립에 의한 최소 대립쌍의 관계에 놓여 있는 것으로 각각 다른 음운이다. 어휘의 의미 분화에 영향을 끼치는 이러한 대립 자질은 변별적 자질임에 틀림없다.

　그러나 이 자질이 모든 언어 체계의 의미 분화에서 동일한 성격을 나타내지는 않는다. 즉 17.ㄴ)처럼 우리가 어두 'k'의 발음을 'ㄱ : ㄲ : ㅋ' 중 그 어느 발음으로 하더라도 'kitchen'의 의미에는 차이가 없을 뿐 아니라 그들 또한 의미가 다르다는 것을 인식하지 못한다. 다음은 이와 반대로, 영어에서는 변별적 자질로서 의미 분화의 기능을 지니지만, 국어에서는 그러한 기능이 없는 경우이다.

>　(18) ㄱ. pin : bin
>　　　　ㄴ. 바보 [pabo], [babo]

18.ㄱ)처럼 영어를 모어로 하는 언중들은 분명 'pin'과 'bin'의 의미가 다르다는 것을 인지한다. 왜냐하면 영어에서는 '무성 : 유성'의 차이에 의한 의미 분화가 일어나기 때문으로, '성'이라는 자질이 변별적 기능을 담당하고 있는 것이다. 반면, 우리 국어에서는 'ㅂ'음을 무성 내지 유성으로 발음한다해서 단어 '바보'의 의미가 달라지지는 않는다.

국어에는 단어의 의미 분화와 직접적인 관련을 지니는 변별적 자질로 자음과 모음이 있다. 왜냐 하면 이들의 차이에 의해 단어의 의미가 달라지기 때문이다. 그 외 이와 관련한 변별적 자질로는 자음과 모음의 분류 기준에서 살폈던 것처럼 이들을 분류하는 모든 기준들이 포함되고 운율적 자질 요소 중에서 '음의 장단(長短 : length)'만이 의미 분화에 참여하고 있다.


## ❷  변별적 자질의 기능 및 종류


국어의 자음과 모음은 분절음으로서 의미 분화에 직접적인 영향을 미치는 최소의 '음운 단위'이다. 그러나 이들 각각은 동시적으로 더 작은 음의 성분들로 분석이 가능하다. 즉 음운은 더 이상 하위로 쪼개지 못하는 최소의 단위가 아니고, 변별적 자질이라는 하위의 구성 요소로 분석해낼 수 있는 단위인 것이다. 따라서 변별적 자질이란 말의 뜻을 분화하는 데 관여할 수 있는 음성적 자질을 말한다. 음운 'ㄱ'은 다음과 같이 여러 음성적 자질로 이루어져 있다.


(1) 〔구개음, 파열음, 구두음, 평음〕

그러나 이와 비슷한 분절음인 'ㄷ, ㅂ'은 1)의 음성적 자질 가운데 조음 위치 자질만 다르고 나머지 3항(파열음, 구두음, 평음)에서는 공통성을 지닌다. 따라서 이들 세 음의 공통 자질은 다음과 같다.


(2) ㄱ. ㄱ : 〔파열음, 구두음, 평음〕
    ㄴ. ㄷ : 〔파열음, 구두음, 평음〕
    ㄷ. ㅂ : 〔파열음, 구두음, 평음〕


2)에서처럼 이들 세 음은 위의 음성적 자질을 공유한 집합 관계를 형성하는데, 이러한 분절음의 집합을 '자연군'(自然郡) 내지 '자연부류'(自然部類)라 한다.

한편, 음운을 그것을 구성하고 있는 구체적인 음성적 자질로 분석하는 변별적 자질은 여러 가지 장점을 가지고 있다. 그 가운데 가장 큰 장점은 음성 기술적인 측면에서 분절음의 음가를 음성적으로 정의된 자질을 이용하여 정확하게 기술한다는 것이다. 즉 짝이 되는 자질 중 어느 하나를 기준으로 해서 그 자질이 있음과 없음을 (+), (−)의 기호로 구별하면 전체적으로 자질의 수를 크게 줄일 수 있을 뿐 아니라 정확한 음성 기술을 할 수 있다. 다음과 같다.


(3) ㄱ, ㄷ, ㅂ : +〔파열음〕 +〔구두음〕 +〔평음〕


이렇게 '+'와 '−'로 자질값을 표시하는 방식을 '양분법'(兩分法)이라 하고 그러한 자질을 '양분 자질'(兩分資質 : binary feature)이라 한다. 이와 같이 변별적 자질들은 모든 자연 언어의 음운 구조를 기술하는 데 꼭 필요한 것들로 여러 가지의 자질들로 나눌 수 있다.

## 2.1 주요 변별 자질

음의 음성적 특성을 나타내는 주요 자질은 다음과 같이 다양하다. 이에 대해서 자세히 살펴보기로 하자.

1. 주요 부류 자질(主要部類資質 : the major class features)
2. 조음 방식 자질(調音方式資質 : manner of articulation features)
3. 조음 위치 자질(調音位置資質 : place of articulation features)
4. 혓몸 자질(body of tongue features)
5. 부차적 자질(副次的資質 : subsidiary features)
6. 운율적 자질(韻律的資質 : prosodic features)

## (1) 주요 부류 자질

### 1) Jakobson의 주요 부류 자질

주요 부류 자질은 전통적으로 음성을 자음과 모음으로 분류하듯, 자음을 '자음성'(consonantal)으로, 모음과 반모음을 '모음성'(vocalic)으로 구별하는 것이다. 이 두 자질의 차이에 의한 음운의 분류는 아래와 같다.

|  | 유음 | 모음 | 자음 | 반모음 |
|---|---|---|---|---|
| 자음성 | + | − | + | − |
| 모음성 | + | + | − | − |

이를 좀 더 단계적인 과정으로 나누어 살피면 아래와 같은데, 이에

의하면 이들 4가지의 음이 지닌 특징들이 시각적으로 명확하게 나타내어질 수 있다.

| 모 음 | 자 음 | 유 음 | 반모음 |
|---|---|---|---|

〔모음성〕　　　　　+　　　　　　　　−

| 모 음 | 유 음 | 자 음 | 반모음 |
|---|---|---|---|

〔자음성〕　　−　　　　+　　　　+　　　　−

| 모 음 | 유 음 | 자 음 | 반모음 |
|---|---|---|---|

## 2) Chomsky & Halle(1968)의 주요 부류 자질

이는 Jakobson의 기준에서 모음성을 나타내는 〔vocalic〕의 자질 대신 '성절성'〔syllabic〕이란 자질을 설정하고 있음이 다르고, '공명성' 〔sonorant〕을 추가하면 더욱 더 타당한 구분이 되는데, 구체적 모습은 다음과 같다.

| | 모음 | 자음 | 반모음 | 유음 | 비음 | 성절적 유 음 | 성절적 비 음 |
|---|---|---|---|---|---|---|---|
| 성절성 | + | − | − | − | − | + | + |
| 자음성 | − | + | − | + | + | + | + |
| 공명성 | + | − | + | + | + | + | + |
| 비음성 | − | − | − | − | + | − | + |

역시 이를 단계적으로 시각화하면 다음과 같다.

| 모음 | 자음 | 유음 | 반모음 | 비음 |
|------|------|------|--------|------|

〔성절성〕    +              −

| 모음 | 자음 | 유음 | 반모음 | 비음 |
|------|------|------|--------|------|

〔자음성〕         +              −

| 반모음 | 자음 | 유음 | 비음 |
|--------|------|------|------|

〔공명성〕              +         −

| 자음 | 비음 | 유음 |
|------|------|------|

〔비음성〕                  +    −

| 비음 | 유음 |
|------|------|

이 도표를 통해 우리는 각 음들의 특징을 더 명확히 이해할 수 있다. 즉 모음과 가장 대립적인 것이 자음이라는 것을 쉽게 확인할 수 있고, 유음과 비음을 비교해보면 다른 자질들은 공통적으로 지니고 있는데 비해 오직 '비음성'〔nasal〕자질에서 차이를 드러낸다는 것을 알 수 있다.


## (2) 조음 방식 자질과 조음 위치 자질

조음 방식 자질과 조음 위치 자질은 자음과 관련한 자질로 먼저 〔nasal〕 자질로서 +〔비음〕과 장애음인 −〔비음〕으로 구분할 수 있다. 다시 장애음은 〔continuant〕 자질로 +〔지속성〕인 마찰음, 유음, 반모음과 −〔지속성〕인 파열음, 파찰음으로 나뉜다.

파찰음은 지연 개방 자질을 가진 음임에 비해, 파열음은 순간적 개방으로 분간된다. 마찰음 중에는 다시 〔+strident〕와 〔−strident〕로 구분되고, 유음에 관여하는 자질로 설측 자질(lateral)로 〔+lateral〕인 'l'과 〔−lateral〕인 'r'이 있다. 먼저 조음 방식 자질에 의한 분류는 아래와 같다.

| 비음 | 마찰음 | 파열음 | 파찰음 | 유음 | 반모음 |
|---|---|---|---|---|---|

〔비음성〕　　　+　　　　　　　　　　　−

| 비음 | 마찰음 | 파열음 | 파찰음 | 유음 | 반모음 |
|---|---|---|---|---|---|

〔지속성〕　　　+　　　　　　　　　　　−

| 마찰음 | 파열음 | 파찰음 | 유음 | 반모음 |
|---|---|---|---|---|

〔마찰성〕　　　+　　　　　　　　　　　−

| 마찰음1 | 파찰음 | 마찰음2 | 파열음 | 유음 | 반모음 |
|---|---|---|---|---|---|

〔공명성〕　　　　　　　　−　　　　　+

| 파열음 | 유음 | 반모음 |
|---|---|---|

〔자음성〕　　　　　−　　　+

| 반모음 | 유음 |
|---|---|

〔설측성〕　　　+　　−

| r | l |
|---|---|

다음은 조음 위치 자질의 차이에 따른 분류이다.

| 양순음 | 치경음 | 경구개음 | 연구개음 |
|---|---|---|---|

〔anterior〕　　　+　　　　　　　　−

| 양순음 | 치경음 | 경구개음 | 연구개음 |
|---|---|---|---|

〔coronal〕　　−　　　+　　　+　　　−

| 양순음 | 치경음 | 경구개음 | 연구개음 |
|---|---|---|---|

## (3) 혓몸 자질

혓몸의 위치와 관련한 자질에는 세 가지가 있다. 이는 주로 모음의 기술과 관련한 것으로 '혀의 높이, 혀의 위치, 입술의 모양'으로 분류된다. 그런데 이러한 분류 기준은 객관적이지 않다. 예를 들어 혀의 높이에 의한 기준만 하더라도 무수히 많은 단계를 설정하여 나눌 수 있기 때문이다.

일반적으로 고설 모음(high vowel), 저설 모음(low vowel), 후설 모음(back vowel), 원순 모음(round vowel) 등의 자질들이 있다. 이에 의한 영어 모음의 음성 자질은 다음과 같다.

|       | i | e | æ | ü | ö | œ | ɨ | ʌ | a | u | o | ɔ |
|-------|---|---|---|---|---|---|---|---|---|---|---|---|
| high  | + | − | − | + | − | − | + | − | − | + | − | − |
| back  | − | − | − | − | − | − | + | + | + | + | + | + |
| low   | − | − | + | − | − | + | − | − | + | − | − | + |
| round | − | − | − | + | + | + | − | − | − | + | + | + |

한편, 음성적 자질에 의한 국어의 모음은 다음과 같다.

|       | ㅣ | ㅔ | ㅐ | ㅡ | ㅓ | ㅏ | ㅜ | ㅗ |
|-------|----|----|----|----|----|----|----|----|
| 순음성 | − | − | − | − | − | − | + | + |
| 전설성 | + | + | + | − | − | − | − | − |
| 고설성 | + | − | − | + | − | − | + | − |
| 저설성 | − | − | + | − | − | + | − | − |

## 2.2 부차적, 운율적 자질

### (1) 부차적 자질

부차적 자질로 대표적인 것은 '유성 자질, 기식 자질, 후두 자질과 긴장 자질'이다.

유성 자질(有聲資質 : voiced)의 경우, 모든 분절음의 구별에 다 나타나지만 sonorant에 대해서는 〔-〕를 나타낸다. 기식 자질(氣息資質 : aspirated)과 후두 자질(喉頭資質 : glottalized)의 경우, 자음 특히 obstruent에 한해서 나타나는 것으로 각각 h나 ʼ로 표기한다. 국어의 격음과 경음은 이 두 자질로 구분되어진다. 긴장 자질(緊張資質 : tense)의 경우, 모음과 자음의 구별에 다 나타나며, 전동음 r을 〔+〕로, 탄설음 ſ을 〔-〕로 구분한다.

### (2) 운율적 자질

운율적 자질에는 '강세 자질'(强勢資質 : stress)과 '음장 자질'(音長資質 : length) 그리고 '성조 자질'(聲調資質 : tone)이 있는데, 〔stress〕, 〔long〕, 〔high-toned〕로 표기한다. 이에 대한 설명은 제2장의 '운율적 요소'를 참조하기 바란다.

## ③ 음운의 규칙 및 변화

한 단어를 구성하고 있는 여러 가지 소리들은 서로간에 영향을 미치고, 또한 각각의 음운들은 그들이 처한 환경의 변화에 따라 여러 가지 형태(異音)로 그 모습을 달리한다.

음운의 변화 과정에는 일반적으로 '동화, 탈락, 첨가, 축약, 도치' 등이 있다. 이 가운데 어떤 소리가 변화할 수 있는 가장 보편적인 방법은 바로 주변의 다른 소리에 동화되는 것으로, 가장 자연스러운 방법의 변화이다. 이러한 음운 변화 과정들은 그것을 지배하는 규칙 체계를 형성하고 있다.

본 절에서는 각각의 음운 과정과 이에 대한 음운 규칙에 대해 알아보기로 한다.


## 3.1  동화 현상(同化現象)


동화(同化 : assimilatory)란 성격이 다른 두 음운이 만났을 때 어느 한쪽이 다른 한쪽을 닮아서 같아지게 되는 현상으로 여러 종류가 있다. 구체적인 설명에 앞서 동화의 체계를 제시하면 다음과 같다.

| | 동화 기준 | 동화 유형 | | 동화 방향 |
|---|---|---|---|---|
| 동화 | 방법 동화 | 비 음 화 | | 순행 비음화 |
| | | | | 역행 비음화 |
| | | | | 상호 비음화 |
| | | 유 음 화 | | – |
| | | 유성음화 | | – |
| | 위치 동화 | 연구개음화 | 치경음 | 역행 연구개음화 |
| | | | 양순음 | 역행 연구개음화 |
| | | 양순음화 | | 역행 양순음화 |

  국어의 동화 현상 가운데는 조음 방법이 다른 두 음운이 어느 한쪽의
조음 방법을 닮는가 하면 조음 위치가 다른 두 음이 서로 닮기도 한다.
전자를 '방법 동화'라 하면 후자는 '위치 동화'라 할 수 있다. 먼저 방법
동화에 대해 알아보기로 하자.


## (1) 방법 동화


### 1) 비음화 현상

  비음화(鼻音化)란 'ㄱ, ㄷ, ㅂ'과 같은 파열음들이 비음 'ㄴ, ㅁ'의 영향
을 받아 비음으로 바뀌는 현상이다. 국어의 비음화는 동화의 방향에 따
라 다시 순행, 역접, 상호 비음화로 구분할 수 있다.

  첫째, 역행 비음화로 무성 파열음과 비음이 결합한 것으로 비음화의
조건을 갖추고 있다. 그리고 뒤에 오는 비음의 영향을 받아 앞의 자음이
변화하기에 역행의 비음화가 된다. 아래의 표기는 각각 'ㄱ'음의 비음화,
'ㄷ'음의 비음화, 'ㅂ'음의 비음화에 대한 규칙으로 독립적인 세 가지의
규칙으로 생성된다.


    (1) 국민[궁민]　　： ㄱ → ㅇ / ＿＿ ㅁ
        닫는다[단는다]： ㄷ → ㄴ / ＿＿ ㄴ
        밥물[밤물]　　： ㅂ → ㅁ / ＿＿ ㅁ


  1)의 개별적인 비음화 표기는 아래에서처럼 하나의 규약으로 종합하
여 표현할 수 있다.


    (2) [ㄱ,ㄷ,ㅂ] → [ㅇ,ㄴ,ㅁ] / ＿＿ ㄴ,ㅁ

또한 이들과 조음 위치가 동일한 다른 자음에 대해서도 같은 현상이
일어난다. 이를 규칙화하면 다음과 같다.


   (3) ㄱ. 부엌만〔부억만→부엉만〕, 밖만〔박만→방만〕 : ㅋ, ㄲ → ㄱ
       → ㅇ / __ ㅁ

       ㄴ. 웃는〔욷는→운는〕, 있는〔읻는→인는〕, 낯만〔낟만→난만〕, 꽃
       만〔꼳만→꼰만〕, 맡는〔맏는→만는〕 : ㅅ, ㅆ, ㅈ, ㅊ, ㅌ →
       ㄷ→ ㄴ / __ ㄴ, ㅁ
       ㄷ. 앞만〔압만→암만〕 : ㅍ→ ㅂ→ ㅁ / __ ㅁ
       ㄹ. 낳는〔낟는→난는〕 : ㅎ→ ㄷ→ ㄴ / __ ㄴ


3.ㄱ-ㄷ)의 예들은 무성 파열음인 'ㄱ, ㄷ, ㅂ'과 조음 위치가 동일한
각 음들이 먼저 중화 단계를 거쳐 그들의 대표음으로 발음이 되고 난
후 뒤에 오는 비음의 영향을 받아 비음화되는 현상이고, 3.ㄹ)은 목청소
리인 'ㅎ'의 비음화를 나타낸다.

둘째, 순행의 비음화로서 '담력〔담녁〕, 종로〔종노〕, 영리〔영니〕' 등의
예들이 이에 포함되는데, 4.ㄱ)과 같은 독립적인 규칙을 4.ㄴ)에서는 종
합하여 표현하고 있다.


   (4) ㄱ. 담력〔담녁〕 : ㄹ → ㄴ / ㅁ___
       종로〔종노〕 : ㄹ → ㄴ / ㅇ___
       영리〔영니〕 : ㄹ → ㄴ / ㅇ___
       ㄴ. 〔ㄹ〕 → 〔ㄴ〕 / ㅁ, ㅇ____


셋째, 상호 비음화의 예로는 '섭리〔섭니→섬니〕, 국력〔국녁→궁녁〕'
등이 있는데, 이를 규칙화하면 다음과 같다.


   (5) ㄱ. 섭리〔섭니〕 : ㄹ → ㄴ / ㅂ___ , 섭니〔섬니〕 : ㅂ → ㅁ / ___ㄴ

국력[국녁] : ㄹ→ㄴ / ㄱ__ , 국녁[궁녁] : ㄱ→ㅇ / __ㄴ
ㄴ. [ㄹ] → [ㄴ] / [ㄱ,ㅂ]__, → [ㅇ, ㅁ] / __[ㄴ]

비음화에 대한 음운 규칙은 또한 음성적 자질로도 표현할 수가 있는 데, 아래와 같다.

(6) [−continuant] → [+nasal] / ____ [+nasal]

이 방법에 의한 비음화의 규칙은 단 하나의 규칙 체계로 표현할 수 있다는 경제성의 장점이 있다.

## 2) 유음화 현상

국어의 유음화란 비음 'ㄴ'이 유음 'ㄹ'에 동화되어 'ㄹ'로 바뀌는 현상 으로, '천리'[철리], '신라'[실라], '찰나'[찰라], '칼날'[칼랄] 등의 예가 해당한다.

(7) ㄱ. 찰나[찰라] : ㄴ→ㄹ / ㄹ____   : 칼날[칼랄]
    ㄴ. 신라[실라] : ㄴ→ㄹ / ____ㄹ : 천리[철리]

7.ㄱ)의 유음화는 비음 'ㄴ'이 선행하는 'ㄹ'의 영향을 받았음에 비해 7.ㄴ)은 'ㄴ'이 후행하는 'ㄹ'에 동화된 경우이다.

## 3) 유성음화 현상

다음은 분절음의 자질을 바꾸는 규칙으로, '유성음화'(有聲音化) 현상 을 들 수 있다.

(8) 바보〔pabo〕, 보다〔poda〕, 감기〔ka:mgi〕, 고저〔koɟ∨〕

이들 역시 아래와 같이 네 가지의 독립된 규칙 체계로 나타난다.

(9) 유성음화 규칙(개별)

$$\begin{bmatrix} p \\ t \\ k \\ č \end{bmatrix} \begin{matrix} \rightarrow \\ \rightarrow \\ \rightarrow \\ \rightarrow \end{matrix} \begin{bmatrix} b \\ d \\ g \\ ɟ \end{bmatrix} \begin{matrix} /\ v\underline{\quad}v \\ /\ v\underline{\quad}v \\ /\ v\underline{\quad}v \\ /\ v\underline{\quad}v \end{matrix}$$

유성음화는 비음화 규칙과 비교할 때 변화하는 환경에 차이가 있다. 즉 비음화가 앞이든 뒤든 간에 어느 한 쪽의 비음이라는 환경에 의해 영향을 받지만, 9)에서는 앞, 뒤의 음운 환경, 즉 모음이라는 조건이 다르다. 이를 다음과 같이 종합할 수 있다.

(10) 유성음화 규칙(종합)

$$\begin{bmatrix} p \\ t \\ k \\ č \end{bmatrix} \rightarrow \begin{bmatrix} b \\ d \\ g \\ ɟ \end{bmatrix} /\ 〔v〕\underline{\quad}〔v〕$$

한편, 유성음화는 모음과 모음 사이라는 환경 외에 'ㄴ, ㄹ, ㅁ, ㅇ'과 모음 사이에서도 일어나는데, 이 경우 유성음화의 현상은 수의성을 띤다. 즉 '감기'(실이나 끈을 말아 감다의 명사형)는 유성음화의 조건을 갖추고 있음에도 불구하고 '감기'〔ka:mgi〕와 달리 된소리 〔ka:mkʼi〕로 발음된다.

동화 현상의 유성음화에 대해서도 음성적 자질로서 규칙을 표현할 수 있는데 아래와 같다.

(11) 〔−continuant〕 → 〔+voice〕 / 〔+voice〕 _______ 〔+voice〕


## (2) 위치 동화

국어의 위치 동화에는 치경음인 'ㄷ, ㄴ'이 뒤의 연구개음과 결합할 때 연구개음인 'ㄱ, ㅇ'으로 동화되는 경우와, 양순음과 결합할 때에는 'ㅂ, ㅁ'으로 동화되는 것이 있다. 한 가지씩만 예로 들면 아래와 같다.

(12) ㄱ. 믿고〔믹고→믹꼬〕 : ㄷ → ㄱ / ___ㄱ ┐
     ㄴ. 한    개〔항 개〕 : ㄴ → ㅇ / ___ㄱ ┘ ㄴ,ㄷ → ㅇ,ㄱ / ___ㄱ

     ㄷ. 밭보다〔받보다→밥뽀다〕 : ㄷ → ㅂ / ___ㅂ ┐
     ㄹ. 돈보다〔돔보다〕 : ㄴ → ㅁ / ___ㅂ ┘ ㄴ,ㄷ → ㅁ,ㅂ / ___ㅂ

국어의 위치 동화에는 위와 함께 양순음이 연구개음과 만날 때 연구개음으로 동화되는 경우도 있다. 아래와 같다.

(13) ㄱ. 밥그릇〔밥그륵→박끄륵〕 : ㅂ → ㄱ / ___ㄱ ┐
     ㄴ. 감    기〔강기〕 : ㅁ → ㅇ / ___ㄱ ┘ ㅁ,ㅂ → ㅇ,ㄱ / ___ㄱ


## 3.2 비동화 현상(非同化現象)

음운 현상의 대부분이 동화 과정이지만, 동화 과정이 아니면서 자주 나타나는 음운 현상으로는 '축약, 생략, 첨가, 음운 전위(도치), 중화'

등이 있다.

## (1) 음운 축약

축약은 인접한 두 음이 한 음으로 되는 현상으로 국어의 '모음 축약'
과 '자음 축약'을 들 수 있다.

> (14) 모음 축약
> 　　아이 → 애 : /a+ i/ → / ε /
> 　　보아 → 봐 : /o+a/ → /wa/

> (15) 자음 축약
> 　　좋고→조코 : /h+k/ → /kh/
> 　　좋다→조타 : /h+t/ → /th/
> 　　좋지→조치 : /h+č/ → /čh/

이처럼 축약 현상은 두 분절음이 한 음으로 되는 현상으로 한 분절음
에는 어떤 자질 [+F]가 첨가되는 반면, 다른 분절음은 사라져 버리는
것이다. 따라서 다음과 같이 표기할 수 있다.

> (16) X A B Y → 1 $\begin{bmatrix} 2 \\ +F \end{bmatrix}$ 3 4
> 　　　　　　　　　　　　　　　 $\phi$
> 　　　1 2 3 4

## (2) 음운 생략

생략 현상은 말을 할 때 노력을 덜 들이고 쉽고 빠르게 말하기 위하

여 단어나 음절 사이의 어떤 소리를 줄여서 발음하는 경우이다. 국어에 서 모음, 자음 생략 현상이 일어난다.

(17) 모음 생략
가+아서(가서), 서+었다(섰다) : [a, ʌ] → ∅
푸+어(퍼), 쓰+어(써)         : [u, ɨ] → ∅

(18) 자음 생략
솔+나무　(소나무)
달+달+이(다달이)
바늘+질　(바느질)      [l] → ∅ / ___ [n, t, s, č]
말 + 소　(마 소)

## (3) 음운 첨가

첨가 현상은 말을 할 때 단어나 어절의 어느 부위에 어떤 음을 첨가 하여 발음하는 것으로, 국어의 대표적인 첨가 현상은 '된소리 현상'이다.

(19) 산길[산낄], 공돈[공똔], 산보[산뽀], 물속[물쏙], 들쥐[들찌]

즉 앞 음절의 끝 자음이 'ㄴ(n), ㄹ(l), ㅁ(m), ㅇ(ŋ)'이고 뒤 음절이 'ㄱ(k), ㄷ(t), ㅂ(p), ㅅ(s), ㅈ(č)'일 때, 뒤 음절의 두음이 'ㄲ(k'), ㄸ (t'), ㅃ(p'), ㅆ(s'), ㅉ(č')'으로 변화한다.

## (4) 음운 전위

음운 전위는 인접한 두 음의 순서가 바뀌는 음운 현상이다. 국어에서

는 '배꼽'의 경우 '복'/pok/ → '곱'/kop/으로 '해오라비'에서 '야로'/aro/
→ '오라'/ora/처럼 위치의 변화가 일어난 예를 찾을 수 있다.

## (5) 중화 현상

중화 현상(中和現象 : neutralization)은 둘 이상의 요소가 동일한 형
으로 나타나는 현상이다. 국어 음절의 끝에서는 뒤의 모음과 결합되는
경우를 제외하고는 그 발음으로 7가지의 대표음으로만 쓰일 수 있다.

$$(20) \quad \begin{bmatrix} \text{낫}[nas] \\ \text{낟}[nat] \\ \text{낮}[na\check{c}] \\ \text{낯}[na\check{c}h] \\ \text{낱}[nath] \end{bmatrix} \rightarrow \text{낟}[nat]$$

이들을 '끝소리 규칙' 내지 '대표음 규칙'이라 하고 다음과 같이 표기한다.

$$(21) \quad [s, \check{c}, \check{c}h, th] \rightarrow [t] \ / \ \text{------} \begin{bmatrix} C \\ \# \end{bmatrix}$$

21)의 표기는 위의 음운들이 자음 앞이나 어말 또는 휴지(休止) 앞에
서는 모두 [t]의 음소로 나타난다는 것을 의미한다. 이를 '음성 자질'로
나타내면 아래와 같다.

$$(22) \quad \begin{bmatrix} + \text{obsrruent} \\ + \text{lateral} \end{bmatrix} \rightarrow \begin{bmatrix} +\text{anterior} \\ -\text{continuant} \\ -\text{aspirated} \end{bmatrix} \ / \ \text{------} \begin{bmatrix} C \\ \# \end{bmatrix}$$

    국어의 중화 현상을 여러 가지의 규칙으로 나타내는 20)보다는 음성
자질로 표기한 22)가 간결성과 명확성을 드러낸다.

# 제 4 장  문법론(文法論) - 1

  '음운론, 의미론'을 포함한 3대 공시 언어학의 한 부분으로서의 '문법론'은 언어 내부에 존재하는 모든 규칙을 연구하는 분야라고 할 수 있다. 앞서서도 언급했듯이 언어란 음성과 의미의 결합 관계로 이루어진 구조물로서 이들이 아무렇게나 결합되어 있는 것이 아니고 복잡한 규칙 내지 질서 하에 연결되어 있다. 이러한 규칙 내지 질서를 '문법'이라 하고, 문법론의 연구 대상이 되는 단위에는 다음과 같은 것들이 있다.

| 차례 | 문법 단위 | 정　　의 |
|------|-----------|----------|
| 1 | 형태소 | 의미를 지닌 가장 작은 문법 단위 |
| 2 | 단 어 | 단독으로 자립할 수 있는 최소의 문법 단위 |
| 3 | 어 절 | 문장을 구성하고 있는 도막 도막의 마디, 띄어쓰기의 단위 |
| 4 | 구 | 중심되는 단어와 그것에 부속되는 단어를 한데 묶은 언어 형식 |
| 5 | 절 | 따로 독립하면 문장이 되는 구성이면서 완전히 끝나지 않고, 다만 다른 큰 문장 속의 어떤 성분으로 안겨있는 언어 형식 |
| 6 | 문 장 | 그 자체로서 통일성을 가지며 (하나의 완결된 사상·감정을 나타냄) 계층적으로 긴밀하게 구성되어 있는 독립된 언어 형식 |
| 7 | 이야기 | 화자와 청자 사이에서 문장이 쓰이는 실질적 맥락 |

　우리가 사용하는 문법은 경우에 따라 두 가지의 의미로 사용된다. 즉 광의의 문법과 협의의 문법이 그것이다. 언어를 구성하는 요소들인 음운, 의미 등도 각기 나름대로의 일정한 질서를 지니고 있다. 음운 규칙, 의미 규칙 등이 이러한 사실을 잘 반영하고 있듯이 언어를 형성하는 모든 요소의 체계적인 질서를 의미하는 문법이 광의의 의미로 해석되는 경우이다. 반면 음운, 의미와 대립하는 단어의 형태와 문장의 구조에 관련되는 언어 질서를 연구하는 분야만을 따로 떼어 내어 문법이라고도 하는데, 이를 '협의의 문법'이라 한다.

　본 장에서는 음운, 의미와 대립하는 협의의 문법으로서의 형태론과 문법론에 대해서 살펴보기로 한다.

## ① 문법론의 위치

　협의의 문법은 그 속에 다시 두 가지의 학문 영역을 포함하고 있다. 즉 '형태론과 문법론'이다. 그럼 이들 학문 분야가 언어학에서 어떠한 위치를 차지하는 지에 대해 살펴보기로 하자.

　　(1) 철수는 사과를 먹었다.

　예문 1)은 하나의 문장 구조로 이루어져 있다. 그러나 하나의 문장이 생성되기 위해서는 몇 단계의 과정을 거쳐야만 한다. 이를 다음과 같이 나타낼 수 있다.

(2)

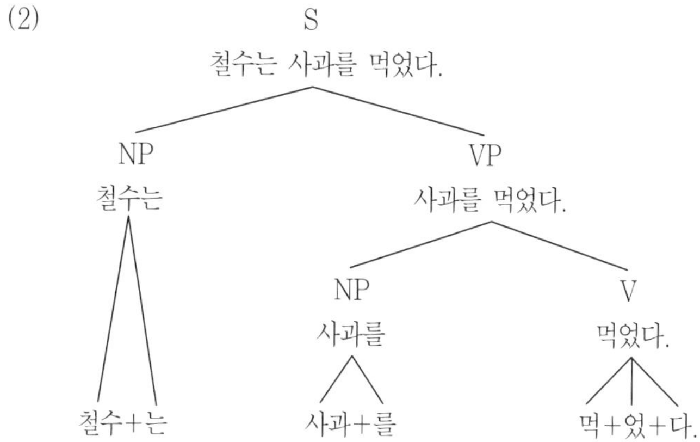

2)의 구조는 하나의 문장이 이루어지기까지의 언어 단위에 따른 결합 과정을 나타내고 있다. 이를 보면, 하나의 문장은 주어부와 서술부의 결합으로, 서술부는 목적어와 서술어로 구성된다.

이런 과정을 거친 위 예시의 문장은 모두 세 개의 어절, 즉 '철수는, 사과를, 먹었다'를 형성하고 있는데, 주어는 명사 '철수'와 주격 조사로, 목적어는 명사 '사과'와 목적격 조사, 서술어는 용언 어간과 어미로 분석이 가능하다. 그리고 어미는 다시 선어말 어미와 종결 어미로 분석된다.

이렇게 분석된 마지막 단계들의 구성 요소들은 각기 기능은 다르지만 그 나름대로의 의미를 전제하고 있는데, 즉 '철수, 사과, 먹-' 등은 '실질적 의미'를 지니고 있음에 비해, '-가, -를, -었-, -다' 등은 '문법적 의미'만을 전제하고 있다. 그러나 이들 모두는 언어의 단위라는 점에서 대등한 위치에 있다.

이와 같이 의미를 지닌 가장 작은 언어 요소를 '형태소'라 하는데, 문법론에서 다루는 영역이 바로 여기부터이다. 즉 형태소부터 문장까지로 의미를 전제한 언어의 구성 요소에 대한 질서를 연구하는 분야가 바로 문법론인 것이다.

## ② 형태론의 정의

 문법론의 연구 영역을 형태소부터 문장까지라 하였다. 그러나 여기에 또 하나의 분기점을 두어 세분화할 수 있다. 즉 언어 단위인 '단어'를 기준으로 하여 (1) 형태소부터 단어까지 연구를 하는 학문을 형태론, (2) 단어에서부터 문장까지 연구하는 분야를 문법론이라 한다. 먼저 형태론에 대해 알아보기로 하자.

 형태론(形態論 : morphology)은 말 그대로 단어의 형태적 특성에 대해 연구하는 문법의 하위 영역이라고 간단히 정의할 수 있지만, 사실 형태론에 대한 정의는 학자들마다 다를 정도로 간단한 문제가 아니다. 李喆洙(1995:39-40)에서는 형태론에 대한 여러 학자들의 정의를 들고 있는데, 이를 인용하면 다음과 같다.

1. 한 언어의 형태론은 구성소(constituents) 가운데 나타나는 의존 형식의 構成體(constructions)를 의미한다. …… 형태론은 단어의 構成體를 포함하고, 통사론은 구절의 구성체를 포함한다. (S. Bloom- field, 1933, p.207)
2. 한 언어의 문법은 크게 두 부문으로 나뉘는데, 형태론은 단어의 구조를 다루고, 통사론은 구절과 문장에서의 단어의 배합을 다룬다. (Bloch & Trager, 1942, p.53)
3. 형태론은 단어 형성에 있어서 형태소와 그 배합법에 관한 연구이다. (E. A. Nida, 1949, p.1)
4. 현대 언어학에서의 형태론은 하나의 문법학이며, 문법학은 곧 언어학이라 할 수 있다. 언어 L의 문법학은 본질적으로 L의 언어 이론이다. (N. Chomsky, 1957, p.49)
5. 형태론은 단어의 내부 구조를 다루며, 통사론은 문장 가운데서의 단어 배합을 지배하는 규칙을 다룬다. (J. Lyons, 1968, p.194)

6. 말소리들이 결합하여 이루어진 有意的인 형태, 즉 단어와 단어의 요소를 연구하는 분야를 형태론이라 한다. (Paul A. Gaeng, 1971, p.21)

7. 형태론은 서로 다른 용법과 構成體에서 語形에 관계되는 언어학의 한 분야다. (P. H. Matthew, 1974, p.3)

8. 단어의 내부 구조를 대상으로 하는 언어학적 연구를 형태론이라 한다. (M. Aronoff, 1976, p.1)

9. 단어를 구성하고 있는 형태소를 확인(identification), 분석(analysis), 기술(descriptive)하는 것과 같이, 단어의 구성을 연구하는 분야를 형태론이라 이른다. (Julia S. Falk, 1978, p.29)

10. 단어는 의미의 최소 단위로 이루어지며, 그들은 각각 특유의 방법으로 배합된다. 이와 같은 단어의 구조를 분석하여 그들의 의미 관계 단위와 그들을 지배하는 규칙을 연구하는 분야를 형태론이라 한다. (L. Ben Crane 외2, 1981, p.96)

11. 형태론은 언어 형성 과정(word formation process)을 연구한다. 단어 형성에는 두 영역이 있는데, 屈折的 형태론은 문법의 통사 부문에 의한 단어의 형성을 다루며, 派生的 형태론은 語彙 項目에 나타나는 단어 형성 과정을 연구한다. (D. Siegel, 1979, p.12)

12. 형태론은, 단어가 형태로써 어떻게 구성되는가를 연구하는 것이다. 즉, 형태론은 개별 언어의 어근 · 접사를 인지하고, 그들 형태소들이 단어를 이루기 위하여 어떻게 배합되는가를 기술하는 일과 관련되어 있다. (C. Sloat 외2, 1978. pp.127-8)

13. 형태론은 어휘 목록의 原素, 즉 단어 · 어간 · 접사 등과 형식 규칙 그리고 형태를 지배하는 추상적 원리와 규칙의 기능 등의 微視的 체계다. (S. Scalise, 1984, p.3)

14. 형태론의 연구는 의미의 최소 단위인 형태소에 접근하는 일이며, 또한 그 형태소의 관계를 연구한다. …… 형태론은 형태론적 부류가 어떻게 구성되며, 生産性의 결정은 무엇이며, 가능한 형태론적 변화는 무엇이며, 형태론적 語形成 변화가 어떻게 이루어지는가를 다룬다. (Joan L. Bybee, 1985, pp.5-6)

다음은 언어 연구의 시기별에 따른 정의를 알아보고 그를 통해 유추할 수 있는 현대 형태론의 성격을 알아보기로 한다.

첫째, 전통주의 언어학에서는 형태론을 한 언어에서 실현되는 단어들의 여러 형태들을 연구하는 학문으로 정의했다. 한편, 유럽의 전통 문법에서는 단어의 어형 변화 곧 굴절만을 다루는 좁은 의미와 굴절 뿐 아니라 파생·합성 등 이른바 '조어론'(造語論)의 분야까지 포함하는 넓은 의미로서의 개념으로 사용되었다.

둘째, 구조주의 언어학에서는 '최소 자립 형식'(最小自立形式 : minimal free form)인 단어의 기술적 분석과 관련지어 정의 내렸다. 즉 하나 또는 둘 이상의 형태소로 이루어진 단어에 대하여, 그것을 구성하는 형태소의 종류, 그 배열의 순서와 관계, 결합에서 일어나는 음운 변화 등 단어의 내부 구조에 관한 문법적 연구를 가리킨다.

셋째, 변형 생성의 언어학에서는 문법론이 주된 관심 분야였기에 형태론이라는 언어 영역이 어떤 문제를 해결하리라 생각하지 않았다. 따라서 단어 이상의 큰 단위, 즉 '구, 문장' 등에 주목하면서 형태론이란 영역 자체의 독립된 설정을 하지 않는 경향이었다.

이상을 토대로 현대 언어학에서의 형태론이란 학문은 단어의 굴절뿐 아니라 단어의 형성에 관련된 분야를 포함하는 언어학의 영역이라고 정의할 수 있다.


## 2.1 형태, 형태소 및 이형태


하나의 문장 'The sleep walking albatross chanted a dreamy lullaby.'와 '철수는 사과를 먹었다'는 몇 단계의 형태소 분석 과정을 거쳐 아래와 같이 나타난다.

(1) ㄱ. The sleep-walk-ing albatross chant-ed a dream-y
      lullaby.
   ㄴ. 철수-는 사과-를 먹-었-다.

1)의 각각의 언어 요소들에는 일정한 의미가 있다. 즉 'sleep, walk, albatross, chant, dream, lullaby.'와 '철수, 사과, 먹-'에는 '어휘적인 의미'를 부여할 수 있고, 'The, -ing, -ed, a, -y'와 '-는, -를, -었-, -다'에는 '문법적인 의미'를 인정할 수 있다.

그러나 'sleep, dream' 등을 's+leep', 'd+ream'으로 그리고 '철수, 사과'를 '철'과 '수'로, '사'와 '과'로 분석하면 'sleep, dream', '철수'와 '사과'의 의미가 상실되고 만다. 이와 같이 더 이상 분석했을 때 의미를 잃어버리는 언어의 단위를 '형태소'(形態素 : morpheme)라 한다.

그러면 이처럼 형태소를 식별하는 기준은 무엇인가? 우리는 제1장에서 언어의 중요 개념 중에 언어 내부의 구조를 결정짓는 조건으로 '계열 관계'와 '결합 관계'에 대해 살폈었다. 이러한 기준은 형태소를 분석할 경우뿐만 아니라 언어의 구조를 분석할 때에도 중요한 기준이 된다. 다음의 예를 보자.

(2) ㄱ. The sleep-walk-ing albatross ┌ chant-ed ┐ a dream-y lullaby.
                                     │ chant-ing │
                                     └ chant-s   ┘

   ㄴ. ┌철수┐┌는┐┌사과┐┌를┐┌먹┐┌었┐┌다. ┐
       │영희││도││피자││를││집││는││구나.│
       └재우┘└만┘└사탕┘└을┘└씹┘└겠┘└니? ┘

예문 2.ㄱ)의 형태소인 'chanted'가 'chant'와 '-ed'로 분석이 되는 것은 '-ed'의 위치에 '-ing, -s' 등의 결합이 가능하기 때문이다. 2.ㄴ)에서 주어인 '철수'의 자리에 '영희, 재우' 등이, 조사 '-는' 대신에는 '-도, -만' 등이 대치하여 들어갈 수 있다. 이러한 이유로 이들은 각각 독립된 형태소로서 기능하고 있음을 확인할 수 있다.

이와 동일한 원리로 서술어인 용언 어간 '먹-'을 대신해 '집-, 씹-'의 대체가 가능하고, 과거 시제를 나타내는 선어말 어미 '-었-' 대신 현재, 미래 시제의 선어말 어미가 들어가 형태소로서의 기능을 할 수 있다. 그리고 마지막으로 종결 어미인 '-다'의 자리에 감탄형 어미와 의문형 어미 등이 대신할 수 있기 때문에 이들도 각각 형태소로 분석이 가능하다.

## 2.2 형태소의 종류

형태소는 '자립성의 유무'와 '의미의 허실'에 따라 다음과 같이 나누어진다.

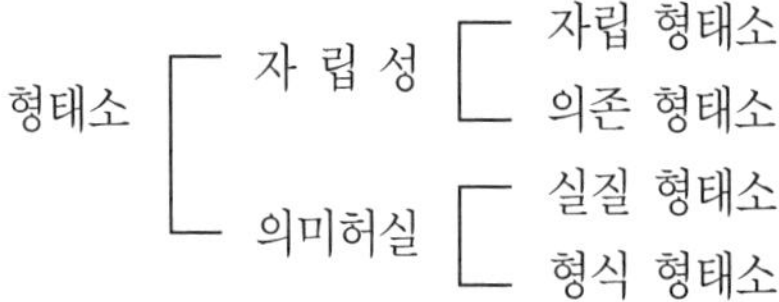


### (1) 자립성의 유무

자립 형태소(自立形態素 : free morpheme)는 다른 형태소의 도움을 받지 않고도 자유롭게 독립된 단어로 사용할 수 있는 형태소이다. 예문 1)의 '철수, 사과' 등의 형태소이다.

의존 형태소(依存形態素 : bound morpheme)는 그 자체로 자립성이 없고 다른 형태소에 의존해야만 쓰일 수 있는 형태소이다. 1)의 '-는, -를, 먹-, -었-, -다'가 이에 속한다.


## (2) 의미의 허실

실질 형태소(實質形態素 : full morpheme)는 구체적인 대상이나 동작, 상태와 같은 어휘적 의미를 표시하는 형태소로서 '어휘 형태소'(語彙形態素 : lexical morpheme)라고도 한다. 1)의 '철수, 사과, 먹-'이 해당되는데, 모든 자립 형태소와 의존 형태소 중 서술어의 용언 어간이 해당한다.

형식 형태소(形式形態素 : empty morpheme)는 실질 형태소에 붙어 주로 말과 말 사이의 기능을 형식적으로 표시하는 것으로 '문법 형태소'(文法形態素 : grammatical morpheme)라고도 한다. 이에는 각종 조사, 어미, 접사 등이 속한다. 1)의 '-는, -를, -었-, -다'가 이에 속한다.


## 2.3 이형태의 종류

형태소는 항상 그 모습이 일정하지 않다. 특히 문법적 의미를 나타내는 형태소의 경우에는 환경의 조건에 따라 모습을 달리하는 경우가 빈번하다. 예를 들어 주격 조사나 목적격 조사의 경우 앞 음절의 말음이 자음이냐 모음이냐에 따라 '-이, -을'과 '-가, -를'의 쓰임이 달라지게 된다.

이와 같이 형태소가 환경에 따라 실제 어형으로 나타날 때, 그것을 각각 '형태'(形態 : morph)라 한다. 그리고 어떤 형태소는 한 형태로만 나타나지만, 다른 형태소는 둘 이상의 형태로 나타나기도 하는데, 이 때 한 형태소의 어형이 변화된 여러 형태를 각각 그 형태소의 '변이형태'(變異形態) 내지 '이형태'(異形態 : allomorph)라 한다. 이형태로 나타나는 일을 그 형태소의 교체(交替 : alternation)라 하는데 이에는 두 가지 즉, '음운론적 이형태'와 '형태론적 이형태'가 있다.

음운론적 이형태(phonologically conditioned alternation)는 앞, 뒤의 음성에 따라 그 이형태가 선택되는 유형이다. 예를 들면 다음과 같다.

(3) 영어의 복수 형태소 /-s/
    ㄱ. dogs, bees : 유성음의 다음 환경에서는 /-z/로 발음
    ㄴ. cats, skunks : 무성음 다음 환경에서는 /--s/로 발음
    ㄷ. horses, dishes : 치찰음 다음의 환경에서는 /-iz/로 발음

(4) 국어의 격조사, 동사어간
    ㄱ. 자음, 모음의 환경 뒤에서는 주격 조사 /-이, -가/를 선택
    ㄴ. 자음, 모음의 환경 뒤에서 목적격 조사 /-을, -를/을 선택
    ㄷ. 동사어간 /먹-/ : 먹는다 : '먹-' + 'ㄴ, ㅁ' → /멍-/,
                  : 먹이다 : '먹-' + '-이-' → /맥-/.

그리고 이들 형태소들은 상호 배타적인 관계에 있기에 동일 환경 내에서 이형태간의 상호 교체는 일체 불허한다.

형태론적 이형태(morphologically conditioned alternation)는 어떤 이형태의 교체를 음운론적으로 설명할 수 없는 경우로 특정한 형태소에서만 일어나는 변이형태이다. 즉 음운론적 이형태 관계에 있는 명령형 어미 '-아라, -어라'는 그 앞에 오는 특정한 형태소에 따라 선택되는 형태소의 모습을 달리한다.

　　(5) 하 + 여라
　　　　가 + 거라
　　　　오 + 너라


　　보기의 명령형 어미 '-여라, -거라, -너라'로 실현되는 조건은 이들과 결합하는 동사 어간의 형태, 즉 '하-, 가-, 오-'에 의한 것으로 설명할 수밖에 없다.
　　자유적 이형태(free allmorph)는 아무런 의미 차이 없이 자유로이 교체되어 쓰이는 변이형태를 가리킨다.


　　(6) 잡았다 : 잡었다
　　　　앉았다 : 앉었다


　　자유 변이의 경우 '이음 동의'(異音同義) 관계에 있다. 만일 형태의 차이가 반드시 의미 차이를 드러낸다면 아무런 의미 차이가 없는 자유 변이는 성립할 수 없기 때문이다.


## 2.4  형태소와 단어


　　형태론의 영역에는 단어 구조에 대한 부분이 있는데, '단어'(單語 : Word)는 하나의 형태소로 구성하기도 하지만 때로는 몇 개의 형태소가 어울려 구성되기도 한다.
　　단어라는 언어 단위는 일상 생활에서 빈번하게 사용되는 용어로 우리와 매우 친근한 단어임에도 불구하고 이의 정확한 개념 정의는 쉽지 않다. 국어에 있어서도 학자마다 그 정의가 다를 정도인데, 다음과 같다.

## (1) 단어의 분석

국어에서 단어를 분석하는 방법에는 세 가지, 즉 '분석적 방법, 종합적 방법', 그리고 '절충적 방법'이 있다. "철수가 사과를 먹었다"는 문장을 중심으로 각 방법에 의한 단어를 분석하기로 하자.

분석적 방법은 주시경 등의 초기 문법가들에 의해 제시되었는데, 이는 체언에 결합하는 조사뿐만 아니라 용언의 어간에 결합하는 어미까지도 별개의 단어로 설정하는 방법이다. 이에 의하면 '철수는 사과를 먹었다'는 문장에는 모두 6개의 단어(철수, 는, 사과, 를, 먹, 었다)가 사용되었다

종합적 방법은 정렬모, 이숭녕 등 역사 문법가들의 방법으로 이들은 어절을 단어의 단위로 설정하였다. 따라서 위 문장은 '철수는', '사과를', '먹었다'는 3개 단어가 결합한 문장 구조이다.

절충적 방법은 최현배 등에 의해 설정된 것으로 자립 형태소에 결합하는 의존 형태소만 단어로 인정하는 방식이다. 이 방법에 의하면 위는 '철수', '는', '사과', '를', '먹었다'는 5개 단어가 결합한 문장 구조이다.

## (2) 단어와 품사

단어의 구조를 연구하기 위해서는 개별 단어들을 분류하는 작업이 필요한데 이러한 작업은 상당한 시간을 요한다는 어려움이 있다. 따라서 하나 하나의 개별적인 단어들을 어떠한 기준에 의해 몇 개의 부류로 묶을 수 있다면 연구하는 데 많은 장점을 줄 것이다. 단어를 문법적인 기능에 따라 분류한 것이 '품사'(品詞 : a part of speech)이다.

단어들을 어떠한 기준에 의하여 분류할 것인가 하는 품사 분류의 기준은 크게 세 가지를 들 수 있다. '의미, 기능, 형식'이 그것이다.

첫째, 의미(意味 : meaning)에 의한 분류이다. 여기서 의미란 개별 단어의 어휘적 의미를 가리키는 것이 아니고, 형식적 의미로 그 단어가 지니고 있는 속성의 개념이다.


(7) 먹다, 뛰다


만약 개별 단어의 어휘적 의미에 의해 품사를 구분한다면 위의 '먹다'와 '뛰다'는 서로 다른 품사여야 한다. 왜냐하면 개별 단어의 의미가 다르기 때문이다. 그러나 이들은 품사에 있어 일치한다. 즉 모두 동작을 나타낸다는 점에서 동일한 형식적 의미를 나타내는 것이다. 사물의 이름을 나타내는 말(명사), 사물의 상태나 성질을 나타내는 말(형용사) 등과 같이 분류하는 방법이다.

둘째, 기능(技能 : function)에 의한 분류이다. 기능이란 단어가 한 문장 안에서 어떠한 성분으로 쓰이고 있는가 하는 역할을 말한다.


(8) ㄱ. 철수가 사과를 먹는다.
    ㄴ. 영수가 운동장을 뛴다.


8)의 예에서 '철수, 영수', '사과, 운동장'은 각각 문장 내부 구조에서 서술어에 대한 주체로서의 주어나 대상으로서의 목적어로 기능하고 있다. 그리고 이들은 서로 바뀌어 나타날 수도 있는데 문장에서 이들은 체언의 기능을 담당한다.

한편, '먹는다, 뛴다'의 경우 체언에 대하여 단독으로 서술어가 될 수 있는 용언의 역할을 하고, '-가, -을/-를'과 같은 단어들은 문장의 한 성분이 될 수 없으며, 항상 다른 말에 첨가되어 그 말과 다른 말과의 관계를 나타내거나 뜻을 덧붙이는 기능을 갖는 관계언의 역할을 담당한다.

셋째, 형태(形態 : form)에 의한 분류이다. 이는 단어의 형태적 특징에 따라 품사를 분류하는 것이다. 국어에서 각 단어 형태의 변화 여부에 따라 두 가지로 대별할 수 있다. 다른 품사와 달리 동사와 형용사 그리고 서술격조사의 경우는 그 모양을 달리하기 때문에 '가변어'(可變語)라 하고, 나머지 품사들을 '불변어'(不變語)라 한다.

## (3) 국어의 품사

우리는 바로 위에서 품사 분류의 세 가지 기준으로, '의미, 형태, 기능'을 들었다. 그러나 이들은 각기 독립적인 관계에 있는 것이 아니고, 상호 보완적인 관계를 맺고 있다. 李光政(1987)에서는 이 문제에 대해 다음과 같이 설명하고 있다.

첫째, '기능'만으로 분류의 척도를 삼았을 때 제기되는 문제점은 한 개의 단어를 한 가지 기능만으로 사용되어야 하는데 실제 그렇지 않다. 예를 들어 이른바 '명사'에 해당하는 '사람'이란 단어 하나를 놓고 볼 때 이는 구문 속에서 주어(사람이), 목적어(사람을), 보어(사람과), 서술어(사람이다), 부사어(사람에게), 관형어(사람의), 독립어(사람아) 등 그 문법적인 기능이 다양하다. '사람'이란 단일한 단어가 이와 같이 여러 가지 기능을 하게 되는 것은 '-이, -을, -과, -이다, -에게, -의, -아' 등 격조사라 지칭되는 부분의 형태소의 기능 때문이다. 이들을 기능어로 처리하는 방안이 가능하나 이들 형태소를 단어로 처리해야 한다는 문제점이 제기된다. 결과적으로 어떠한 단어가 문장 속에서 어떠한 기능을 하는가를 결정하는 것은 그 단어의 형태적 특성이고 나아가서 문장 속에서의 위치에 의한 것이므로 기능만으로는 단어의 품사적 지위를 확정지을 수 없다는 결론이 된다.

명사의 경우뿐만 아니라 동사의 경우를 살펴보아도 같은 결과가 된다. 예로 동사 '살다'라는 단어를 놓고 볼 때 '살다, 살고, 산, 살기, 살기가, 살기를' 등의 어형 변화에 따라 그 문법적 기능은 '서술어, 부사어, 관형어, 주어, 목적어' 등 다양한 기능을 가진다. 이 때 이들 기능을 결정지어 주는 것은 어형변화에 따른 단어의 형태가 된다. 결국 기능(function)만으로 품사분류의 기준을 삼는다는 것은 단어설정의 문제에서부터 품사 분류에까지 난점이 대두된다.

둘째, 형태(form)만을 기준으로 삼아 품사 분류를 할 수 없음도 기능의 경우에서처럼 해결되지 않는 근본적인 문제를 안고 있다. 형태론적 단계에서의 수많은 어형(활용이나 곡용을 포함한)들을 분류하는 작업이 품사론의 과제가 아님은 앞에서 살펴보았다. 품사란 고립적 상태에서 정적인 단어의 분류가 아니라 문장이란 구성 속에서 동적으로 움직이는 단어들의 분류이기 때문이다. 즉 통사 구조를 전제로 하지 않은 품사론은 어휘 형태론에서의 분류작업에 불과하기 때문이다.

형태만을 가지고 품사분류의 기준을 삼을 수 없는 또 하나의 근본적인 이유는 단일한 어형이 다양한 문법적 구실을 하는 경우가 있으므로 어형만으로는 문법적 기능에 대한 변별적 기능이 약하다. 동일한 어형이 문법적 기능을 달리하는 경우는 어느 언어에서나 쉽게 발견되는 예다. 그 대표적인 예는 고립어의 경우가 된다. 고립어의 경우 어순이 문법적 형태보다 더 많은 문법기능을 나타내고 있음은 주지의 사실이다.

영어의 경우도 형태만을 고려한다면 명사의 격변화는 단지 두 개(기본형과 소유격 : child, child's)에 불과하나 3격, 4격, 5격 등 여러 가지로 구분함은 라틴문법의 전통적 인습에 따른 것이기도 하거니와 어순에 따른 의미적인 면에서의 격의 분류다.

첨가어인 터어키어의 경우도 주격과 단수로 격변화할 때는 격어미가 없는 영형태가 되며 때로는 대격에 영형태로 나타나기도 한다. 격어미의 생략으로 다양한 문법기능을 나타내는 것은 국어에서도 일반화된 현상이고 동일한 격어미가 상이한 문법 기능을 나타내는 것도 쉽게 발견된다 하고, 다음의 예를 들었다.


> (9) ㄱ. 노인이 간다.(주격)
>     ㄴ. 노인이 되었다.(보격)


이와 유사한 방법론적 태도로 국어의 품사 분류를 토의 유무에 따라서 시도한 洪起文의 견해도 형태를 주로 한 방법이다.


> 一. 完全한 一個語를 이루지 못하고 他語를 補佐해서만 쓰는 것. 즉
>    토라고 하는 것.
> 二. 토의 보좌를 밧지 않고 쓰지 못하는 것. 즉 形容詞와 動詞.
> 三. 토의 補佐를 밧기도 하고 아니밧고 獨立해 쓰기로 하는 것. 名詞
>    와 副詞.
> 四. 토와는 아조 沒關係한 것. 즉 感歎詞.
>
> (洪起文, 1927. 99)


그러나 이러한 분류는 전통적 의미의 품사론의 영역에서 벗어나는 것이다.

셋째, 의미만을 기준으로 하여 품사를 분류한다는 것은 가능한 일도 아니나 배제할 일도 아니다. 문법이 추구하는 바 목적이 언어의 구조적 특성을 파악하여 유한수의 법칙으로 규칙화하는 것을 이상으로 한다고 하더라도 궁극적으로 귀착하는 것은 의미 문제가 된다. 의미를 배제한 문법은 언어의 내용적 실체를 외면한 형식 논리에 불과하다. 일찍부터 의미를 고려한 품사 분류가 강력한 전통을 형성했지만 의미의 추상적 성격 때문에 합리적인 분류나 설명의 어려움 때문에 특히 구조주의 언어학자에게 외면당하였다. Jespersen도 의미의 중요성을 강조하면서 "가장 취급하기 곤란하다"고 하였다.

이상으로 품사 분류의 기준인 '의미, 형태, 기능'의 상호 관계에 따라

국어의 품사는 아래처럼 9품사로 설정할 수 있다.

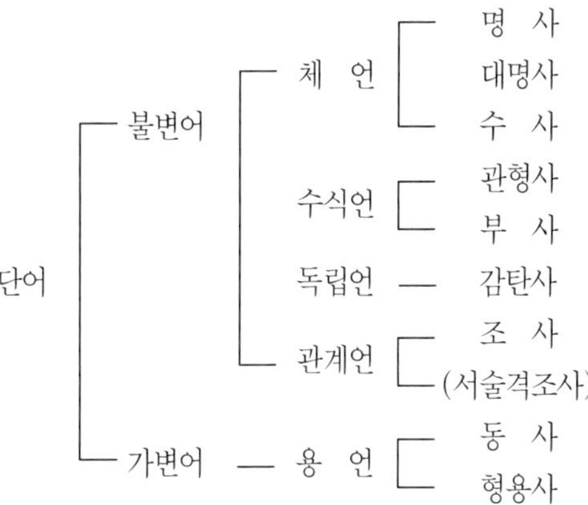

## 1) 체언 : 명사, 대명사, 수사

체언(體言)은 개념적으로 용언에 대립되는 술어이다. '명사, 대명사, 수사'가 의미에 바탕을 둔 명칭이라면 체언은 문장 내부에서의 기능을 중심으로 한 용어이다. 아래의 예를 통해 이들의 기능에 대해 알아보자.

> (10) ㄱ. 재우가 공부를 열심히 한다.
>
> ㄴ. 그녀는 자기 얼굴에 자신이 있다.
>
> ㄷ. 철수는 사과 하나와 배 두 개를 먹었다.

첫째, 문장 안에서 주로 주어의 역할을 하고, 경우에 따라 조사의 결합에 의하여 목적어, 보어 등 다양한 역할을 담당한다. 둘째, 형태상으로 볼 때, 언제나 본래의 모습에 변화가 없다.

명사(名詞)는 사물의 명칭을 나타내는 품사이다. 명사는 자립성의 유무에 따라 실질적인 의미를 지니고, 문장 안에서 독립적으로 쓰일 수 있는 '자립 명사'(自立名詞)와 단독으로 쓰이지 않고 항상 관형어의 꾸밈에 의존해서만 쓰일 수 있는 '의존 명사'(依存名詞)로 분류할 수 있다. 자립 명사는 그 사용범위에 따라 다시 '보통 명사'(普通名詞)와 '고유 명사'(固有名詞)로 나눌 수 있다. 다음과 같다.

(11) 명사의 종류

| 명 칭 | | | 형 태 |
|---|---|---|---|
| 명 사 | 자립 명사 | 보통 명사 | 사람, 꽃, 의자, 칠판, 사과 … |
| | | 고유 명사 | 대구, 설악산, 금강, 해 … |
| | 의존 명사 | | 것, 데, 수, 줄, 바, 이 … |

대명사(代名詞)는 용어 자체의 개념상 명사를 대신하는 말, 사물에 이름을 붙이지 않고 다만 가리키기만 하는 품사이다. 대명사는 사람을 가리키는 '인칭 대명사'(人稱代名詞)와 사물을 가리키는 '지시 대명사'(指示代名詞)로 구분되어진다.

(12) 인칭 대명사의 종류

| | | 종 류 |
|---|---|---|
| 1 인 칭 | | 나, 저, 우리 |
| 2 인 칭 | | 너, 자네, 당신, 그대 |
| 3 인 칭 | 근 칭 | 이, 이이, 이분 |
| | 중 칭 | 그, 그이, 그분 |
| | 원 칭 | 저, 저이, 저분 |
| 미 지 칭 | | 누구, 어느분 |
| 부 정 칭 | | 아무, 아무분 |
| 재 귀 칭 | | 자기, 저, 당신 |

(13) 지시 대명사의 종류

|      | 사 물 | 처 소 | 방 향 |
|------|------|------|------|
| 근 칭 | 이것 | 여기 | 이쪽 |
| 중 칭 | 그것 | 거기 | 그쪽 |
| 원 칭 | 저것 | 저기 | 저쪽 |
| 부정칭 | 무엇 | 어디 |      |

수사(數詞)는 사물의 수량이나 순서를 가리키는 품사이다. 사물의 수량을 지시하는 '양수사'(量數詞)와 대상의 순서를 가리키는 '서수사'(序數詞)로 대별된다.

(14) 수사의 종류

|      |      |      | 종 류 |
|------|------|------|------|
| 양수사 | 정 수 | 고유어 | 하나, 둘, 셋 … 열, 스물, 서른, … 아흔 |
|      |      | 한자어 | 영(零), 일(一), 이(二) … 백(百), 천(千) |
|      | 부 정 수 |      | 한둘, 두셋, 예닐곱, 일여덟… 여럿 |
| 서수사 | 정 수 | 고유어 | 첫째, 둘째, 세째, … 열째, 열세째 … |
|      |      | 한자어 | 제일(第一),  제이(第二),  제삼(第三) … |
|      | 부 정 수 |      | 한두째, 두세째, … 서너째, 여러째 … |

## 2) 용언 : 동사, 형용사

용언(用言)은 체언에 대하여 서술어가 될 수 있는 품사로 다음과 같은 특질을 지니고 있다.

첫째, 용언은 문장에서 주체에 대한 서술 작용을 하며, 주로 서술어로 기능한다. 둘째, 용언의 형태적 특징으로 활용을 한다. 이에 의해서 용언은 서술어뿐만 아니라 다른 기능을 보이기도 한다. 셋째, 체언이 주로 관형어의 꾸밈을 받는다면, 용언은 주로 부사어의 수식을 받을 수 있다.

동사(動詞)는 의미상 사물이나 자연의 움직임, 즉 동작과 작용을 나타내는 단어이다.

> (15) ㄱ. 찬호가 볼을 던진다.
> ㄴ. 물이 아래로 떨어진다.

15.ㄱ)의 문장에서는 주체인 '찬호'가 그 대상인 '볼'을 '던진다'는 행위가 서술어의 동작을 통해 드러나고, 15.ㄴ)에서는 '물'이라는 자연물이 '떨어진다'는 작용의 의미를 드러내고 있다. 따라서 이들은 의미면의 기준에 의해 동사로 분류할 수 있다.

반면, 형용사(形容詞)는 사물의 성질이나 상태를 표시하는 품사이다.

> (16) ㄱ. 철호는 어리석다.
> ㄴ. 꽃이 아름답다.

16)의 각각의 예들은 '어리석다'와 '아름답다'라는 서술어를 통해 사물의 속성 내지 상태를 드러낸다는 의미의 공통성에 의해 묶여진 부류이다.

### (ㄱ) 본용언과 보조 용언

용언 중에는 자립성을 가지지 못하는 의존적 성격의 보조 용언이 있다. 이는 항상 본용언과 결합하여 본용언에 여러 가지 문법적인 의미를 더해주는 기능을 한다.

> (17) ㄱ. 재우는 농구를 하고 싶다.
> ㄴ. 친구가 편지를 쓰고 있다.

예문 17)의 두 문장은 모두 한 문장에 두 개의 용언이 나타나 있다. '하고, 쓰고'처럼 실질적 의미를 가지고 홀로 쓰일 수 있는 것을 '본용언' 이라 하고, '싶다, 있다'처럼 다른 용언 뒤에서 그 말을 도와주는 것을 '보조 용언'이라 한다.

### (ㄴ) 본용언과 보조 용언의 구별

한 문장에 쓰여진 두 개 용언의 기능을 식별하기 위해서는 각 용언을 중심으로 두 개의 문장을 만들어 보면 된다.

> (18) ㄱ. 재우는 농구를 한다. / 친구가 편지를 쓴다.
>     ㄴ. *재우는 농구를 싶다. / *친구가 편지를 있다.

이상과 같이 의미적으로 완전한 문장이 성립하면 본용언이고 성립되지 않거나 본래의 의미 구조가 달라지면 보조 용언이 된다.

### (ㄷ) 보조 용언의 종류

보조 용언의 종류는 다음과 같이 여러 가지로 나누어진다.

| 의 미 | 종 류 | 예 문 |
| --- | --- | --- |
| 진 행 | 가다, 오다, 있다 | 철이가 숙제를 하고 있다. |
| 종 결 | 내다, 버리다, 말다 | 종이를 찢어 버리다. |
| 봉 사 | 주다, 드리다 | 사과를 깎아서 드리다. |
| 시 행 | 보다 | 이 집이 영희네 집인가 보다. |
| 보 유 | 두다, 놓다 | 지갑을 책장 위에 얹어 두었다. |
| 사 동 | 하다, 만들다 | 누구를 가게 하느냐? |
| 피 동 | 지다, 되다 | 사람은 언젠가 죽게 된다. |

| 짐 작 | 보이다 | 저 책이 좋아 보인다. |
|---|---|---|
| 강 세 | 대다 | 너무 놀려 대지 마라. |
| 희 망 | 싶다 | 집에 가고 싶다. |
| 부 정 | 않다, 말다, 못하다 | 동물은 말을 하지 못한다. |
| 추 측 | 보다, 싶다 | 집에 가는가 보다. |
| 상 태 | 있다, 계시다 | 도서관에 하루종일 앉아 있다. |
| 시 인 | 하다 | 개가 크기는 하다. |

## 3) 수식언 : 관형사, 부사

　수식언(修飾言)은 기능에 의한 단어의 분류로, 뒤에 나오는 말의 의미
를 한정해주는 역할을 담당한다. 이처럼 뒤의 성분을 꾸미거나 수식한
다는 기능적인 측면에서 이들은 하나의 공통점을 지니고 있다.
　먼저 관형사(冠形詞)는 체언을 수식하는 기능을 담당한다.

　　(19) 러브하우스에서는 헌 집을 새 집으로 고쳐준다.

　19)의 '헌'과 '새'는 뒤에 나오는 명사인 '집'을 꾸미고 있다. 여러 종류
의 집 중에서도 '헌 집'과 '새 집'이라는 한정적인 의미만을 드러낸다.

　　(20) 관형사의 종류

| 품 사 | 종 류 | | 형 　 태 |
|---|---|---|---|
| 관형사 | 지시 관형사 | 고유어 | 이, 그 저, 요, 고, 조 … |
| | | 한자어 | 동(同), 현(現), 전(前) … |
| | 성상 관형사 | | 새, 헌, 옛, 윗 … |
| | 수량 관형사 | | 한, 두, 서너, 여러, 온갖 … |

부사(副詞)는 주로 용언을 한정하는 기능을 담당하지만, 경우에 따라 다른 부사, 명사, 관형사, 문장 전체를 수식하기도 한다.

　(21) 예원이는 매우 예쁘다.

21)의 부사 '매우'는 뒤의 용언인 '예쁘다'를 꾸미고 있다.

관형사와 부사는 수식어라는 기준에 의해 하나의 기능어로 묶일 수 있고, 형태로 보았을 때에도 불변하는 점에서 공통성을 가진다. 다만 관형사가 명사를 수식함에 비해 부사는 용언을 꾸밈에 차이가 있을 뿐이다.

　(22) 부사의 종류

| 품 사 | 종 류 | | 형 태 |
| --- | --- | --- | --- |
| 부 사 | 성분 부사 | 성상 부사 | 활짝, 잘, 빨리, 매우 … |
| | | 상징 부사 | 땡땡, 깡충깡충, 졸졸 … |
| | | 지시 부사 | 이리, 그리, 저리, 여기, 저기 … |
| | | 부정 부사 | 안, 못 |
| | 문장 부사 | 양태 부사 | 과연, 아마, 제발 … |
| | | 접속 부사 | 그리고, 그러나, 또한, 및 … |

## 4) 독립언 : 감탄사

독립언(獨立言)은 기능상으로 문장과 관련을 짓지 않고 문장 앞머리에 독립적으로 나타나서 그 문장 전체를 꾸미는 말로 '감탄사'(感歎詞)가 이에 속한다. 감탄사 역시 활용하지 않는다.

(23) 감탄사의 종류

| 품 사 | 종 류 | 형 태 |
|---|---|---|
| 감탄사 | 감정 감탄사 | 아, 아이고, 하하, 아차… |
| | 의지 감탄사 | 자, 영차, 아서라, 옛다… |
| | 호응 감탄사 | 여보, 이봐, 예, 오냐, 암… |

## 5) 관계언 : 조사

문장에서 홀로 성분이 될 수 없으며 항상 다른 말에 첨가되어서 다른 말과의 관계를 나타내는 기능을 하는 것을 '관계언'(關係言)이라 하고, 조사가 대표적이다.

조사(助詞)는 자립성이 있는 말에 붙어 그 말과 다른 말과의 관계를 표시하는 품사로 정의할 수 있다. 조사의 경우 불변어로서 항상 그 모습에 변화가 없다. 그러나 이 중 서술격조사 '-이다'의 경우 그 성격을 달리한다. 즉 '-이니, -이냐, -이고' 등으로 변화한다.

국어의 조사는 크게 격조사와 보조조사 등으로 나누어진다.

(24) ㄱ. 철수가 사과를 먹는다.
　　　ㄴ. 철수만 사과만 먹는다.

24.ㄱ)의 '-가'와 '-를'은 각각 명사 '철수', '사과'와 결합하여 주어와 목적어로서의 자리를 부여하는 기능을 한다. 이러한 조사를 '격조사'(格助詞)라 한다. 이에는 이 외에도 '보격, 서술격, 관형격, 부사격' 등이 포함된다. 24.ㄴ)의 '-만'은 각각 주어와 목적어 자리에 나타나 있지만 이들을 격조사라 하지는 않는다. 다만 특별한 의미만을 더 첨가한다는 의미에서 '보조 조사'(補助助詞), '특수 조사'(特殊助詞)라 한다. '-만'의 경우에는 '단독'이라는 의미 자질이 있다.

(25) 조사의 분류표(종합)

| | 격의 종류 | | | 형 태 |
|---|---|---|---|---|
| 격조사 | 주 격 | | | -이/-가, -께서, -에서, -서 |
| | 서 술 격 | | | -이다 |
| | 목 적 격 | | | -을, -를 |
| | 보 격 | | | -이, -가 |
| | 관 형 격 | | | -의 |
| | 부사격 | 처소격 | 낙착점 | -에, -에게, -한테… |
| | | | 출발점 | -에서, -에게서, -한테서… |
| | | | 지향점 | -로, -에게로, -한테로… |
| | | 도 구 격 | | -(으)로, -로써 … |
| | | 비 교 격 | | -처럼, -과, -보다… |
| | | 공 동 격 | | -와, -하고… |
| | | 인 용 격 | | -라고, -고 |
| | 호 격 | | | -아, -야… |
| 접속조사 | -와, -하고, -이며, -에다, -랑… | | | |
| 특수조사 | -은/-는, -만, -도, -까지, -부터, -마저… | | | |

　국어 조사의 종류는 위와 같은데, 문장에서 앞, 뒤의 선후 관계에 따라 주어나 목적어, 서술어가 생략되는 일이 있듯이 조사도 생략이 될 수 있다. 이러한 생략 현상은 주로 구어체 문장에서 그라고 체언만으로도 격관계가 분명할 때 자주 발생한다.

　한편, 격조사든 보조조사든 이들은 겹쳐 사용되기도 한다. 아래의 예를 보자.

(26) ㄱ. 엄마에게로 돌아가거라.

　　ㄴ. 너까지는 그럴 필요 없다.

　　ㄷ. 학교에서부터 집까지 걸어왔다.

　　ㄹ. 다들 노는데, 재우만이 공부한다.


　26.ㄱ)은 격조사끼리의 상호 결합, 26.ㄴ)은 보조 조사끼리의 상호 결합 그리고 26.ㄷ)은 격조사와 보조 조사의 결합, 26.ㄹ)은 보조 조사와 격조사의 결합 양상을 보인다.


## ③ 용언의 활용론


## 3.1 정의 및 종류


　동사와 형용사는 어간과 어미로 이루어져 있다. 이들은 일정한 문법적 관계를 표시하기 위해 어미의 모습을 여러 가지로 바꾸는데, 이를 '활용'(活用)이라 한다. 국어에서 활용어는 다음과 같다.

```
         ┌─ 용언 ┌─ 동 사
활용어 ┤      └─ 형용사
         └─ 서술격조사 '-이다'
```

활용은 다음과 같은 세 가지의 방식으로 나누어진다.


　(1) ㄱ. 진호가 공부를 한다.

　　　ㄴ. 찬호가 공을 던지고 1루로 뛰어간다.

　　　ㄷ. 예쁜 민정이가 영화를 본다.

1.ㄱ)과 같이 문장을 끝맺는 활용 형태를 '종결형'이라 하고, 1.ㄴ)의 '-고'처럼 선행절을 후행절에 이어주는 활용 형태를 '연결형'이라 한다. 마지막으로 1.ㄷ)은 형용사 '예쁘다'가 관형사형 '예쁜'으로 품사가 바뀌었는데 이를 '전성형'이라 한다.

## (1) 활용의 규칙성

활용은 어간과 어미의 모습 변화에 따라 '규칙 활용'과 '불규칙 활용'으로 구분된다. 규칙적인 활용은 국어의 보편적인 음운 현상으로 설명이 가능한 경우이다. 이에는 다음과 같은 예들이 있다.

| 갈    래 | 조    건 | 예 |
|---|---|---|
| '으' 탈락 | 어간 '으'를 가진 용언 + 모음의 '-아/-어' → '으' 탈락 | '-으-'로 끝나는 모든 용언 |
| 'ㄹ' 탈락 | 'ㄹ'받침을 가진 용언 + '-ㄴ, -ㅂ-, -오, -시-'→ 'ㄹ'탈락 | 울다, 살다, 알다, 멀다, 가늘다 등 |
| '-아/-어' 교체 | 모음 조화 규칙에 의한 '-아라/-어라' 교체 | 찾아라, 주어라 (아름다워라, 괴로워라) |
| '-으-' 삽입 | 'ㄹ' 이외의 받침으로 된 어간 + '-ㄴ, -ㄹ, -오, -시-, -며'로 된 어미 → '-으-' 삽입 | 잡+으+(-ㄴ, -ㄹ, -오, -시-, -며) : 잡은, 잡을, 잡으오, 잡으시고, 잡으며 |

## (2) 활용의 불규칙성

불규칙적인 활용의 종류에는 어간의 모습이 바뀌는 경우, 어미의 모습이 바뀌는 경우 그리고 어간, 어미가 다 바뀌는 경우의 활용이 있다.

(2) 어간 모습의 바뀜이 불규칙적인 것

| 갈 래 | 조 건 | 예 |
|---|---|---|
| 'ㅅ' 불규칙 | 모음 어미 앞에서 'ㅅ'이 탈락 | 잇다, 젓다, 긋다, 짓다, 낫다, 등 |
| 'ㄷ' 불규칙 | 모음 어미 앞에서 'ㄷ'이 'ㄹ'로 변함 | 듣다, 걷다, 일컫다, 긷다, 묻다(問), 등 |
| 'ㅂ' 불규칙 | 모음 어미 앞에서 'ㅂ'이 '오/우'로 변함 | 눕다, 줍다, 돕다, 덥다, 접미사 '-답다, -롭다, -스럽다'가 붙는 말 |
| 'ㄹ' 불규칙 | 어간 말음으로 '르'를 가진 말이 모음 어미와 만나 '르'의 'ㅡ'가 탈락되면서 어간에 'ㄹ'이 덧생김 | 가르다, 오르다, 나르다, 흐르다, 고르다, 다르다, 이르다(謂), 배부르다 등 |

(3) 어미의 모습이 바뀜이 불규칙적인 것

| 갈 래 | 조 건 | 예 |
|---|---|---|
| '여' 불규칙 | '하-'뒤에 어미 '-아/-어'가 '-여'로 변함 | '하다'와 '-하다'가 붙는 모든 용언 |
| '러' 불규칙 | 어간이 '르'로 끝나는 일부 용언에서, 어미 '-어, -었'이 '러, 렀'으로 변함 | 이르다(至), 누르다, 푸르다 ▸ 셋뿐임 |
| '거라' 불규칙 | 명령형 어미인 '-어라'가 '-거라'로 변함 | '가다'와 '-가다'가 붙는 모든 용언 |
| '너라' 불규칙 | 명령형 어미인 '-어라'가 '-너라'로 변함 | '오다'와 '-오다'가 붙는 모든 용언 |

(4) 어간과 어미의 모습의 바뀜이 불규칙적인 것

| 갈 래 | 조 건 | 예 |
|---|---|---|
| 'ㅎ' 불규칙 | 어간과 어미의 변화가 함께 일어나는 경우<br>· 파랗-+-아서→파래서<br>· 파랗-+-았다→파랬다 | 파랗다, 하얗다, 빨갛다,<br>누렇다, 보얗다, 뻘겋다,<br>노랗다, 부옇다. …<br>＊ 형용사에만 있음 |

## 3.2 어간과 어미

동사와 형용사는 활용어로서 형태상의 특성에 따른 명칭이다. 즉 다른 품사와 달리 이들은 여러 가지로 모양을 바꾸게 되는데, 활용할 때 단어의 구성 요소 가운데 변화지 않고 항상 고정되어 쓰이는 부분을 '어간'(語幹 : stem)이라 한다. 그리고 어간에 붙어 여러 가지로 변하는 부분을 어미(語尾 : ending)라 하는데, 어간에 비해 그 구조가 복잡하다.

### (1) 어미

어미에는 어간에 직접 결합하는 어미인 '어말 어미'(語末語尾 : final ending)와 어간과 어말 어미 사이에 위치하는 '선어말 어미'(先語末語尾 : prefinal ending)가 있다.

### 1) 선어말 어미

먼저 용언의 구조를 살펴보기로 하자.

　(5) ㄱ. 먹다
　　　ㄴ. 먹었다
　　　ㄷ. 입으시었다


　위의 예는 모두 용언으로서 그 구조를 달리한다. ㄱ)은 어간에 어미가 결합한 단순 구조임에 비해 ㄴ)과 ㄷ)은 어간과 어미 사이에 또 다른 요소의 첨가로 이루어진 복합 구조를 띠고 있다. 이를 아래와 같이 표기할 수 있다.


　(6) ㄱ. 먹＋다
　　　ㄴ. 먹＋었＋다
　　　ㄷ. 입＋(으)시＋었＋다


　위에서 어두의 '먹-, 입-'은 어간이고, 어말의 '-다'는 어말 어미이다. 그리고 ㄴ, ㄷ)의 '-었-, -(으)시-'는 문장을 끝맺는 어말 어미의 앞자리에 온다 하여 선어말 어미라 한다. 선어말 어미는 그 자체로 문장을 끝맺지 못하고 항상 어말 어미를 필수적으로 요구하는데 이런 형태소를 '개방 형태소'(開放形態素 : nonclosing morpheme)라 한다.

### (ㄱ) 선어말 어미의 종류

　선어말 어미의 종류는 어말 어미와의 결합 제약에 따라 종류가 나누어진다.


　(7) ㄱ. -시-
　　　ㄴ. -는/-ㄴ-, -았-/-었-, -겠-, -더-
　　　ㄷ. -옵-


　이들은 각각 주체 높임법, 시제, 공손의 문법 범주를 형성하는 것으로 어말 어미와의 결합에 있어 다소 자유로운 성격을 지니고 있다. 이에 비해 아래의 예들은 어말 어미와의 결합에 비교적 많은 제약이 나타난다.

(8) ㄱ. -ㅂ- : 상대 높임법의 합쇼체
    ㄴ. -느- : 직설, -더- : 회상, -리- : 추측
    ㄷ. -니- : 원칙, -것-(-렷-) : 확인 또는 습관(-리-+-엇-)

## (ㄴ) 선어말 어미의 차례

어간에 여러 개의 선어말 어미가 결합하기도 하는데, 이 때 그 결합의 순서는 고정되어 있어 그 자리를 함부로 바꿀 수 없다. 대체로 위에서 제시한 순서를 따르는데 이는 어말 어미와의 결합 제약에 의한 것이다.

## 2) 어말 어미

어말 어미는 어간과 선어말 어미에 후행하는 형태소로 단어를 완성시켜주므로 개방 형태소인 선어말 어미와 달리 '폐쇄 형태소'(閉鎖形態素 : closing morpheme)라 한다. 이에는 다음과 같은 종류로 나누어진다.

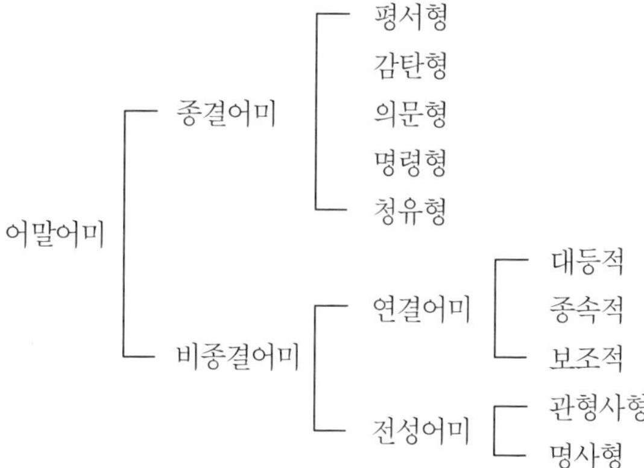

종결 어미는 문장을 종결하게 하는 어미로 유형에 따라 5가지로 구분되고, 비종결 어미에는 연결 어미와 전성 어미가 있다. 연결 어미는 문장을 연결형이 되게 하는 어미로 '-고, -(으)며' 등에 의한 대등적, '-아, -게, -지, -고'에 의한 보조적, 그 밖의 어미에 의한 종속적으로 나누어진다. 전성 어미는 한 문장을 관형사처럼 만드는 관형사형 어미와 명사처럼 만드는 명사형 어미가 해당한다.

## (2) 어미 결합의 제약

활용어인 동사, 형용사, 서술격 조사는 어미 결합에 있어 동일한 성격을 지니고 있지 않다. 즉 동사에는 모든 어미의 결합이 자유로운 반면, 형용사와 서술격 조사에는 많은 제약이 있음이 사실이다.

(9) 제약의 양상

|  | 현재형 | 의문형 | 감탄형 | 명령형 | 청유형 | 목적형 | 의도형 |
|---|---|---|---|---|---|---|---|
| 먹 다 | 먹는다 | 먹느냐 | 먹는구나 | 먹어라 | 먹자 | 먹으러 | 먹으려고 |
| 예쁘다 | *예쁜다 | 예쁘냐 | 예쁘구나 | *예뻐라 | *예쁘자 | *예쁘러 | *예쁘려고 |
| 책이다 | *책인다 | 책이냐 | 책이로구나 | *책이어라 | *책이자 | *책이러 | *책이려고 |

또한 몇몇의 제한된 어미만을 취하는 것으로는 '데리다, 가로다' 등이 있는데, 이들을 '불완전 동사'라 한다. 이들의 활용의 모습을 몇 가지 보기로 하자.

(10) 불완전 동사

|  | 데리다 | 가로다 | 더불다 | 달다 | 다그다 |
|---|---|---|---|---|---|
| 활 용 | 데리고<br>데리러<br>데려 | 가로되 | 더불어 | 달다<br>다오 | 다가 |

## ④ 단어 형성의 원리

### 4.1 단어의 구조

자립 형식 중에서 가장 작은 단위인 단어는 여러 형태소의 배합에 의
하여 이루어진다. 작게는 하나의 형태소가 단어를 구성하기도 하지만
몇 개의 형태소가 결합한 단어도 있다.

(1) boy, girl, man, desire

1)의 단어들은 더 이상 분석이 되지 않고, 그 자체가 하나의 형태소
자격을 가지는 단일 형태소들이다. 그러나 아래의 예들은 이보다 좀더
복잡한 구조를 나타내고 있다.

(2) ㄱ. boy-ish, desire-able
ㄴ. boy-ish-ness, desire-able-ity
ㄷ. gentle-man-li-ness, un-desire-able-ity

ㄹ. un-gentle-man-li-ness, anti-dis-establish-ment-ari-
an-ism

(3) police dog, police reporter, mather in law

예 2)의 단어들은 각각 2, 3, 4, 5개 이상의 형태소들이 결합하여 이루어진 단어의 형태들로, '-ish, -able, -ness' 등과 같은 접미사와 'un-, dis-, anti-' 등의 접두사들이 결합된 모습을 보이고 있다. 반면 3)의 형태들은 각각의 구성 요소들이 문장에서 독자적으로 쓰일 수 있는 형태들의 결합으로 구성되어 있다. 국어의 단어들도 이와 동일한 형태들로 이루어져 있다.

(4) 하늘, 바람, 친구, 얼굴

(5) ㄱ. 맏아들, 햇밤, 먹이, 높이
    ㄴ. 꽃밭, 마소, 소나무

4)의 '하늘, 바람, 친구, 얼굴'이라는 단어들은 모두 하나의 형태소로 이루어졌다. 더 이상의 분석, 즉 '하+늘', '바+람' 등으로의 분석은 '하늘'과 '바람'이라는 단어의 의미를 상실하게 한다.
그러나 5)의 예는 4)와 성격이 다르다. 즉 이들은 모두 2개의 형태소를 그 구성 요소로 하는데, 다음과 같다.

(6) ㄱ. 맏+아들, 햇+밤, 먹+이, 높+이
    ㄴ. 꽃+밭, 말+소, 솔+나무

6)과 같은 단어들의 분석은 그 구성 형태소의 수가 둘이라는 점에서 공통성을 갖는다. 그러나 이들도 본질적인 속성에서 차이가 나타난다.

즉 그 구성 요소의 기능이 다르다. 6.ㄱ)의 단어들은 '접사'(接辭 : affix)
가 구성 요소 중 일부를 차지함에 비해, 6.ㄴ)에는 각각의 구성 요소들
이 홀로 자립할 수 있는 독립적인 형태를 지니고 있다는 것이다.

  (6′) ㄱ. 맏+아들, 햇+밤 / 먹+이, 높+이

  이처럼 형태소 배합에 의하여 형태론적 구성을 이루는 데는 여러 가
지가 있다. 영어나 국어 단어의 형태소 배합 구조는 위에서 살핀 바처럼
크게 단순 구조와 복합 구조로 구분된다.
  단순 구조는 하나의 단일 형태소로 이루어진 것을 말하며, 복합 구조
는 둘 이상의 형태소의 결합으로 이루어진 것이다. 복합 구조는 다시 구
성 요소 가운데 파생 접사를 포함하는 '파생어'(派生語 : derived word)
와 실질형태소의 결합만으로 이루어진 '합성어'(合成語 : compound
word)로 나누어진다. 이를 종합하면 다음과 같다.

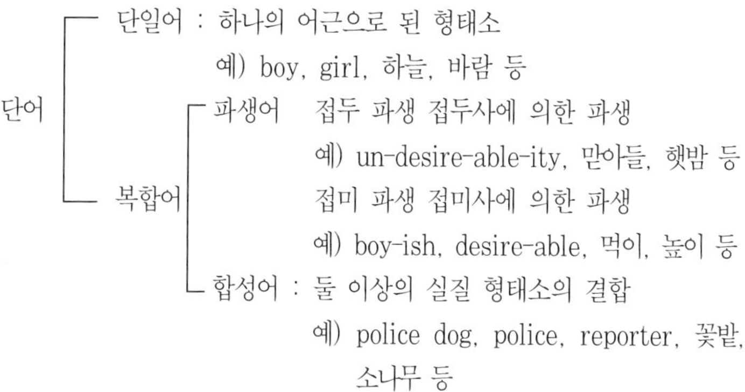


  이와 같은 단어 형성의 원리에 의해 국어의 파생어와 합성어는 몇 가
지 유형을 나타나는데 간단히 살피기로 하자.

## 4.2 파생법

　파생법은 어근이나 단어에 접사가 결합하여 새로운 단어를 만들어 내는 절차이다. 국어의 접사는 어근과의 위치에 따라 어근 앞에 붙는 접두사와 뒤에 붙는 접미사로 나눌 수 있고, 품사 전성의 기능에 따라서는 품사를 전성시키는 기능을 가진 '지배적 접사'와 그러한 기능이 없는 '한정적 접사'로 나누어진다. 파생법은 접사의 위치에 따라 '접두 파생법'과 '접미 파생법'으로 나눈다.

### (1) 접두 파생법

　접두사는 그 성격상 뒤에 오는 말의 의미를 한정할 뿐 품사를 바꾸지 않기에 이에 의한 파생어 역시 원래 단어의 품사를 바꾸지 못한다.

(7) ㄱ. 명사 파생법　　: 맨-발, 홑-이불, 참-느릅나무
　　 ㄴ. 동사 파생법　　: 들-볶다, 엿-보다, 치-솟다
　　 ㄷ. 형용사 파생법 : 드-높다, 새-빨갛다, 얄-밉다

### (2) 접미 파생법

　접미사에 의한 파생어의 경우 품사가 그대로 유지되기도 하고 전성되기도 하는데, 이는 접미사의 성격이 그러하기 때문이다. 이에는 다음과 같은 다양한 방법에 의한 파생어가 있다.

(8) 명사 파생법
　　ㄱ. 명사-접미사　　：꾀-보, 장난-꾸러기
　　ㄴ. 동사-접미사　　：놀-이, 웃-음
　　ㄷ. 형용사-접미사 ：높-이, 넓-이
　　ㄹ. 부사-접미사　　：깜박-이, 덜렁-이


(9) 동사 파생법
　　ㄱ. 명사-접미사　　：위반-하다, 운동-하다
　　ㄴ. 동사-접미사　　：남-기다, 먹-이다
　　ㄷ. 형용사-접미사 ：낮-추다, 밝-히다
　　ㄹ. 부사-접미사　　：깜박-이다, 출러-거리다


(10) 형용사 파생법
　　ㄱ. 명사-접미사　　：가난-하다, 복-스럽다
　　ㄴ. 동사-접미사　　：놀라-ㅂ다, 다그리-ㅂ다
　　ㄷ. 형용사-접미사 ：넓-적하다, 높-다랗다
　　ㄹ. 관형사-접미사 ：새-롭다
　　ㅁ. 부사-접미사　　：울퉁불퉁-하다, 반듯반듯-하다


(11) 부사 파생법
　　ㄱ. 명사-접미사　　：나날-이, 정말-로
　　ㄴ. 동사-접미사　　：맞-우(→마주), 하여-금
　　ㄷ. 형용사-접미사 ：많-이, 멀-리


(12) 조사 파생법
　　ㄱ. 명사-접미사 ：밖-에 〉밖에
　　ㄴ. 동사-접미사 ：붙-어 〉부터, 좇-아 〉조차

## 4.3 합성법

  파생법이 실질 형태소에 파생 접사가 결합한 단어 형성 방법이라면 합성법은 실질 형태소끼리 결합한 단어의 구조를 가리킨다. 이에는 아래와 같은 유형들이 있다.


### (1) 통사적 합성법과 비통사적 합성법

  국어의 합성법은 실질 형태소의 결합 방식이 국어의 정상적인 단어 배열법과 같은 '통사적 합성법'과 이에 어긋나는 '비통사적 합성법'으로 구분한다.

  (13) ㄱ. 마소, 큰집, 잡아먹다
       ㄴ. 늦더위, 굶주리다, 감발

  13)의 두 예는 모두 합성법에 의한 단어 형성의 모습을 보이지만, 13.ㄱ)은 명사와 명사의 결합, 형용사의 관형사형과 명사의 결합, 연결 어미에 의한 동사와 동사의 결합과 같이 국어의 정상적인 단어 배열법에 일치하고 있다. 이를 '통사적 합성법'이라 한다.
  그러나 13.ㄴ)의 예들은 그 어느 하나 정상적인 단어 배열법이라 할 수 없는 것들이다. 즉 형용사 어간 '늦-'이 명사 '더위'에, 동사 어간 '굶-'이 동사 '주리다'에 그리고 동사 어간 '감-'이 명사 '발'에 직접 결합하고 있다. 이들이 국어의 정상적인 단어 배열법에 따른다면 각각 '늦은 더위, 굶어 주리다, 감은 발'이 되어야 한다.

## (2) 합성법의 유형

합성법에 의한 단어의 형성은 명사, 동사, 형용사, 부사, 관형사, 반복에 의한 합성이 존재한다. 간략히 몇 가지 예만 제시하면 다음과 같다.

(14) 명사 합성법
     ㄱ. 명사-명사(-명사)　　　　： 길-바닥, 앞-뒤
     ㄴ. 동사(동사의 명사형)-명사 ： 꺾-쇠, 자름-길
     ㄷ. 관형사(형)-명사　　　　： 새-마을, 큰-아버지
     ㄹ. 부사-명사　　　　　　　： 볼록-거울, 선들-바람

(15) 동사 합성법
     ㄱ. 주어-서술어　　　　　　： 힘-들다, 빛-나다
     ㄴ. 목적어-서술어　　　　　： 본-받다, 힘-쓰다
     ㄷ. 부사어-서술어　　　　　： 앞-서다, 뒤-서다
     ㄹ. 동사-보조적 연결어미-동사 ： 들-어-가다, 파-고-들다
     ㅁ. 동사어간-동사어간　　　： 굶-주리다, 뛰-놀다

(16) 형용사 합성법
     ㄱ. 주어-서술어　　　　　　： 값-싸다, 맛-나다
     ㄴ. 부사어-서술어　　　　　： 눈-설다, 번개-같다
     ㄷ. 용언-보조적 연결어미-용언 ： 깎-아-지르다, 약-아-빠지다

(17) 부사 합성법
     ㄱ. 명사-명사　 ： 밤-낮
     ㄴ. 관형사-명사 ： 한-바탕, 어느-덧
     ㄷ. 부사-부사　 ： 가끔-가끔, 이리-저리
     ㅂ. 명사-부사　 ： 하루-바삐(빨리), 철-없이

(18) 관형사 합성법
　　　ㄱ. 관형사-명사　 : 온-갖
　　　ㄴ. 관형사-관형사 : 몇-몇, 두-서너
　　　ㄷ. 형용사-형용사 : 긴-긴

(19) 반복 합성법
　　　ㄱ. 명사-명사 : 집-집, 구석-구석
　　　ㄴ. 의성부사　: 찰삭-찰삭, 출렁-출렁
　　　ㄷ. 의태부사　: 깡충-깡충, 깜박-깜박

## (3) 합성어의 파생

　두 실질 형태소의 결합에 의한 합성어가 접사의 결합에 의해 파생되는 단어 형성을 '합성어의 파생'이라 한다. 다음과 같다.

(20) 합성어의 파생
　　　ㄱ. 해돋-이, 품갚-음, 팽이치-기
　　　ㄴ. 나들-이, 미닫-이
　　　ㄷ. 다달-이, 집집-이

　20.ㄱ)은 통사적 합성어 '해-돋, 품-갚, 팽이-치'에 접사 '-이, -음, -기'가 결합한 파생임에 비해, 20.ㄴ)은 비통사적 합성어인 '나들, 미(밀)-닫'에 접사 '-이'가 결합한 파생어이다. 그리고 20.ㄷ)은 반복 합성어의 파생을 나타낸다.

# 제 5 장  문법론(文法論) - 2

제4장이 형태소부터 단어 형성에 이르는 과정의 고찰이었다면 본 장에서는 '협의의 문법', 그 중에서도 형태론을 제외한 나머지 부분인 문법론에 대해 살피고자 한다.

문법론에서 다루고자 하는 대상의 범위는 단어부터 문장에 이르는 언어 단위이다. 즉 문장을 구성하는 각 성분 요소들과 그것들에 이루어진 문장의 종류 그리고 각 문법 범주에 대한 영역이라 할 것이다. 바꾸어 말하면 문법론이란 한 문장을 이루기 위하여 형태소들이 어떠한 모양으로 상호 결합하는가에 대한 규칙을 연구하는 분야를 일컫는 말이다.

이 분야는 다른 언어학의 영역보다 언어학이나 국어학에 있어 가장 큰 관심을 경주해 온 분야이기에 가장 다양한 이론과 학설이 나타나기도 한 분야이다.

## 1  문법 연구의 종류

언어학이 다양한 연구 방법에 의해 그 종류가 나누어지듯, 문법도 연구의 대상, 태도, 방법 등의 차이에 의해 다양하게 분류할 수 있다. 이를 다음과 같이 정리할 수 있다.

첫째, 문법은 크게 일반 문법과 개별 문법으로 나눌 수 있다. '일반 문법'(一般文法 : general grammar)은 세계 각 언어의 세부적인 문법 구조는 다르지만, 각 문법에 내재하는 공통되는 원리를 발견하려는 것이다. 이와 상반되는 '개별 문법'(個別文法 : individual grammar)은 각 개별 언어의 언어적 규칙을 발견함에 그 목표를 둔다. 이들의 관계는 일반 언어학과 개별 언어학의 관계와 비슷한 양상을 드러낸다.

둘째, 개별 문법은 이론 문법과 규범 문법으로 나뉜다. '이론 문법'(理論文法 : theory grammar)은 각 언어의 문법 사실을 있는 그대로 관찰 기술하려는 과학 문법이다. '규범 문법'(規範文法 : prescriptive grammar)은 실제의 언어 생활에 도움을 주고자 하는 의도로 언어 사용에 있어 정확하고, 적절하게 사용해야 하는 강제적인 규칙 발견에 그 목표를 두는 문법이다. '학교 문법'이 이에 속한다.

셋째, 이론 문법에는 '역사 문법, 비교 문법, 기술 문법, 생성 문법'으로 구분할 수 있다. 역사 문법(歷史文法 : historical grammar)은 통시적인 언어 연구 방법에 의하여 문법의 사적 발전을 연구하는 문법이다. 비교 문법(比較文法 : comparative grammar)은 19세기 비교 언어학의 탄생과 더불어 발달한 것으로 친근 관계에 있는 동일 계통의 두 언어의 문법을 비교하는 것이다. 기술 문법(記述文法 : descriptive grammar)과 생성 문법(生成文法 : generative grammar)은 기술 언어학과 생성 언어학의 차원에서 문법을 연구하는 분야라 할 수 있다.

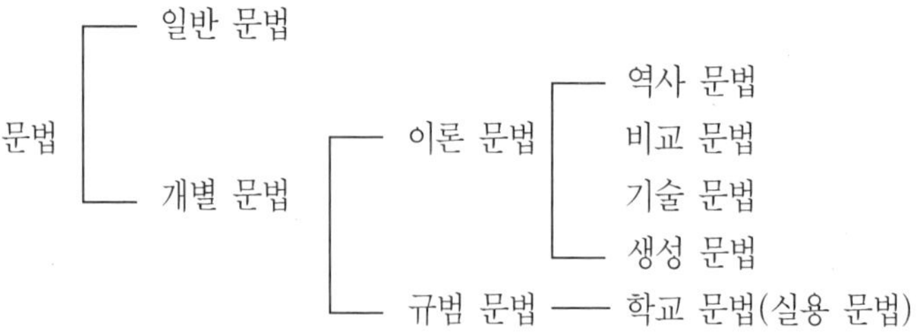

문법의 종류는 다양하지만 각 개별 문법에 대하여 Chomsky(1965)에서는 문법의 타당성 정도에 따라 크게 세 단계로 나누고 있다.

첫째, 관찰적 타당성(observational adequacy)이다. 이는 어떤 언어의 문법에 대한 최소한의 필요 조건으로 이 요구 조건도 충족시키지 못하는 문법은 별다른 가치가 없다. 무엇보다도 문법은 한 언어의 모든 허용하는 문장과 또한 허용되는 문장만을 설명해야 한다. 그 문법이 많은 '적격 문장'(well-formed sentence)을 배제하고 '비적격 문장'(ill-formed sentence)을 포함한다면 그 문법은 소용이 없다. 이 기본적이고 꽤 분명한 요건을 Chomsky는 '관찰적 타당성'이라 부르고 있다.

둘째, 기술적 타당성(descriptive adequacy)은 관찰적 타당성에서 한 단계 나아가 문법적으로 적격한 문장의 음운, 형태, 통사, 의미 구조에 대한 모어 화자의 직관에 관한 원리적인 설명을 제공할 수 있도록 올바로 기술하게 된다면, 그것은 기술적으로 타당한 것이 된다.

  (1) These boys don't like those girls.

1)의 예문이 문법적으로 타당한 것임을 명시하는 영어의 문법은 관찰적인 타당성을 획득한 것이며, 기술적인 타당성을 획득하려면 문법은 이 외에도 문장 1)의 통사론적 구조가 무엇인지를 명시해야 한다. 즉 'these'가 'boys'를 수식하며 'girls'는 수식하지 않고, 'those'가 'girls'를 수식하며 'don't'는 수식하지 않는다 … 기타 등등과 같은 것을 명시해야 한다.

셋째, 설명적 타당성(explanatory adequacy)을 들 수 있다. 이는 기술적 타당성보다 훨씬 높은 단계로, 문법 이론의 최대 목표라 할 것이다. 어떠한 문법 이론이 설명적 타당성을 획득하기 위해 갖추고 있어야 할 조건은 '보편적, 제약적' 그리고 '실재적'이라는 것이다.

보편성은 모든 인간 언어를 기술할 수 있어야 한다는 조건이고, 제약

성은 그러한 문법이 인간 언어에만 적용될 수 있도록 최대한도로 제약
되어야 한다는 조건이고, 실재성은 언어를 인간 두뇌, 마음의 산물로 간
주하고 그러한 언어를 가능하게 하는 신경 생리적 기제를 찾아내어 심
리적으로 타당한 원리에 바탕을 둔 언어 이론을 발전시켜야 한다는 조
건이다.

　이렇게 볼 때 우리가 다룰 문법은 최소한 관찰적, 기술적 타당성은
갖추어야 하며 궁극적으로는 설명적 타당성을 지니고 있어야 한다.


## ② 문장과 성분


### 2.1 문장과 구성 요소(構成要素)

　단어와 단어, 또는 구와 절이 결합한 독립된 의사 전달의 단위를 '문
장'(文章 : sentence)이라 하는데, 하나의 문장 구조는 여러 구성 요소의
결합으로 이루어진다. 다음을 보기로 하자.

　　(1) 철수가 밥을 먹는다.

　보기의 문장은 분명 하나의 문장 구조를 이루고 있다. 그러나 이를
분석해보면 '철수가'라는 주어부와 '밥을 먹는다'는 서술어부 나누어진
다. 그리고 다시 서술부는 '밥을'이라는 목적어와 '먹는다'는 서술어로 구
분되어, 전체로 3개의 어절, 즉 '철수가', '밥을', '먹는다'로 구성된 구조
이다. 여기에 다시 주어는 '철수'라는 명사에 주격 조사 '-가'가 결합한

구조이고, 목적어 '밥을'은 명사 '밥'에 목적격 조사 '-을'이 결합한 구조
물이고, 서술어인 '먹는다'는 어간 '먹-'에 선어말 어미 '-는-'과 어말 어
미인 '-다'가 결합한 구조이다.

  언어의 구조와 구성 요소들의 관계는 항상 고정된 것이 아니고 상대
적인 것이다. 즉 문장이라는 상위 구조에 비하면 구와 절이 구성 요소가
되지만, 구와 절을 언어의 구조로 볼 때에는 어절이 구성 요소가 되는
것이다.

  하나의 연속적인 문장의 구성 요소를 파악하는 방법에는 몇 가지 방
법이 있다. '종합식, 분석식, 괄호식, 상자식, 환치식' 등의 5 가지이다.

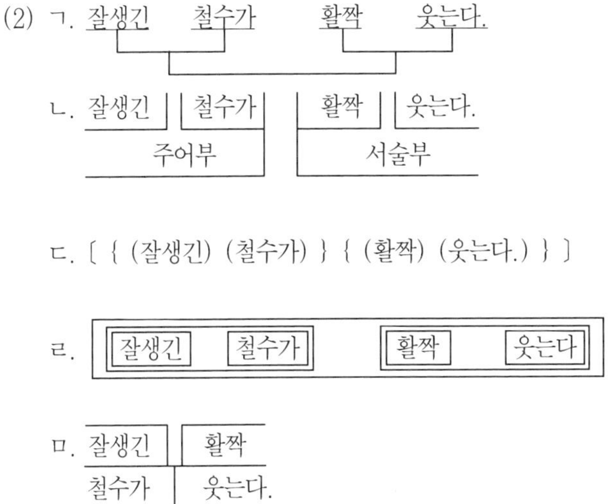


  예 2. ㄱ-ㅁ)의 방법은 외형상의 차이만 있을 뿐 그 밖의 차이는 없다.
이를 '직접 구성 요소'(直接構成要素 : immediate constituent)라 하고,
줄여서 'IC 분석'이라 한다.

## 2.2 직접 구성 요소(直接構成要素)

한 개의 구조를 이루는 데 직접적으로 참여하는 두 구성 요소를 '직접 구성 요소' 또는 '직접 성분'이라 한다. 아래의 예문을 보기로 하자.

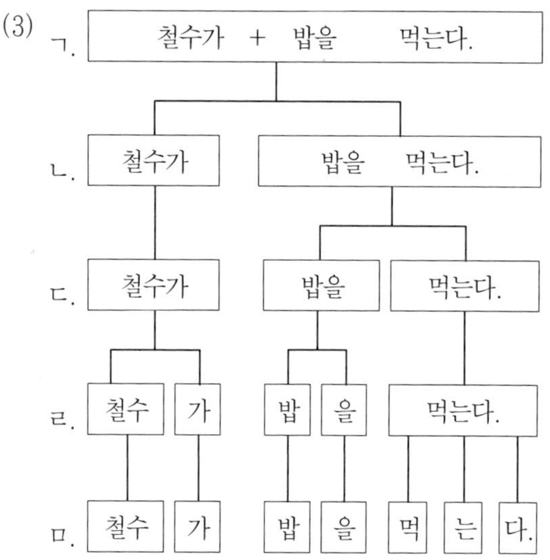


문장 3.ㄱ)의 직접 구성 성분을 나타내고 있는 것이 3.ㄴ)이다. 즉 주어부와 서술부가 문장 3.ㄱ)의 IC이다. 3.ㄴ)의 서술부에 대해서는 3.ㄷ)의 구성 요소가 IC가 된다. 이런 과정을 거쳐 이 문장을 분석해나갈 수 있는 것이다. 이를 다음과 같이 표현할 수도 있다.

(4)           철수가   밥을   먹는다.
     문     _______________________
     제1차  _______   _____________
     제2차  _______   ____   ______

(5)　　　　잘생긴　철수가　많은　밥을　빨리　먹는다.

　　　문　___________________________________

　　제1차　___________________　___________________

　　제2차　________　________　________　________

　　제3차　________　________　________　________　________

　　이러한 문장을 직접 구성 요소로 분석하는 기준은 '환치 관계'이다. 이 방법은 음운을 설정함에 있어서도 중요한 기준으로 작용하였다. 이에 의해 4)와 5)의 주어부의 경우 서로 환치되어 쓰일 수 있다. 즉 '철수가 밥을 먹었다'는 문장의 주어부에 '잘생긴 철수'를 치환하더라도 문장의 구조에는 아무런 변화가 일어나지 않는다. 마찬가지로 목적어의 구성 요소에서도 '많은 밥을'처럼, 서술어의 '빨리 먹는다'처럼 바뀌어 표현하더라도 문장 구조에는 아무런 영향을 끼치지 않고, '주어-목적어-서술어'의 어순을 그대로 보존한다.

　　다른 언어와 마찬가지로 영어도 제한된 수의 반복되는 문형을 갖고 있다. 통사 분석의 기본적인 기술은 계속적인 대치의 과정에 의하여 이러한 문형을 식별하는 것이다. 다음 문장을 예로 들어보자.

(6) The dogs may bite the postman.

　　이 문장에서 기본 문형을 바꾸지 않고도 'the'와 'dog'를 'dogs'와 같은 하나의 단어로 대치할 수 있다. 이 말은 이들 두 단어가 밀접하게 연결되어 하나의 큰 구성 성분을 이루고 있다는 것을 말해 준다. 둘째로 'may'와 'bite'도 'bite'와 같은 하나의 단어로, 그리고 'the'와 'postman'도 'tom', 'him'과 같이 하나의 단어로 대치할 수 있다. 따라서 6개의 문장 성분을 가진 하나의 문장을 3개의 기본적인 구성 성분으로 나누어 표현할 수 있다. 아래와 같다.

(7) | the dogs | may bite | the postman |

한편, 이들 3개의 구성 성분 중에서 마지막 두 요소는 bite와 같은 하나의 단어로 대치될 수도 있다. 때문에 우리는 그것들을 하나의 보다 큰 구성 성분으로 묶을 수 있다는 결론을 내린다. 그러므로 우리는 6개의 구성 성분을 가진 하나의 문장을 기본이 되는 2개의 구성 성분으로 줄일 수 있다.

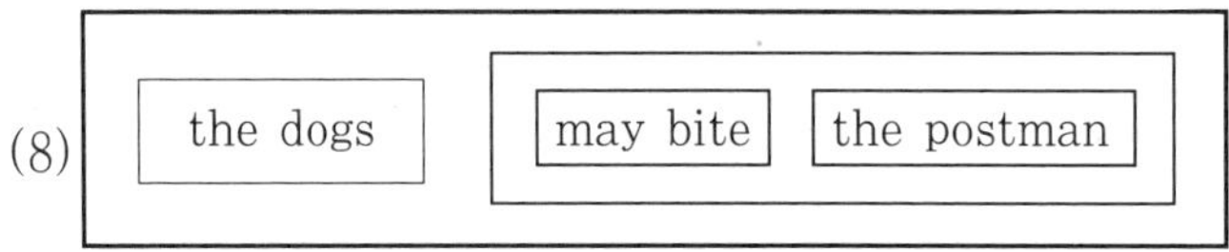


환치 관계는 짧은 문장이 긴 문장의 구조로 확대될 수 있는 중요한 원인이 될 뿐만 아니라, 문장의 통사 구조를 다루는 데 있어 기초가 된다.

## 2.3 문장과 문장 성분(文章成分)

문장은 그 자체가 하나의 문법 단위임과 동시에 하위 단위들의 결합으로 이루어진다. 한 문장이 성립하기 위해서 결합하는 구성 요소들을 문장의 성분이라 하는데, 국어의 문장 성분은 크게 '주성분'과 '부속 성분', '독립 성분'으로 나눌 수 있다.

## (1) 주성분 : 주어, 서술어, 목적어, 보어

국어의 주성분은 문장 구성에 반드시 필요한 요소로 '주어, 서술어, 목적어, 보어'가 이에 속한다. 이에 대해 간략히 살피기로 하자.

주어(主語)는 국어의 기본 문형인 '무엇이 어찌한다, 무엇이 어떠하다, 무엇이 무엇이다'에서 '무엇이' 자리에 놓일 수 있는 요소로 문장의 주체가 되는 성분을 가리킨다. 서술어(敍述語)는 위의 기본 문형에서 '어찌한다, 어떠하다, 무엇이다'의 자리에 놓일 수 있는 성분으로, 주체에 대한 작용, 상태 등을 표현하는 성분이다.

(9) ㄱ. 아이들이 공을 던진다.
    ㄴ. 꽃이 예쁘게 피었다.
    ㄷ. 철수가 주인공이다.

예문 9)의 '아이들, 꽃, 철수'가 문장의 주체인 주어인 반면, '던진다, 피었다, 주인공이다'의 성분은 각각 주체의 행동, 상태를 나타내는 서술어의 기능을 담당하고 있다. 한편 서술어는 문장에서 필요로 하는 주성분 수에 따라 자릿수를 달리하는데, 이에는 한 자리, 두 자리, 세 자리 서술어로 나누어진다.

(10) ㄱ. 재우가 운다.
    ㄴ. 원숭이가 담배를 피운다. 나는 학생이 아니다.
    ㄷ. 예원이가 나를 손을 잡는다. 미령이가 나에게 선물을 주었다.

한 문장 안에 주어만 있으면 완전한 문장을 이룰 수 있는 서술어 즉, 자동사의 경우 한 자리 서술어가 되는데, 예문의 10.ㄱ)이 이에 해당한다. 주어 외에 목적어나 보어 중 어느 한 가지를 요구하는 서술어(10.

ㄴ)를 두 자리 서술어라 하고, 10.ㄷ)의 두 문장처럼 주어, 직접 목적어, 간접 목적어를 요구하거나, 주어, 필수적 부사어, 목적어를 요구하는 경우의 서술어를 세 자리 서술어라 한다. 그리고 동일한 서술어가 몇 가지의 자리수로 사용되기도 한다.

> (11) ㄱ. 아이들이 운동장에서 논다.
> ㄴ. 아이들이 윷을 논다.

11)은 모두 동일한 서술어 '논다'가 사용된 문장들이다. 그러나 11.ㄱ)에서는 주어만 필요로 하는 한 자리 서술어의 쓰임을 나타내는 반면, 11.ㄴ)에서는 주어와 목적어를 요구하는 두 자리 서술어의 기능을 하고 있다.

목적어(目的語)는 서술어인 타동사 행위의 대상이나 내용을 나타내는 성분으로, 위의 10.ㄴ)에서 '담배'가 바로 그러한 성분이다. 보어(補語)는 불완전한 서술어의 의미를 보조하기 위해 보충되는 성분으로, 보통 '되다, 아니다'의 앞서는 요소를 지칭한다.

## (2) 부속 성분 : 관형어, 부사어

부속 성분은 국어의 주성분과는 달리 문장에서 꼭 필요한 것은 아니고 이웃하는 다른 성분들의 의미를 한정한다거나 수식의 필요성으로 나타나는 성분으로 관형어와 부사어가 이에 속한다.

관형어(冠形語)는 체언으로 된 주성분 앞에 붙어 체언을 수식하고, 부사어(副詞語)는 서술어에 얹혀 그 뜻을 한정해주는 부속 성분이다.

> (12) ㄱ. 새 옷을 입고 헌 옷은 재활용통에 버렸다.

ㄴ. 장금이가 매우 예쁘다.

12)의 '새, 헌'은 뒤의 체언 '옷'을 수식하는 관형어로, '매우'는 서술어인 '예쁘다'의 의미를 한정해주는 부사어로 쓰였다.

관형어의 기능을 하는 것들은 모든 관형사, 용언의 관형사형 그리고 체언이나 체언의 구실을 하는 말에 조사 '-의'가 결합한 성분이다. 이들은 한 문장에 두 개 이상이 결합되어 쓰이기도 하는데, 이 경우 일정한 어순이 매겨져 이를 반드시 지켜야 한다.

(13) 이 두 예쁜 장미꽃을 보아라.

관형어는 보기의 예와 같이 반드시 '지시 관형어-수량 관형어-성상관형어'의 어순에 따라 배열되어야 하는 제약이 따른다.

부사어의 기능을 하는 것들은 모든 부사 및 체언에 다양한 부사격 조사가 결합한 성분이다. 부사어는 관형어와 함께 부속성분으로서 수의적인 요소라 하였다. 그럼에도 불구하고 문장에 따라서 부사어가 필수적 성분으로 출현하기도 한다.

(14) ㄱ. '삼다' 류 : 그 사람은 철수를 양자로 삼았다.
　　　　　　　　　　　　　　　　　　 → 체언 + '(으)로'
　　ㄴ. '같다' 류 : 나는 너와 의견이 같다.
　　　　　　　　　　　　　　　　　　 → 체언 + '와/과'
　　ㄷ. '넣다' 류 : 슬기가 편지를 우체통에 넣다.
　　　　　　　　　　　　　　　　　　 → 체언 + '-에(에게)'

예 14)에서처럼 세 자리 서술어의 문장은 주어, 목적어 외에 반드시 부사어를 요구하는데 서술어의 종류에 따라 선택되는 부사어의 종류가 달라진다.

## (3) 독립 성분 : 독립어

문장에서 다른 성분과 직접적인 관련 없이 또는 문장과 문장을 연결하는 성분을 독립 성분이라 하고, 독립어가 이에 해당한다. '독립어'(獨立語)는 '철수야, 밥 먹어라'의 부름말인 '철수야', 질문에 대답하는 대답어인 '예, 아니오' 그리고 문장 제시어(청춘!), 접속어(그리고, 그러나 등), 감탄사(아아, 아이구 등) 등이 속한다.

## ③ 문장의 확장

일반적으로 문장은 주어와 서술어의 관계가 한 번으로 이루어진다. 그러나 경우에 따라서 2번 이상의 주·술 관계로 맺어지기도 한다. 이를 '홑문장'과 '겹문장'이라 한다. 그리고 겹문장은 다시 안은 문장과 이어진 문장으로 세분되는데, 본 절에서는 후자인 겹문장에 초점을 두고 서술하기로 한다.

### 3.1 겹문장의 개념 및 종류

지금껏 우리들이 살펴 본 문장들은 모두 하나같이 주어와 서술어의 연결이 한 번만 이루어지는 '단문'(短文)이었다. 아래의 예문들이 이에 해당한다.

(1) ㄱ. The dog may bite the postman.
   ㄴ. 민정이는 바나나를 먹었다.

그러나 문장은 이처럼 간단한 문장을 포함하여 이보다 좀 더 복잡한 문장 구조를 띠는 것도 있다.

(2) ㄱ. The dog that mad may bite the postman.
   ㄴ. 바나나를 먹은 민정이가 회사에 출근했다.

이를 총칭하여 '겹문장' 내지 '복문'(複文)이라 하고, 이처럼 문장을 확대하는 방법에는 두 가지가 있다. 즉 접속(接續)과 내포(內包)에 의한 방법이 바로 그것이다. 먼저 접속에 의한 문장 확대의 경우를 보기로 하자.

(3) ㄱ. Tom played tennis, and Peter went fishing.
   ㄴ. 철수는 밥을 먹고, 영희는 빵을 먹었다.

3)의 예문은 모두 두 개의 독립된 문장이 결합하여 형성된 하나의 문장구조를 드러내고 있다. 이들은 접속사에 의한 문장의 확대로 다음처럼 이론상 무수히 긴 문장과 끝이 없는 무한한 문장을 생성해 낼 수도 있다.

(4) ㄱ. Tom played tennis, and Peter went fishing, and
      Mary washed her hair, and Jane played cricket…
   ㄴ. 철수는 밥을 먹고, 영희는 빵을 먹고, 민수는 떡을 먹고…

다음은 내포의 방법으로 기본 문장을 확대하는 경우를 살피기로 하자.

(5) ㄱ. The rumour that the dinosaur had escaped worried
the public.
ㄴ. 밥을 먹은 철수가 열심히 공부를 하고 있다.


5. ㄱ)의 문장 주어는 'The rumour'이다. 서술어는 'worried', 목적어는 'public'이다. 결국 이 문장의 가장 단순한 구조는 'The rumour worried the public'이고, 주어의 의미를 부연, 설명하고 있는 부분이 'that' 절(the dinosaur had escaped)로서 주어의 구조가 좀 더 복잡해졌다. 5. ㄴ)의 경우도 동일하다. 이를 도표화하면 다음과 같다.


(6) ㄱ. The rumour worried the public.
The dinosaur had escaped
→ The rumour that the dinosaur had escaped worried
the public.
ㄴ. 철수가 열심히 공부를 하고 있다.
철수가 밥을 먹었다.
→ 밥을 먹은 철수가 열심히 공부를 하고 있다.


이러한 내포는 다음과 같이 무한히 긴 문장 구조를 생성하는 대표적인 방법이 된다.


(7) The fact that The rumour that the dinosaur had
escaped worried the public  is not surprising.
→ The fact 〔    ①    〕 is  not surprising.
→ that The rumour 〔    ②    〕 worried the public
→            that the dinosaur had escaped

## 3.2 국어 문장의 확장

### (1) 문장 속의 문장

국어의 문장에는 둘 이상의 문장이 결합하여 더 큰 문장으로 확대될 때, 한 문장이 다른 문장 속의 한 성분으로 안길 수 있는데 이를 '절'(節)이라 한다. 이러한 절에는 '명사절, 서술절, 관형절, 부사절, 인용절'이 있다.

명사절(名詞節)은 한 문장의 서술어가 명사형 어미 '-(으)ㅁ'이나 '-기', 또는 의존명사 '것'을 취하여 형성된다.

> (8) ㄱ. 철수가 축구를 함은 건강을 위해서이다.
>     ㄴ. 나는 철수가 성실한 사람임을 알고 있었다.

8.ㄱ)에서는 '철수가 축구를 한다'는 문장의 서술어에 명사형 어미 '-(으)ㅁ'이 결합한 명사절이 주어로 쓰였고, 8.ㄴ)은 명사절 '철수가 성실한 사람임'이 목적어로 쓰인 경우이다. 이 외에 '-기'에 의한 명사절(영희가 빨리 회복되기를 바란다), '-것'에 의한 명사절(철수가 밥을 먹은 것이 사실인가?)도 있다.

관형절(冠形節)은 한 문장의 종결형이 '-(고 하)는'과 관형사형 어미의 결합에 의해 다른 문장에 안기는 절이다.

> (9) 나는 철수가 전학간다는 소식을 듣고 놀랐다.

'철수가 전학간다'는 '주·술' 구조의 문장이 '소식'을 꾸미는 관형사의 기능을 하기에 이를 관형절이라 한다. 즉 기능은 관형사의 기능을 하되 그 구조가 단어의 형식이 아닌 문장 형식임을 나타낸다.

부사절(副詞節) 또한 뒤의 용언을 수식하지만 문장의 구조를 가지고 있기에 붙여진 용어이다. 다음의 보기와 같다.


  (10) ㄱ. 철수가 소리도 없이 집을 나갔다.
     ㄴ. 명섭이가 말도 없이 술을 먹는구나.


인용절(引用節)은 인용조사 '-라고, -고'에 결합한 문장이 다른 문장에 안겨진 절이다.


  (11) ㄱ. 철수가 영희에게 숙제 다 했느냐고 물었다.
     ㄴ. 민수가 "난 동아리 활동을 할거야!"라고 말했다.


11.ㄱ)과 11.ㄴ)의 인용절은 그 성격에 차이가 있다. 전자는 남의 말을 간접적으로 인용한 것이고, 후자는 남의 말을 직접 인용한 것이다.

서술절(敍述節)은 한 문장이 서술어의 기능으로 다른 문장에 안기는 경우이다.


  (12) ㄱ. 코끼리는 코가 길다.
     ㄴ. 토끼는 앞발이 짧다.


즉, '코가 길다'라는 하나의 문장이 모문(母文)의 주어인 '코끼리는'에 대한 서술어의 역할을 담당하는 것이다. 그런데 서술절은 다른 절들과 달리 서술절임을 나타내는 표지가 없다는 점을 특징으로 하고 있다. 즉 하나의 문장이 절이 되어 다른 문장의 성분으로 들어가기 위해서는 어떠한 문법 형식의 자격을 가지고 들어가는 지에 대한 형태적 표지가 있어야 하는데, 서술절에는 그렇지 않다.

## (2) 이어진 문장

문장의 확대 내지 확장의 방법에는 둘 이상의 문장들이 나란히 이어져 더 큰 문장을 이루기도 한다. 이 때 이어진 각각의 문장들이 절이 된다. 이 두 문장의 연결 관계에 따라 다시 '대등적으로 이어진 문장'과 '종속적으로 이어진 문장'으로 구분할 수 있다.

(13) ㄱ. 비가 오고, 날씨가 춥다.
ㄴ. 봄이 오면, 꽃이 핀다.

13.ㄱ)은 '비가 온다'는 문장과 '날씨가 춥다'는 두 대등한 문장의 연결에 의해 이루어진 문장이라면 13.ㄴ)의 '봄이 온다'와 '꽃이 핀다'는 문장의 관계는 성격이 다르다. 즉 꽃이 피기 위해서는 계절적으로 봄이 와야 한다는 의미를 내포하고 있다.
한편 이어진 문장에는 접속조사 '-와/-과'에 의한 방법이 있는데, 이 경우에는 단순한 단어와 단어의 이어짐인 지를 구별해야 한다.

(14) ㄱ. 철수와 순희는 부산으로 떠났다.
ㄴ. 철수와 순희는 우연히 도서관에서 만났다.

예문 14)의 문장의 주어는 '철수와 순희는'으로 동일하다. 그러나 문장 구조상의 차이는 매우 크다. 14.ㄱ)의 주어부는 서술부를 각각 지배하고 있다. 즉 '철수는 부산으로 떠났다'와 '순희는 부산으로 떠났다'는 두 문장의 이어짐으로 해석이 가능하지만, 14.ㄴ)은 이러한 분리가 가능하지 않다. 이 경우 '철수와 순희는'이라는 주어부는 단순한 두 단어의 결합으로 이루어진 것임을 나타낸다.

# 제 **6** 장  문법론(文法論) - 3

언어학의 역사는 전통주의 언어학과 구조주의 언어학에 이어 오늘날 변형 생성 언어학으로 발전하였다. 이들 언어학이 나름대로의 이론을 들고 오늘날의 언어학 연구 방법에 지대한 영향을 끼쳤음은 두말할 필요가 없을 것이다.

이 가운데 지금까지의 언어학이나 또는 문법학에 상당한 영향을 주었고, 앞으로 큰 영향력을 미칠 것은 '변형 생성 언어학'이라 할 것이다. 사실 현대 언어학의 역사는 변형 생성의 역사라 해도 과언이 아닐 정도이다. 변형생성 언어학이 전통 및 구조주의 언어학과 다른 가장 큰 차이는 연구하는 언어 자료의 범위와 문법 규칙의 성격에 있다. 이에 대한 두 언어학의 차이는 다음과 같다.

구조주의 언어학에서는 그 언어의 실제적인 발화 및 원문만을 언어 자료로 한정시켰다. 따라서 연구자는 그런 발화 및 원문을 수집하고, 그것을 자세히 분석해야만 했기에 자료 속에 있는 것은 설명이 가능하지만, 그 속에 없는 것은 무엇이든 무시하거나 배제되었던 것이다. 이러한 방법은 언어를 기술하는 것이라 할 수 없고, 단지 연구자 마음대로 선택한 자료의 집합에 관한 기술에 불과한 것이었다.

반면, 변형 생성 언어학에서는 자료가 제 아무리 방대한 언어자료라 하더라도 그것은 한정된 수의 유형으로 분류가 가능하다는 인식에서 출발하고 있다. 따라서 언어학 연구의 대상은 연구자가 자의적으로 고른 문장이 아니라 화자의 언어에 대한 잠재적 지식, 즉 그가 전에 들은 적도 없는 문장을 말하고 이해하도록 하는 언어 능력인 것이다. 사실 언어는 무한한 수의 문장으로 이루어져 있다. 그렇다고 해서 문법 자체가 무한하다는 의미는 절대 아니다. 반대로 문법은 한정된 수의 규칙을 가지고 있으며, 한정된 수의 집합이 우리에게 무한한 수의 집합을 생성할 수 있게 해주는 것과 같다고 생각하였다. 이를 다음과 같이 정리할 수 있다.

|  | 구 조 주 의 | 생 성 문 법 |
|---|---|---|
| 주 제 | 발음의 자료체 | 문장을 만들고 이해하는 방법에 대한 화자의 지식과 그의 언어 능력 |
| 목 적 | 자료체 요소들의 분류 | 문장 형성에 잠재한 문법 규칙의 상술 |
| 방 법 | 발견 과정 | 평가 과정 |

다음으로 구조주의 언어학에서는 원문의 덩어리 속에서 찾은 문법의 모형이 언어의 다른 형식에로도 확대될 수 있는가? 라는 판단이 전적으로 독자에게 맡겨지기 때문에 명시적인 규칙으로 체계화 될 수 없다. 이에 반해 변형 생성 문법에서는 그 언어의 가능한 문장이 어떤 것인가를 명시적으로 표시하는 것을 그 목표로 한다.

본 장에서는 변형 생성 문법의 목표, 특성 및 언어의 구조와 몇 가지 변형 규칙을 중심으로 살피고자 한다.

## ① 변형 생성 문법의 목표

한 언어의 문법은 체계를 이루고 있는 언어 요소의 명시적인 규칙을 나타낸 것으로, 각 언어를 사용하는 개별 모어 화자들의 언어에 대한 지식을 총망라해야만 한다. 즉 문법은 문장 구조의 기술과 함께 비문법적인 문장은 생성하지 않고 오직 그 언어의 문법적인 문장만을 생성하는 규칙이어야 한다.

Chomsky의 변형 생성 문법의 궁극적인 목표는 한마디로 '언어의 보편성'(language universals)의 추구에 있다. 사실 이전의 언어학에서는 언어 사이의 유사성보다는 그 차이에 초점을 두었는데, 이러한 사고의 전환에 큰 기여를 한 것이 바로 변형 생성 문법이라 할 수 있다.

언어의 보편성이라는 말은 현재 존재하는 모든 언어에 적합한 문법을 만들어야 한다는 사실과 이러한 문법 규칙이 실제 사용하는 문장뿐만 아니라 사용되지 않는 문장까지도 설명해야 함을 내포한다.

그는 언어를 언어 능력과 언어 수행의 두 영역으로 구분 짓고, 언어학자의 목표는 두뇌에 내재화되어 있는 일련의 규칙인 언어 능력을 발견하는 것이라 하였다. 그러한 언어 능력에 대한 모델을 문법이라 정의하고, 아래와 같이 두 유형으로 나누고 있다.

(1) 문법적 능력(Grammatical competence) : 언어 구조 이론
　　화용적 능력(Pragmatical competence) : 언어 사용 이론

촘스키는 언어 사용보다는 언어 구조의 연구에 힘을 쏟았기 때문에, '화용적' 능력보다는 '문법적' 능력을 밝혀내는 일에 관심을 집중하였다. 그런데 모어 화자의 문법적 능력은 화자가 그들의 모어에 관하여 가지

고 있는 두 가지 유형의 직관, 즉 문장의 '적격성'에 대한 직관과 문장의 '구조'에 대한 직관에 반영되고, 다시 이들 직관은 언어를 구성하고 있는 각 영역으로 세분된다 하였다.

그러므로 모어 화자들은 음운론적, 형태론적, 통사론적, 의미론적 언어 능력을 가진다고 할 수 있고, 그러한 언어 능력이 음운론적, 형태론적, 통사론적, 의미론적 적격성과 구조에 관한 직관에 반영되어 있다.


## 1.1 음운론적 언어 능력


### (1) 음운론적 적격성에 대한 직관

(2) ㄱ. <u>This</u> is a grammatical <u>sentence</u>.
ㄴ. This is <u>a</u> grammati<u>cal</u> sent<u>ence</u>.

영어를 사용하는 모든 화자들은 강세 패턴이라는 측면에서 예 2.ㄱ)의 문장의 발음은 적격하다고 느끼는 반면 2.ㄴ)로 발음하는 것은 잘못된 것임을 직관적으로 판단할 수 있다.


### (2) 음운론적 구조에 관한 직관

(3) ㄱ. black bird : 검은 새(↔흰 새)
ㄴ. blackbird  : 티티새, 울새

영어에서 'black'과 'bird'는 각기 다른 의미를 지니고 있는 어휘로 이들이 결합되는 구조에 따라 위처럼 2개의 단어를 설정할 수 있다. 먼저,

'black bird'란 연속은 단일한 음운론적 단어 - black에 제1강세가 있는 blackbird, 이는 '티티새, 울새' 등의 새의 일종) - 가 되기도 하고, black-bird의 두 개의 독립적인 음운론적 단어 - 흰 새, 검은 새 등에 대립하는 - 가 될 수 있음을 직감할 수 있다.


## 1.2  형태론적 언어 능력


### (1) 형태론적 적격성에 대한 직관


    (4) ㄱ. van  → vans
       ㄴ. can  → cans
       ㄷ. *man → mans


    (5) ㄱ. 나는 철수에게 책을 반납했다.
       ㄴ. *나는 학교에게 책을 반납했다.


영어의 모어 화자들은 4.ㄱ)과 4.ㄴ)처럼 단어의 복수 형태를 위해 '-s'를 첨가한다는 것을 그러나 4.ㄷ) 단어의 복수에는 형태가 다른 'men'을 사용한다는 것을 아는 직관적 언어 능력이 있다.

마찬가지로 국어를 모어로 사용하는 화자들은 5.ㄱ)과 5.ㄴ)의 문장 쓰임에서 어느 문장이 문법적으로 옳고 그릇된 것인지를 분명히 알고 있다. 즉 부사격 조사 '-에게'가 유정 명사인 '철수'와 결합할 때 그리고 무정 명사인 '학교'에 결합할 때, 후자의 쓰임이 어색하다고 느끼는 것은 바로 국어의 언어 질서를 알고 있다는 것을 방증하는 것이다. 결국 언어 사용자들은 단어 형태에 대한 언어학적 능력을 잠재적으로 지니고 있다.

## (2) 형태론적 구조에 대한 직관

(6) ㄱ. overload, overplay, overwork
    ㄴ. 나무, 놀이, 꽃밭

이들은 다음과 같은 구성 요소들의 결합으로 이루어진 어휘 구조이다.

(7) ㄱ. over + {load, play, work}
    ㄴ. 나무, 놀+이, 꽃+밭

이와 같이 6.ㄱ)의 단어와 6.ㄴ)의 단어 구조가 어떠한 지를 알 수 있다는 것은 우리가 단어의 형태론적 구조에 대한 직관적인 언어 능력을 가지고 있다는 것을 의미한다.

## 1.3 통사론적 언어 능력

## (1) 통사론적 적격성에 관한 직관

(8) ㄱ. 철수는 밥을 먹었다.
    ㄴ. *먹었다. 밥을 철수는

국어 문장의 정상적인 어순이 인구어와 달리 '주어+목적어+서술어'임을 우리는 알고 있다. 따라서 8.ㄱ)의 예문과 달리 8.ㄴ)의 문장이 비문임을 아는 언어적 직관을 가지고 있다.

## (2) 통사론적 구조에 대한 직관

    (9) ㄱ. 철수는 물을 마셨다.
        ㄴ. 철수는 빵을 먹었다.
        ㄷ. 철수는 물을 마시고, 빵을 먹었다.

9.ㄷ)의 구조가 9.ㄱ)과 9.ㄴ)의 두 문장으로 이루어져 있다는 사실을 아는 것은 그다지 어렵지 않다. 이처럼 한 문장을 이루는 구성 요소들을 분석할 수 있는 것도 통사 구조에 대한 언어 능력을 지니고 있기 때문이다.

# 1.4 의미론적 언어 능력

## (1) 의미론적 적격성에 관한 직관

    (10) ㄱ. 나는 영희가 아프다고 생각했지만 그것이 사실이 아님이 판
           명되었다.
        ㄴ.*나는 영희가 아프다고 깨달았는데 그것이 사실이 아님이 판
           명되었다.

10)의 예문은 의미적으로 타당한 문장(10.ㄱ)과 그렇지 못한 문장(10.ㄴ)이다. 이러한 구분 능력 역시 화자의 언어 능력에 포함되는 것이다.

## (2) 의미론적 구조에 관한 직관

> (11) ㄱ. 나는 그가 회사의 사장님임을 알았다.
>     ㄴ. 그는 회사의 사장님을 기다리고 있었다.

11)의 두 예문은 모두 의미적으로 적격한 문장이다. 그러나 의미 구조에 있어서 차이가 있다. 즉 11.ㄱ)의 '그'는 '사장님'을 지시함에 반해, 11.ㄴ)에서는 그렇지 않음을 알 수 있다.

따라서 변형 생성 문법에서는 각 모어 화자들이 지니고 있는 언어 능력(음운론적, 형태론적, 통사론적, 의미론적)을 객관적이고도 명시적으로 나타내는 것을 그 목표로 한다. 즉 그 언어의 무한 집합의 적격한 문장 – 구조를 생성하는 유한한 규칙의 체계를 포함하고, 개별 문법을 고안하는 언어학자의 임무는 그 언어의 무한 집합의 적격한 문장을 생성할 수 있는 문장 – 형성, 해석, 그리고 발음 규칙의 유한한 체계를 형식화하는 것이다.

## 2  변형(變形)과 생성(生成)

변형 생성 문법이라는 용어에는 이 문법의 중요한 요소인 '변형'과 '생성'의 양면이 전제하고 있음을 알 수 있다. 즉 변형적임과 동시에 생성적이라는 것이다. 먼저 변형이란 용어의 출현 배경에 대해서 알아보기로 하자.

기존의 문법 체계에서는 한 문장을 여러 구성 요소로 나누고, 그 구성 요소의 차이에 의해 다른 문장과의 관계를 설명해 왔다. 예를 들면 다음과 같다.

(1)  John like $\begin{bmatrix} \text{-s} \\ \text{-d} \end{bmatrix}$ Mary

  예문 1)은 두 개의 문장인 'John likes Mary'와 'John liked Mary'를 나타내는 것으로, 이들 문장은 현재 형태소와 과거 형태소의 결합에 따른 차이라고 설명할 수 있다. 그러나 영어에서는 이러한 관계식으로 처리할 수 없는 문장이 많다. 다음을 보기로 하자.

(2) ㄱ. John saw Mary
    ㄴ. Mary was seen by John.

  위의 두 문장 사이의 관계는 능동문과 피동문의 관계로 맺어졌다. 그러나 이 두 문장 사이의 관계를 예문 1)과 같이 단순한 형태소의 차이에 의한 것으로 설명할 수는 없다. 먼저 기술적 차원에서 두 예문을 분석하면 다음과 같다.

(3) ㄱ. John이 동사 앞에 오고, Mary가 동사 뒤에 온다.
    ㄴ. Mary가 동사 앞에 오고, John은 동사 뒤에 오며 그 앞에
       by를 수반한다.

  이러한 설명은 두 문장의 관계에서는 타당한 설명을 갖추었다고 할 수 있다. 그러나 이러한 방식으로 다른 문장들의 규칙을 정할 수 없다. 만약 문법이 개별적인 문장 문장들에 대한 이러한 기술로 이루어진다면 전적으로 무의미한 것이 되고 만다. 따라서 우리에게 필요한 것은 모든 능동문을 문법적으로 타당한 수동문으로 어떻게 변화시킬 것인가?에 대한 답변이다. 이러한 문제에 대해 개별 문법들은 명시적인 규칙 체계를

지니고 있어야 한다. 즉 다음과 같다.

> (4) 능동문 주어의 위치를 바꾸고, 수동문의 두 번째 명사구 앞에 by
> 를 삽입하는 동시에 능동사를 수동사로 바꾸어야 한다.

4)와 같은 이러한 과정을 Chomsky는 변형(變形)이라 하는데, 간단히 한 문장을 다른 문장으로 전환시키는 절차라 할 수 있다. 다음과 같다.

> (5) ㄱ. NP1 - Aux - V - NP2
> ㄴ. NP2 - Aux+be+en - V - by+NP1

다음은 변형에 따르는 두 번째 특성, 즉 생성(生成)에 대해 간단히 알아보기로 하자.

'생성한다(generate)'는 것은 어떤 것이 그 언어의 문장이 될 수 있는가를 예언(豫言)한다는 의미로, 그 언어의 가능한 문장이 어떤 것인가를 정확하게 명시(明示)한다는 것이다.

이는 문법 체계가 어떤 언어에서 일어난 또는 일어날 수 있는 모든 문법적인 문장만을 만들어내야 한다는 뜻으로, 우리가 문법의 규칙과 약정을 따를 때 그 언어의 가능한 문장의 전부 내지 어떠한 문장도 만들어낼 수 있도록 꾸며져야 함을 의미한다.

## ❸ 언어(言語)의 구조(構造)

변형 생성 문법은 모든 문장을 두 개의 층위로 된 구조물로 파악하고 있다. 즉 문장의 '표층 구조'(表層構造 ： surface structure)는 구체적이고 실제적인 관찰이 가능한 언어 층위를 의미하고, '심층 구조'(深層構造 ： deep structure)는 추상적이고 이론적인 양상을 띠는 언어 층위를 가리킨다.

> (1) ㄱ. Yesterday it snowed.
>     ㄴ. It snowed yesterday.

> (2) ㄱ. 할머니께서 철수에게 용돈을 주셨다.
>     ㄴ. 철수에게 할머니께서 용돈을 주셨다.
>     ㄷ. 할머니께서 용돈을 철수에게 주셨다.
>     ㄹ. 용돈을 할머니께서 철수에게 주셨다.

예문 1)과 2)의 문장들은 형태소들의 결합 순서만 다를 뿐 동일한 형태소의 결합으로 이루어졌다. 이처럼 실제로 표현된 개별적인 문장 구조를 표면 구조라 한다.

한편, 이들 문장들은 겉으로는 다른 표현으로 나타났지만 실제 이들 문장들은 모두 의미적으로는 동일하다는 것을 쉽게 알 수 있다. 이를 심층 구조라 한다. 그리고 이 두 구조들은 통사 규칙이라는 연결 고리에 의해 서로 긴밀한 관계를 맺고 있다. 이들의 관계를 다음과 같이 정리할 수 있다.

(3)

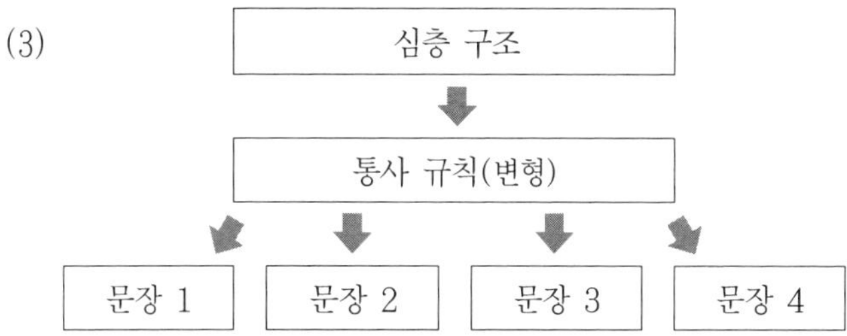

한 문장의 구조를 이처럼 표면 구조와 심층 구조로 분석하는 것의 장점은 바로 중의적(衆意的)인 문장의 해결에 있다 할 것이다.

(4) ㄱ. The horse is ready to ride.
     ㄴ. 나는 철수와 영희를 때렸다.

4)의 예문은 각각 하나의 표면 구조를 띠고 있지만, 사실 이들의 심층 구조는 아래에서 보듯 두 가지의 양상을 드러내고 있다.

(5) ㄱ. The horse is ready to ride (in his trailer to the track).
     ㄴ. The horse is ready (for someone) to ride.

(6) ㄱ. 나 혼자서 철수와 영희 두 사람을 때렸다.
     ㄴ. 나와 철수는 영희 한 사람을 때렸다.

그리고 이러한 중의적이고 모호한 문장들의 구조는 다음과 같다.

(7)

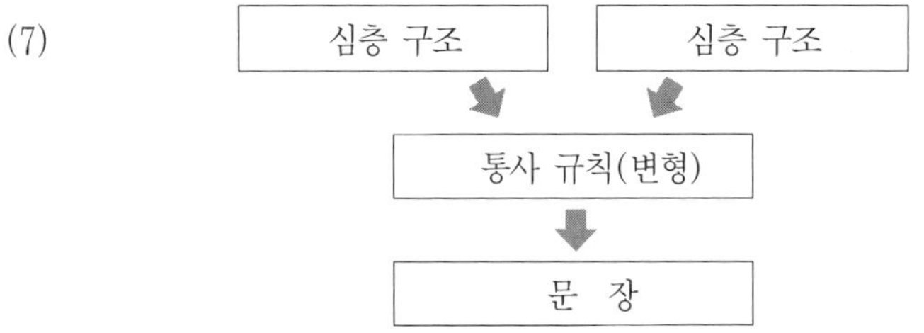


결국 의미적으로 다른 두 문장의 구조가 통사 규칙의 변형에 의해 하나의 표면 구조로 나타날 수 있다는 것이다.

# ④ 변형 생성 문법의 규칙

## 4. 1  구절 구조 규칙(句節構造規則)

변형 생성 문법은 규칙의 개념으로서 '규칙에 입각한'(rule-based) 문법으로, 변형과 생성이라는 두 측면에서 엄격한 형식상의 절차를 요구한다. 문장의 통사 구조를 밝히는 데에는 '선형 구조'와 '계층 구조' 그리고 '구성 성분 구조'에 의한 방법이 존재한다. 이러한 세 가지 통사 구조의 속성을 모두 나타내주는 변형 생성 문법의 구조를 '구절 구조 규칙'이라 한다. 이는 다음과 같은 기술적 언명을 형성하고 있다.

문장은 명사구와 동사구로 구성될 수도 있다. 동사구는 동사만으로, 또는 동사와 명사구로, 또는 동사와 전치사구로, 또는 동사와 명사구 및 전치사구로 이루어질 수 있다. 전치사구는 전치사와 명사구로 이루어질 수 있다. 명사구는 명사만으로, 또는 형용사와 명사로 또는 한정어와 명사로, 또는 한정어와 형용사 그리고 명사로 구성될 수 있다.

그리고 변형 생성 문법의 구절 구조 규칙은 아래와 같은 '다시 쓰기 규칙'으로 이루어진다.

(1) A → XY

구절 구조 규칙은 그 언어의 문장이 생성될 때까지 하나의 기호를 다른 기호 또는 몇 개의 다른 것으로 고쳐 쓴다. 이는 크게 세 부분으로 구성되어 있고, "왼쪽의 기호나 기호의 집합들을 오른쪽의 기호나 기호의 집합으로 고쳐 써라"는 의미로 해석이 된다.


## (1) 단문의 구절 구조 규칙


영어에서 한 문장(The man read a book)이 생성되는 구절 구조 규칙
의 과정을 보기로 하자. 먼저 이 문장의 '수형도'(樹型圖)는 다음과 같다.

(2)

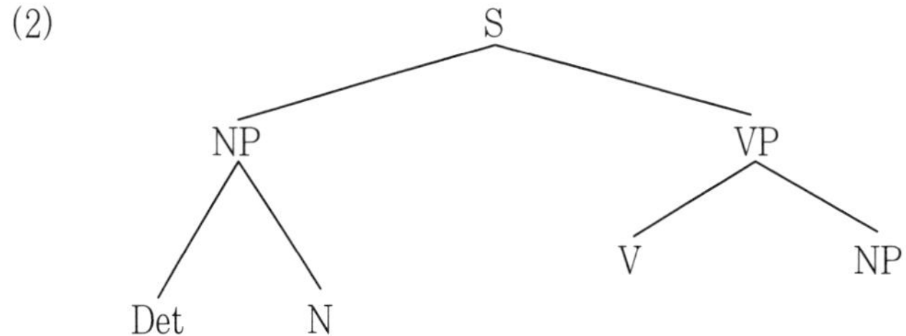


이 문장 구조는 먼저 명사구와 동사구로 이루어지고, 명사구는 한정
사와 명사의 결합으로 그리고 동사구는 동사와 명사구로 구성된다는 사
실을 알려주고 있다. 이에 따라 다음과 같은 구절 구조 규칙을 생성할
수 있다.


(3) 구절 구조 규칙(P-S rule)

$$S \rightarrow NP + VP$$
$$VP \rightarrow V + NP$$
$$NP \rightarrow Det + N$$


이 기호들의 S=문장, NP=명사구, VP=동사구, Det=한정사, N=
명사, V=동사를 의미한다.

다음은 영어 각 구들의 형성 과정에 필요한 구절 규칙에 대해 알아보
기로 한다.

 첫째, 명사구(NP)의 구절 구조 규칙을 일반화하기 위해서는 명사구의 자리에 올 수 있는 가능한 언어 요소의 모든 경우를 살펴야 한다. 다음과 같은 명사구들을 예상할 수 있다.


   (4) ㄱ. The boy
       ㄴ. The big boy


 4.ㄱ)은 영어에서 명사구는 관사와 명사의 결합으로 구성됨을 보이고, 4.ㄴ)은 명사를 수식하는 형용사가 첨가한 것으로 이 때 형용사의 결합은 수의적인 현상이다. 따라서 이 두 가지 언어 사용을 나타낼 수 있는 규칙은 5)와 같다.


   (5) NP → Det (AP) N


 그리고 영어에서 명사구는 'It' 등을 이용하여 대용할 수도 있기에 아래와 같은 또 하나의 규칙이 필요하다.


   (6) NP → Pro


 결국 영어의 명사구는 5)와 6)의 규칙에 의해 생성됨을 알 수 있다.
 둘째, 동사구(VP)의 구절 구조 규칙의 생성은 다음과 같은 4가지 구성의 형태를 나타낸다.


   (7) ㄱ. The boy <u>slept</u>.
       ㄴ. The child <u>found the puppy</u>.
       ㄷ. The woman <u>put the cake in the cupboard</u>.
       ㄹ. The child <u>laughed at the puppy</u>.

밑줄 친 동사구의 모습을 드러내고 있는 각 문장 구조에서 가장 핵심적인 문장은 7.ㄱ)으로 동사만으로 이루어져 있는 경우이다. 즉 서술부를 형성하는데 없어서는 안될 중심적인 성분이 동사이고, 이를 중심으로 나머지 성분들은 의미 전달에 필요에 의해 나타날 수도, 나타나지 않을 수도 있다. 따라서 이들을 모두 포괄할 수 있는 종합한 규칙은 다음과 같다.

(8) VP → V (NP) (PP)

그리고 복문의 경우, 영어의 동사구에는 또 다른 문장을 포함하기도 한다. 이를 위한 또 다른 규칙이 필요하게 되는데, 다음과 같이 표현할 수 있다.

(9) VP → V  S

셋째, 형용사구(AP)의 구절 구조 규칙은 한 개의 형용사를 핵심으로 해서 다른 형용사구의 결합이 가능하다. 이는 다음과 같이 규칙화할 수 있다.

(10) AP → (AP) Adj

넷째, 전치사구(PP)의 구절 구조 규칙은 모든 전치사구의 생성이 전치사와 명사구의 결합으로 나타나기 때문에 이를 아래처럼 규칙화할 수 있다.

(11) PP → P  NP

지금까지 제시한 구절 구조 규칙을 총괄하면 다음과 같다.


(12)  S  → NP VP
      NP → Det (AP) N
              Pro
      AP → (AP) Adj
      VP → V (NP) (PP)
              S
      PP → P NP


위와 같은 방법에 의해 모든 문장의 구조를 생성할 수 있게 되는데,
문장 'The large birds vanished from the lake.'의 구절 구조 규칙의
생성에 대해 알아보자.

(13)

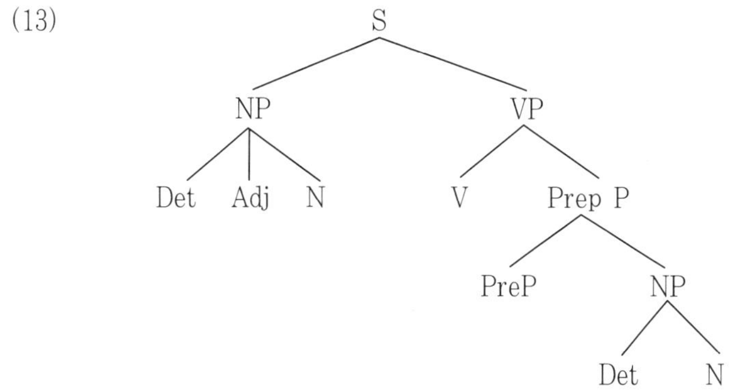

첫째 문장과 비교할 때 위의 문장은 주어 명사구의 구조, 즉 '한정사
＋명사'에서 '한정사＋형용사＋명사'라는 차이이다.  그리고 동사구에서
도 '동사＋명사구'의 구조가 '동사＋전치사구'의 구조로 다시 전치사구는
'전치사＋명사구'로, 명사구는 '한정사＋명사'라는 복잡한 구조를 지니고
있다.  그러나 기본적인 생성의 절차는 동일하다.

## (2) 복문(내포문)의 구절 구조 규칙

단순 구조의 문장과 달리 복합 구조의 문장은 문장 구조가 복잡한 만큼 생성되는 구절 구조 규칙 또한 이보다 복잡할 것이다. 복문은 내포문과 이어진 문장으로 대별되는데, 여기서는 전자를 중심으로 간단한 두 유형만을 다루기로 한다.

(14) ㄱ. John believes that Alice has flat feet.
　　 ㄴ. That Alice has flat feet surprises Bill.

14.ㄱ)은 동사구가 that 절의 명사구에 의한, 14.ㄴ)은 주어가 that 절의 명사구에 의한 구조를 드러낸다. 이들 각각의 구절 구조 규칙만을 나타내면 다음과 같다.

(15)

(16)

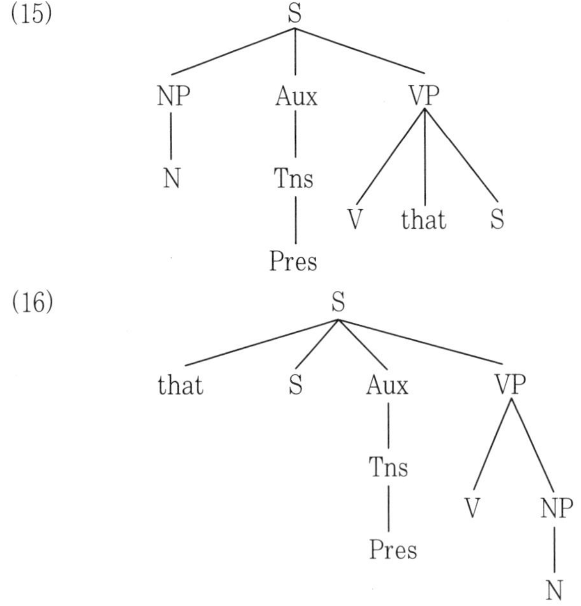

## 4.2 어휘 삽입 규칙(語彙插入規則)

구절 구조 규칙에서는 최종적인 어휘들의 삽입 과정은 이루어지지 않는다. 이 과정은 이와 별도의 규칙인 '어휘 삽입 규칙'에 의해 이루어진다. 이 규칙에 의해 어휘 요소들이 자기 자리를 차지하게 되면 한 문장의 표면 구조가 생성되게 된다. 26)의 구절 구조 규칙에 어휘 삽입 규칙을 적용한 구절 구조 수형도는 다음과 같다.

(17)
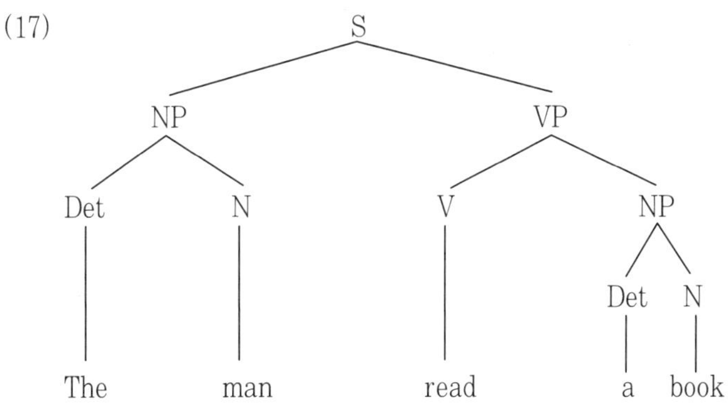

계속해서 13), 15), 16)의 최종적인 문장 생성 모습은 다음과 같다.

(18)
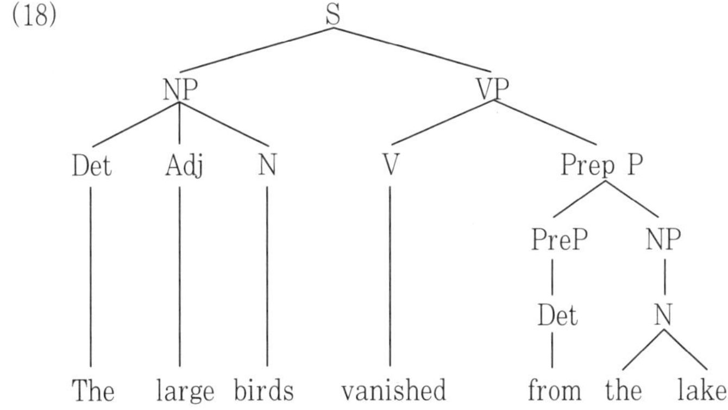

(19)

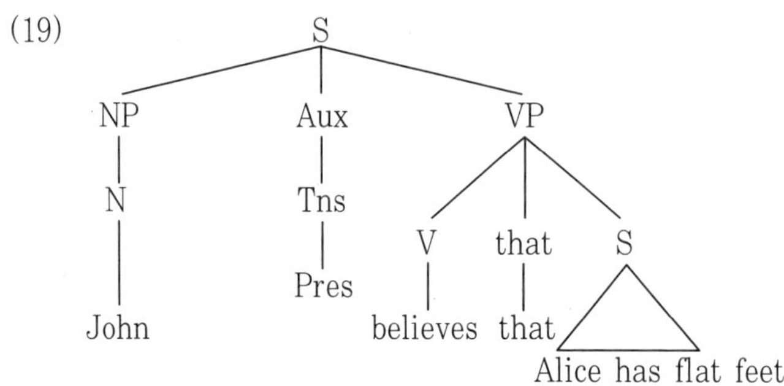

(20)

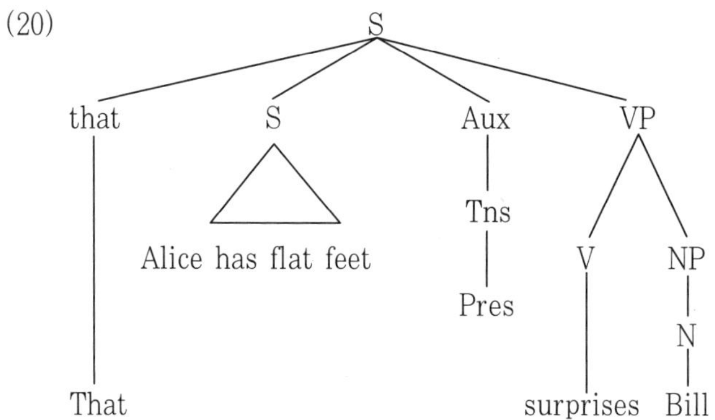

## 5 국어의 변형 생성 문법적 규칙화

국어 문장 형성의 원리에 있어서도 변형 생성 문법이 추구하는 방법
을 적용할 수 있다. 이 가운데 주어부를 형성하는 명사구의 생성 절차와
서술부의 동사구와 동사의 생성적 절차에 대해 간략히 살펴보기로 한
다.

## 5.1 명사구 구절 구조 규칙

먼저 명사구의 구성 성분에 대해 알아보자. 국어에서 생성될 수 있거나 가능한 문장들을 대상으로 명사구 자리에 나타날 수 있는 성분에는 명사 단독으로 나타나는 단순한 것에서부터 한 문장 전체가 명사구의 기능을 하기까지 복잡하다. 여기서는 규칙의 생성 과정에 초점을 두기에 간단한 두 예만을 들어 설명하고자 한다.

(1) ㄱ. 새가 운다.
ㄴ. 저 새가 운다.

(2) ㄱ. 철수가 사과를 먹는다.
ㄴ. 철수가 저 사과를 먹는다.

예문 1)의 명사구는 주어의 자리에 위치한 점에서 공통성을 가지고 있다. 반면 구성 성분에 있어 1.ㄱ)에서는 하나의 명사가 그리고 1.ㄴ)은 관형사의 수식을 받는 명사구라는 점에 차이가 있다. 서술부의 목적어 명사구도 이와 동일한 양상을 드러내고 있다. 문장의 주어 위치이든지 목적어의 위치에 오든지 국어의 명사구는 다음과 같은 규칙으로 생성됨을 알 수 있다.

(3) ㄱ. NP →      N    : 새, 사과
ㄴ. NP → Det + N : 저 새, 저 사과

즉 국어의 명사구는 가장 작게는 명사 하나만으로 이루어지지만, 경우에 따라서는 명사를 수식하는 수식언의 결합에 의해 생성되기도 한다. 그러나 가능한 규칙은 단순해야 하기에 이 둘을 하나의 규칙으로 생

성할 수 있다면 그것이 더 좋은 규칙이 된다. 이 경우 수식언은 수의적
인 요소이기에 괄호 속에 넣어 아래와 같이 표현할 수 있다.


(4) NP → (Det) + N : { 저 } 새, 사과


4)는 국어의 명사구가 생성될 수 있는 규칙 체계로서의 역할을 할 수
있다.


## 5.2 동사구 구절 구조 규칙


다음은 동사구의 생성 규칙에 대해 알아보자. 먼저 동사구의 자리에
나타날 수 있는 언어적 모형들을 살펴 보면 다음과 같다.


(5) ㄱ. 새가 운다.
　　ㄴ. 무서운 사고가 일어났다.
　　ㄷ. 눈 깜짝할 사이에 10년이란 세월이 흘렀다.

(6) ㄱ. 새가 노래를 부른다.
　　ㄴ. 명섭이가 술을 마신다.


모든 문장은 주어부(NP)와 서술부(VP)로 구성된다. 예문 5)와 6)도
예외는 아니다. 그런데 이들은 서술부의 구성에 있어 차이를 드러내고
있다. 즉 5)에서는 주어부를 뺀 나머지 서술부가 '운다, 일어났다, 흘렀
다'처럼 하나의 동사로 이루어져 있는 반면, 6)의 서술부는 '노래를 부른
다, 술을 마신다'처럼 명사구와 동사의 결합으로 구성되어 있다. 이를
다음과 나타내면 그 성격 차이가 더욱 명확해진다.

(7) ㄱ. VP →      V    : 운다, 일어났다 등
    ㄴ. VP → NP + V : 노래를 부른다 등

예 7)의 두 규칙에 의해 국어 동사구가 형성됨을 알 수 있다. 그리고 우리는 이들 규칙을 다음과 같은 하나로 규칙화할 수 있다. 앞서 살핀 것처럼 규칙의 단순화를 위해 다음과 같은 (8)의 규칙을 설정할 수 있다.

(8) VP → (NP) V

즉 서술부의 명사구는 동사 중 타동사 앞에서만 출현하기에 자동사가 쓰이는 자리 앞에서는 수의적인 출현 양상을 드러낸다. 따라서 8)과 같이 규칙화할 수 있다.

그렇다면 국어의 동사구는 이러한 규칙만으로 해결이 다 되는 것일까? 만약 국어 문장의 서술부가 예시한 형태들만 출현한다면 합리적이고 타당한 규칙으로 자리잡을 수 있겠지만 눈을 돌려 생각해보면 그렇지 않음을 쉽게 알 수 있다.

국어에서 동사구의 모습은 또 다른 성분들의 결합으로 나타나기도 하는데, 아래의 예문을 보자.

(9) ㄱ. 규진이가 우편물을 우체통에 넣었다.
    ㄴ. 명섭이가 준재에게 책을 선물했다.
    ㄷ. 나는 학생들에게 언어를 가르친다.

위의 예문들은 동사만으로 구성된 서술부와 그 성격을 달리하고 있다. 명사구와 결합한 서술부의 모습을 띤다는 점에서 6)과 동일하지만, 이 역시 결합하는 명사구의 성격에 차이가 나타난다. 즉 6)과 달리 9) 예문의 서술부에는 또 다른 명사구의 결합이 필수적이라는 것이다. 즉

동사가 직접 목적어 및 간접 목적어와 결합하여 서술부의 역할을 하고 있다.

따라서 지금까지 세웠던 동사구의 규칙 8)은 9)와 같은 문장들을 생성할 수 없게 되어, 규칙의 수정이 불가피하게 된다. 이 세 가지의 경우를 다 생성할 수 있는 최종의 규칙으로 재생산된다.

(10) VP → (NP) (NP) V

동사구를 형성하는 유형 가운데 직접 목적어와 간접 목적어의 결합은 특수한 용언에 해당하는 수의적인 현상이기 때문에 이 역시 괄호 속으로 묶는다면 10)과 같이 간단한 규칙을 생성할 수 있다.

끝으로 용언 단독으로 동사구를 형성하는 경우 동사의 구성 성분에 대해 알아보기로 하자. 문장의 서술부에서 목적어를 뺀 나머지 부분이 동사이다. 그런데 이러한 동사의 역할을 하는 유형에도 여러 가지가 있을 수 있다. '먹다'의 경우를 보자.

(11) ㄱ. 철수가 밥을 먹다.
　　 ㄴ. 철수가 밥을 먹었다.
　　 ㄷ. 철수가 밥을 먹겠다.

예문 11)은 '철수가'라는 주어부와 '밥을 먹다, 밥을 먹었다. 밥을 먹겠다'는 서술부로 이루어진 문장 구조이다. 그리고 서술부들은 다시 목적어 '밥을'과 동사 '먹다, 먹었다, 먹겠다'로 이루어져 있다. 마지막의 동사의 구성요소들을 분석해보면 '먹＋다, 먹＋었＋다, 먹＋겠＋다'인데, 각각의 규칙으로 나타내면 다음과 같다.

(12) ㄱ. V → Vs + Se : 먹다

ㄴ. V → Vs + T + Se : 먹었다, 먹겠다

'먹다'는 동사 어간에 어말 어미가 결합한 형태이고, 나머지는 동사 어간에 선어말 어미 그리고 어말 어미의 결합으로 이루어진 형태이다. 결국 동사구의 유형 가운데 가장 핵심적인 부분이 어간에 어말 어미가 결합하는 형태이기에 나머지를 수의적인 성분으로 보아 규칙화하면 다음과 같다.

(13) V → Vs + (T) + Se

규칙 13)에서 'T'는 'Tense'의 약자로 선어말 어미를 지칭하는데, 이에는 과거(past), 현재(present), 미래(future)가 있다. 그리고 Se는 'sentence ending'의 약호로 서술형 어미(declarative), 의문형 어미(interrogative), 명령형 어미(imperative), 청유형 어미(propositive) 등이 있다.

# 제 **7** 장  의미론(意味論) - 1

언어학의 하위 분야인 '의미론'은 명칭 그대로 언어의 의미에 대한 여러 가지 사실을 연구하는 과학이다. 음성을 형식으로 한 언어의 내용적 측면인 의미는 의사 소통의 핵심적인 부분을 차지하는 것으로 당연히 언어 연구의 중심 대상이 된다.

언어 연구는 과학적인 경험을 통한 규칙의 발견이라는 점을 그 특징으로 하는데, 언어의 구성 요소인 '음운'이나 '문법' 등이 관찰이 용이한 구체성을 띠고 있어 일찍부터 언어학자들에 의해 연구되어졌다. 그러나 언어의 의미란 인간의 머리 속에 내재해 있는 추상적이고 심리적인 그 무엇이므로 경험적 관찰이 쉽지 않기에 의미론이라는 학문이 독립적으로 자리 매김을 하게 된 것은 최근에의 일이다. 특히 언어의 의미 영역이 인간 내면 심리를 반영하고 있다는 변형 생성론자들의 주장과 함께 이에 대한 활발한 연구가 진행되기 시작하였다.

본 장에서는 의미론의 중심 대상인 '의미'의 정의로부터 출발하여 의미론의 발달 과정과 종류 및 의미의 유형에 초점을 두어 고찰하기로 한다.

# ① 의미론과 의미

## 1.1 의미론의 성격 및 영역

의미론(意味論 : semantics)은 원래 '기호(記號), 신호(信號)'를 뜻하는 희랍 명사 sema와 그 동사인 '신호하다, 의미하다'인 semaino를 그 어원으로 하는 개념이다.

언어란 말소리와 의미 사이의 대응 관계를 맺어주는 규칙 체계라 하였다. 그와 같은 규칙들의 체계를 밝혀 나가는 작업으로서 우리는 음운 구조와 통사 구조에 대해 앞에서 살펴보았다. 이 외 언어학의 구조를 이루고 있는 중요한 요소에 의미 구조가 있는데, 이를 연구하는 분야가 의미론이다.

언어학의 총체적 위치에서 이 의미론이 차지하는 영역에 대해 영국의 저명한 의미론 학자인 Ullmann은 언어를 구성하는 세 가지 언어 단위를 들고 그 기능과 그에 관한 학문을 다음과 같이 제시하고 있다.

(1) Ullmann의 의미관

| 물리적 분석<br>(physical analysis) | 음운<br>(phoneme) | 식별<br>(discrimination) | 음운론<br>(phonology) |
|---|---|---|---|
| 의미 분석<br>(semantic analysis) | 어<br>(word) | 의미<br>(signifying) | 어휘론<br>(lexicology) |
| 관계 분석<br>(relational analysis) | 어절<br>(syntagma) | 관계전달<br>(conveying relation) | 통사론<br>(syntax) |

그리고 그는 언어학의 여러 국면을 종합하여 기호 기능, 형식·의의

및 연구법이라는 삼차원적 기준에 따라 언어학의 세 국면을 설명하고 있는데, 이를 Ullmann's Cabinet이라 한다.

(2) Ullmann's Cabinet

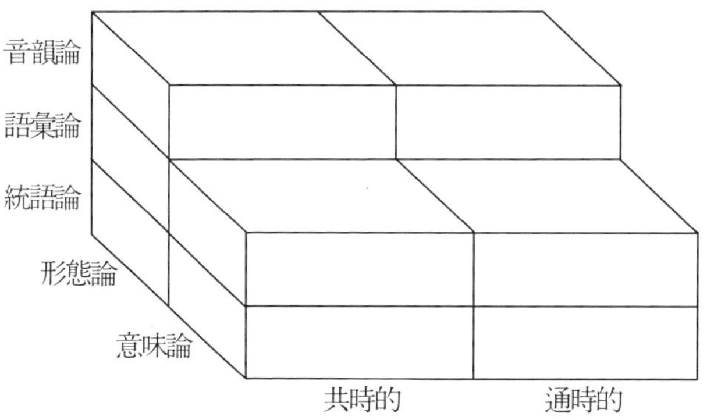


이에 의하면 의미론은 어휘 부분과 통사 부분에 따르는 연구 방향이 있을 수 있으며, 연구 방법론적인 측면에서 각각 공시적 및 통시적 연구가 가능하다. 이것을 알기 쉽게 도시하면 다음과 같다.

(3)

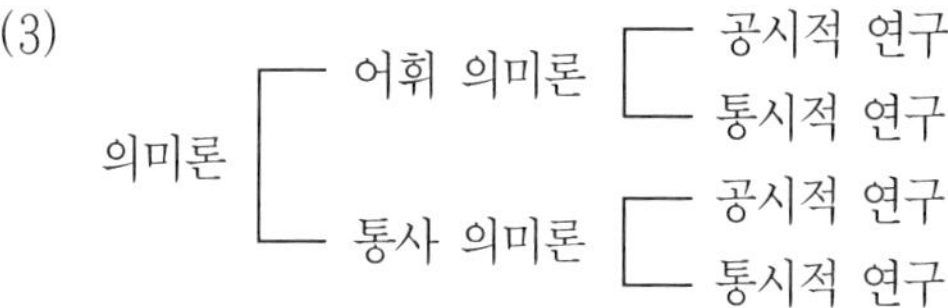


여기에 최근 들어 화용론의 발달에 힘입어 문장 단위를 벗어나는 '발화'의 의미에 대해서도 많은 연구가 진행되고 있다. 결국 언어의 내용면을 다루는 의미론에서 다룰 수 있는 영역은 첫째, 어휘 자체의 의미에 관한 것, 둘째, 의미를 지닌 각각의 형태소들이 결합하여 형성한 문장 단위의 의미에 관한 것, 마지막으로 발화 단위의 의미에 관한 것으로 크

게 설정할 수 있을 것 같다.


## 1.2 의미론의 유형 및 발달 과정


### (1) 의미론의 유형


언어의 의미와 의미 구조를 밝히는 의미론의 접근 방법으로 크게 세 가지를 들 수 있다.

첫째, 형식 의미론(形式意味論 : formal semantics)으로 주로 자연 언어를 기호화하여 다루는 분석 철학자나 논리학자들에 의해 주도되는 의미론이다. 이는 삼단 논법과 같은 논증의 단위인 명제나, 문장의 진(眞)과 위(僞)를 따지게 되는 진리 조건 및 함의 관계를 규명한다.

둘째, 일반 의미론(一般意味論 : general semantics)으로 언어를 인간의 사고와 행동에의 영향 관계로 다룸으로써 형식 논리 체계의 약점을 극복하여 언어 병리학적 차원에서 언어 사용의 건전성을 추구하는 의미론이다.

셋째, 언어학적 의미론(言語學的 意味論 : linguistic semantics)으로 최근 들어 단어, 문장, 발화의 의미를 심층적으로 다루는 어휘 의미론이나 문장 의미론의 발전에 기여한 바가 크다. 특히 문장 의미론을 다룸에 있어 변형 문법의 3대 유파, 즉 '격문법, 해석 의미론, 생성 의미론'을 탄생시키기도 하였다.

이들은 문장의 심층, 표면 구조 중 어느 층위가 의미 구조를 드러내는 지에 따라 구별되는데, 격문법과 생성 의미론에서는 심층 구조가 문장의 의미를 나타낸다고 보고 있다. 그러나 해석 의미론에서는 표층 구조가 의미를 드러낸다는 점에 차이가 있다.

이상과 같은 세 유형의 접근 방법 중에 언어학적인 관심을 받는 것은 당연히 세 번째 유형의 언어학이다. 그런 측면에서 언어학적 의미론에 의해 탄생된 이들 변형 문법들이 문장의 의미를 어떻게 다루고 있는 지에 대해 구체적으로 살피기로 하겠다.


## (2) 의미론의 발달 과정


### 1) 해석 의미론

해석 의미론(解釋意味論)은 의미 해석의 구조가 어디냐에 따라 다음과 같은 일련의 수정 과정을 거치게 된다.

첫째, 표준 이론(標準理論 : standard theory)으로 변형 생성 문법의 의미 해석이 통사부의 기저에서 출발하여 심층 구조의 의미부를 거쳐 표면 구조의 음운부로 나올 때 심층 구조에서 결정된다는 것이다.

둘째, 확대 표준 이론(擴大標準理論 : extended standard theory)으로 표준 이론과 달리 표층 구조에서도 문장의 의미를 결정하는 정보가 얻어진다 하여 표준 이론의 미비점을 보완하기 위해 수정한 이론이다. 즉 문장의 심층 구조에서는 기본적인 문법 관계가 밝혀지는 것이고, 표층 구조에서 '강세, 주제, 수량사' 등에 의한 의미가 부여된다 하였다. 다음의 예를 보자.

(4) 영자는 순이를 놀렸다.

(5) ㄱ. 순이를 놀린 사람은 다른 사람이 아닌 영자다.
    ㄴ. 영자가 놀린 사람은 다른 사람이 아닌 순이다.
    ㄷ. 영자는 순이를 때리지 않고 놀렸다.

문장 4)는 '주어-목적어-서술어'의 구조로 되어 있다. 이를 어디에 초점 내지 강조를 두느냐에 따라 보기 5)와 같이 세 가지의 다른 문장 의미가 나타나는데, 이러한 강세는 문장의 표층 구조에서만 드러나고 있다.

이해를 돕기 위해 G. Leech(1981)가 제시한 모형도를 보이면 다음과 같다.

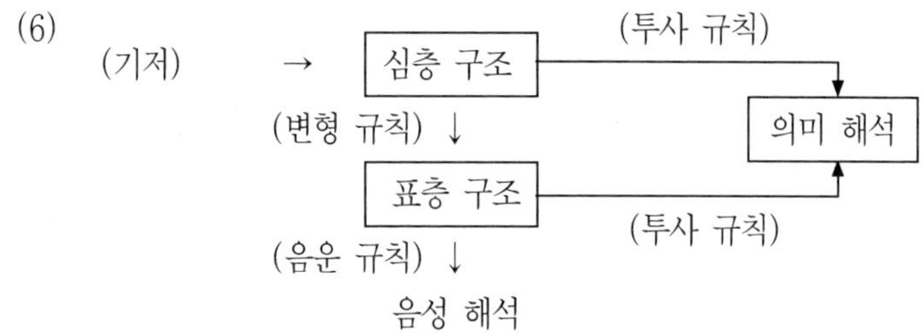


셋째, 수정 확대 표준 이론(修正擴大標準理論 : revised extended standard theory)으로 문장의 의미 결정이 주로 표층 구조에서 이루어진다는 점에 수정을 가하였다.

확대 표준 이론으로 의미 해석이 한층 더 혼란스러워졌다는 문제를 해결하기 위해 심층 구조의 의미 정보까지를 포함하여 의미 해석을 표층 구조만으로 한정하려는 흔적 이론의 출현과 더불어 잡다한 변형 규칙을 없애고 $\alpha$이동이라는 단일 이동 규칙만을 두며, D-구조에 이 규칙을 적용함으로써 나온 S-구조를 의미와 발음의 입력으로 보았다. 수정 확대 표준 이론의 모형은 다음과 같다.

(7)

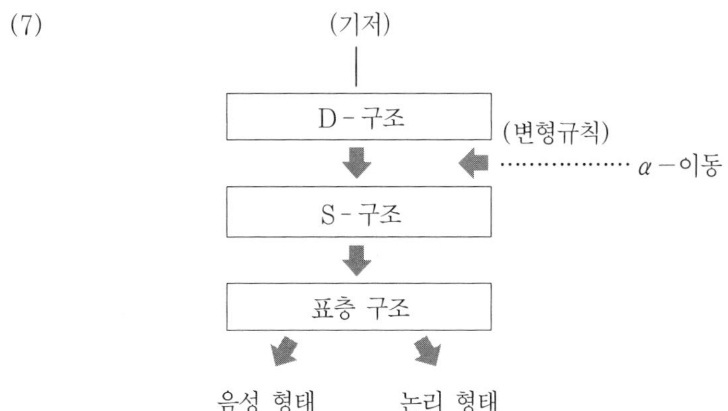


　이상과 같이 해석 의미론은 의미 해석의 구조를 표층, 심층 중 어디에 두느냐 또는 이들 양면 구조에 두느냐에 따라 일련의 수정 과정을 거친 의미론이다.


## 2) 격문법

　격문법(格文法 : case grammar)은 1960년대 말, Aspects 모형의 심층 구조가 다른 영역으로부터 공격을 받게 되자, Fillmore(1968)에 의해 개발된 문법 모형으로, 이 문법의 두드러진 특징은 가장 깊은 층위에서 문장이 동사와 무순의 일련의 '의미역'(thematic role) — 그는 이를 보편적 용어를 사용하여 '격'(case)이라 불렀다 — 으로 구성되어 있다는 이론이다. 그는 다음과 같은 격을 설정하고 있다.


　(8) 행위자(AGENT, A) : 사건의 유발자
　　　대행위자(COUNTERAGENT, C) : 실행되는 행동에 대항하는 힘
　　　　또는 저항
　　　대상(OBJECT, O) : 움직이거나, 변하거나, 혹은 위치나 존재가
　　　　고려되는 실체

　　결과(RESULT, R) : 행동의 결과로 존재하는 실체
　　도구(INSTRUMENT, I) : 사건의 자극이나 직접적 원인
　　근원(SOURCE, S) : 어떤 것이 움직임을 시작하는 위치
　　목표(GOAL, G) : 어떤 것이 움직여 가는 장소
　　경험자(EXPERIENCER, E) : 경험을 수용하거나 행동의 결과를
　　　겪는 실체(전에는 "여격(Dative)"이라 불리웠다).
　　장소(LOCATIVE, L) : 동사가 나타내는 상태나 행동의 위치적
　　　기점을 나타내는 격

Fillmore가 제창한 격문법은 통사 구조의 근거를 찾기 위해 의미에 의존하고, 그 결과 통사 구조의 가장 깊은 층위인 심층 구조가 의미 구조를 나타낸다 하였다. 따라서 이는 뒤에서 살필 생성 의미론자의 방법론과 유사하다 할 것이다.

　　(9) ㄱ. 철수는 사과를 먹었다.
　　　　ㄴ. 철수는 칼로 사과를 깎았다.

　예문 9)의 각 명사항의 성분들은 모두 서술어 '먹었다, 깎았다.'와 의미 관계를 맺고 있다. 즉 9.ㄱ)의 '철수'는 '먹었다'의 행동 주체 및 동작주라는 의미, '사과'는 서술어의 대상이라는 의미 관계가 전제되어 있다. 그리고 9.ㄴ)의 '칼'은 도구라는 의미격을 부여받게 된다. 결국 이러한 의미의 부여가 심층 구조에서 일어나는 것이라 하고, 이를 다음과 같이 도표화하였다.

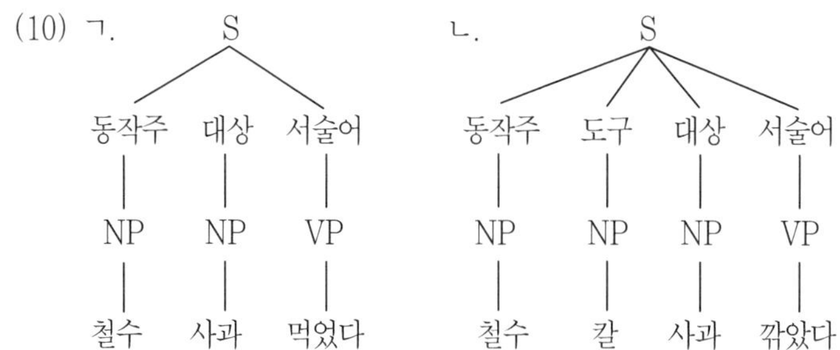

그에 따르면, 격문법의 모형은 의미면에서 가장 두드러진 장점을 가지게 된다. 즉 Aspects 이론은 심층 구조가 의미 해석의 적절한 기저 구조라고 주장하지만, 사실 그렇지 않다. 아래의 예를 보기로 하자.


(11) ㄱ. The door opened
    ㄴ. John opened the door
    ㄷ. The wind opened the door
    ㄹ. John opened the door with a chisel


11)에서 각각 명사구 'the door'는 동사에 대해 똑같은 의미 관계를 갖고 있다. 그러나 그 문법적 기능이 11. ㄱ)에서는 주어로, 11. ㄴ-ㄹ)에서는 심층 구조의 목적어로 인식된다. 반대로 11. ㄱ)의 'the door', 11. ㄴ-ㄹ)의 'John', 11. ㄷ)의 'wind'는 모두 동사에 대해 다른 의미 관계를 나타내고 있지만 Aspects 모형에서 모두 심층 구조의 주어로 취급될 것이다. 반면 격문법에서는 이러한 관계를 명쾌하게 포착할 수 있다. 'open'은 의무적으로 대상을, 수의적으로 행위자/도구를 취하는 동사이다. 따라서 가장 깊은 통사 층위에서 적합한 의미적 정보가 직접 제시된다.

그러나 격문법 역시 생성 의미론자들의 비판을 받게 되면서 확고한

문법 모형으로 자리를 잡지 못했지만, 오늘날 문법 이론의 체계에 중심
적 역할을 하고 있는 의미역의 중요성을 부각시켰다는 업적은 높이 평
가되어야 할 것이다.

### 3) 생성 의미론

생성 의미론(生成意味論 : generative semantics) 역시 격문법과 마찬
가지로 의미를 심층 구조의 층위에서 해결하려는 것이다. 그러나 격문
법과 다른 점은 서술어의 의미에 대한 부분이다. 즉 전자에서는 명사구
의 의미만을 드러낼 뿐 서술부의 의미에 대해서는 아무런 정보를 주지
않지만 후자에서는 이 문제를 해결하기 위해 서술부의 의미 분석과 그
결과를 반영한 심층 구조를 설정하고 있다.

따라서 의미란 어느 중간 과정에서 해석될 성질의 것이 아니고 통사
부의 기저에서 생성되는 것이며, 이것이 바로 표면 구조의 음운 구현으
로 실현된다고 보는데, 다음과 같다.

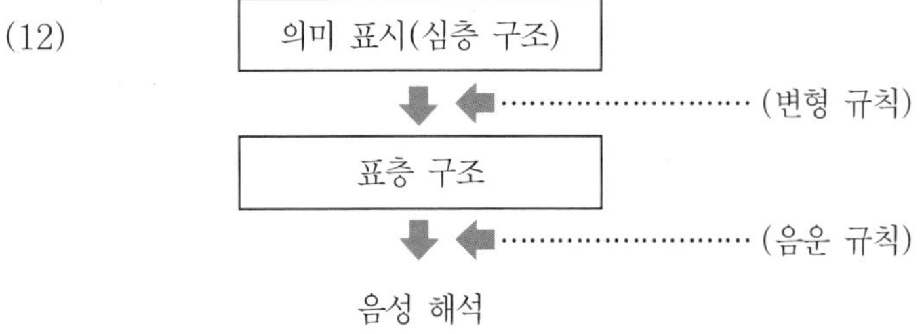


결국 격문법과 생성 의미론 그리고 해석 의미론의 변형 문법의 체계
에서는 의미 부분을 어디와 결부시키느냐에 따라 이들 영역이 구분된
다. 즉 문장의 통사 구조인 표층 구조에 의해 문장의 의미를 해석하는
해석 의미론과 심층 구조에 모든 의미 표현이 내포되어 있다는 생성 의
미론의 구분이 가능하다.

### 4) 화행 의미론

우리는 살아 있는 언어의 의미를 포착하여 기술하기 위해 우리가 사용하는 어휘 단위나 문 또는 단락의 의미가 고정되어 있지 않고 그것이 놓이는 맥락에 의해 여러 가지로 다르게 나타날 수 있다는 데에 관심을 기울이지 않으면 안 된다.

이러한 차원에서 문장의 의미를 밝히려는 언어학자의 연구도 고정된 문맥에서의 의미만을 연구할 것이 아니라 어떠한 한 문장이 쓰여진 특별한 문맥 상황을 고려한 의미 연구가 활발하게 진행되고 있다. 실제 상황이 따르지 않은 문장 내지 발화는 있을 수 없듯이 의미의 문제를 발화 장면의 언어적·상황적 맥락 안에서 발화자의 의도적 의미에 초점을 맞추는 분야가 '화행 의미론'(話行意味論 : speech-acts semantics)이다.


## 1.3  의미란 무엇인가?


우리가 어떠한 학문을 연구할 때에는 연구할 대상에 대한 기본적인 이해에서부터 출발하듯이 우리의 논의도 의미론의 주된 연구 대상인 '의미'에 대한 이해로부터 출발한다. 그러나 의미에 대한 관심은 철학자들을 중심으로 수천 년 동안 지속되어 왔음에도 불구하고, '의미의 의미'를 물었을 때 과연 우리는 무엇이라 이야기할 수 있는가? 일찍이 이 문제에 대해 Ogden & Richards(1923)에서는 아래와 같이 16가지를 제시하였다.

(13) 의미의 의미

A  1. 내재적 특성
   2. 다른 사물에 대한 독자의 분석 불가능한 관계
   3. 사전의 단어에 첨가된 다른 단어들
   4. 말의 내포
   5. 본질
   6. 대상에 투사된 활동
   7. (a) 지향된 사건 (b) 의사
   8. 어떤 체계내의 사물의 장소
   9. 사물이 우리들의 장래의 경험에 남기는 실재적 결과
  10. 진술에 둘러 쌓인, 또는 포함된 이론적 결과
  11. 사물에 의해 야기된 정서
B 12. 선택된 관계에 의해 실제적으로 기호와 연결된 것
  13. (a) 자극의 기억에 미치는 효과. 얻어진 연상 (b) 기억에
      미치는 어떤 영향이 타당한 다른 어떤 사건 (c) 기호가 관
      계된다고 해석되는 것  (d) 사물이 암시하는 것
  상징의 경우
      상징의 사용자가 실제로 가리키는 것
  14. 상징의 사용자가 의당 가리키고 있으리라고 보는 것
  15. 상징의 사용자가 가리키고 있다고 믿는 것
  16. 상징의 해석자가
      (a) 가리키는 것
      (b) 자신이 가리키고 있다고 믿는 것
      (c) 사용자가 가리키고 있다고 믿는 것


이처럼 언어 이론에서 의미는 가장 애매하고 논란이 많은 용어 중의
하나로 학자마다 나름대로 정의를 내리고 있지만 아직까지 '의미는 무엇
이다'라는 명확한 정의를 내리는 일이 쉽지만은 않다. 다음은 의미의 정
의에 대한 대표적인 몇 가지 견해를 살펴기로 한다.

## (1) 지시설

　지시설(指示說 : referential theory)은 언어 표현의 의미를 그 표현이 지시하는 실재 세계의 구체적 대응물이라 설명한다. 곧 어휘의 의미는 사물 그 자체와 동일한 것이다. 이는 언어와 세계가 직접적인 관계를 형성한다고 보고, 언어 표현의 의미를 그것과 세계와의 대응 관계 속에서 파악하고 있다. 간단한 예를 들어보면, '사과, 배, 감' 같은 과일이나 '개, 소, 말' 같은 단어들의 의미는 현실 세계에 존재하는 객관적 대상물 그 자체인 것이다.

　의미를 그것이 지칭하는 객관적인 대상물로 간주하는 지시설은 나름대로 타당성이 있다. 즉 지시 대상이 분명하거나 가리키는 대상물이 하나뿐인 고유 명사의 경우, 지금까지 애매하고 감각적으로 확인이 불가능한 것으로 인식해 온 '의미'를 명확하게 정의내릴 수 있다는 큰 매력이 있다.

　그러나 지시설의 가장 큰 약점은 동일한 지시 대상을 나타내는 둘 이상의 언어 표현의 의미를 어떻게 정의내릴 것인가 하는 문제이다. 이 설에 의하면 '세종대왕 : 한글의 창제자'는 한 인물이기에 동일한 의미로 사용된다. 그러나 분명 이 두 표현의 의미를 같다고 할 수 없다. 또한 구체적 대상이 없는 '사랑, 믿음, 추억' 같은 추상적인 단어들의 의미를 어떻게 정의내릴 것인가가 가장 큰 문제이다.

## (2) 개념설

　개념설(槪念說 : conceptual theory)은 의미를 심리적인 존재로 파악하려는 것으로, 언어와 사고가 긴밀하게 연결된다는 전제 아래 Saussure와 Ogden & Richards 등에 의해 제시되었다. 소쉬르는 언어 기호가

'청각 영상'(聽覺映像 : acoustic image)과 '개념'(概念 : concept) 즉, 시니피앙(signfiant)과 시니피에(signfié)의 결합으로 이루어진다 하였다.

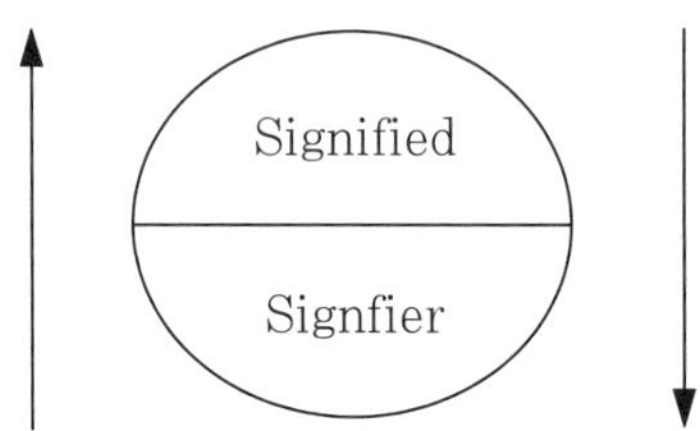


이에 따르면, 국어의 '나무, 사람' 등의 단어들은 〔namu〕, 〔saːram〕의 청각 영상과 '木, 人'의 개념의 결합으로 이루어지고, 이것들이 상호 환기 관계로서 성립한다.

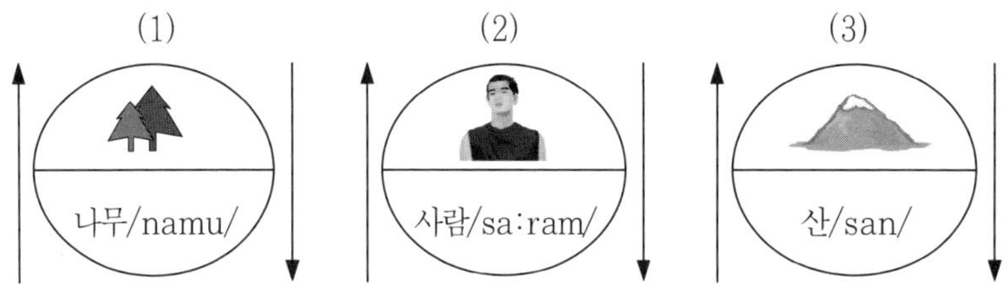


한편, Ogden & Richards도 언어를 기호의 일종으로 보아 심리학적으로 그 본성을 전개시켰다. 이들이 전개한 이론은 '기호 삼각형'(semiotic triangle)에 집약되어 있다.

(14)

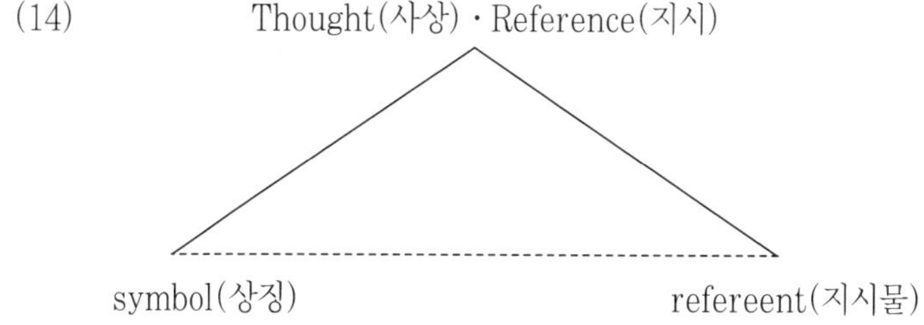


이는 지시설처럼 상징으로 표현된 언어 요소의 의미가 실재하는 세계의 대상인 지시물을 직접 가리키는 것이 아니고, 우리 마음속의 개념인 '사상·지시'에 의해 연결된다는 것이다. 따라서 '사상·지시'가 바로 의미가 되는 것이다. 상징과 지시물 사이의 점선이 이를 의미하고 있다. 예로 우리가 '고양이'라고 하면 우리는 머리 속에 고양이에 대한 어떤 생각이나 영상을 떠올리게 되는데, 그러한 생각이나 영상이 '고양이'의 의미이다.

개념설은 앞에서 다루었던 지시설이 해결하지 못했던 추상적인 단어들과 실재 세계에 존재하지 않은 단어들의 의미 해결에 커다란 도움이 되었는데, 이는 언어 표현과 세계의 관계를 간접적으로 인식했기에 가능한 것이다.

그러나 개념설도 몇 가지의 약점을 지니고 있다. 첫째, 단어의 의미가 화자나 청자의 청각 영상이라 했는데 각각의 머리 속에 떠오르는 영상이 같을 수는 없을 것이다. 예를 들어 '개'라 했을 때 어떤 이는 '영리한 개'를 떠올리는가 하면, 어떤 이는 '보신탕의 재료'를 떠올릴 수 있을 것이다. 그러면 '개'의 의미는 사람마다 다른 것인가? 또한 심리적 영상을 불러일으키지 못하는 영어의 'as, and' 등과 국어의 '-가, -을'의 의미는 없는 것인가?

개념설이 지니는 두 가지 문제 가운데 전자는 사람마다 떠올리는 개별적인 청각 영상은 다를지라도 그 가운데에는 분명 공통된 속성을 내포하고 있다는 점에서 해결의 가능성을 찾을 수 있다. 즉 개별적인 음성과 빠롤은 실제 여러 가지 모습으로 다양하게 나타나지만 우리는 그것들이 동일한 음운이나 랑그의 변형임을 알게되는 것과 같은 이치이다. 예로 들었던 '개'의 다양한 청각 영상 속에는 '개'가 지니는 공통된 속성이 있을 것인데 개념설에서는 그것만을 '개'의 의미로 본다.


## (3) 행동설

행동설(行動說 : behavioral theory)은 미국의 구조주의 학파의 비조(鼻祖)인 Bloomfield(1933)의 행동 이론에서 의미의 본질은 단순한 관념이나 이미지가 아니라, 화자의 정태나 자극에 따르는 청자의 반응 과정이라는 설명이다.

그에 의하면 언어 과정은 언어 외의 자극(S)이 나타나서 화자에게 언어적 반응(r)을 불러 일으키면, 이것이 언어적 자극(s)이 되어 청자에게 언어외적 반응(R)을 일으키게 된다고 하여, 다음과 같이 도식화하였다.

$$(15) \qquad S \longrightarrow r \dashrightarrow s \longrightarrow R$$

화자의 상황       발화       청자의 반응

이 표에서 'S → R'은 현실적, 실제적 사실로 비언어적 자극이 비언어적 반응 및 행동의 과정을 나타내고, 'r----------s'는 언어적 행위를 나타낸다. 구체적으로 'r'은 언어적 자극을, 's'는 언어적 반응을, '----------'은 물리적 음파(sound wave)를 의미하고 있다.

화자의 측면에서 'S → r'의 과정은 조건 반사이다. 즉 사과를 먹고 싶으면 직접적인 행동의 반응을 보이는 것이 아니라, 발음 기관을 이용해 언어 활동인 음성을 산출하게 된다. 이렇게 발화된 화자의 음성은 음파가 되어 청자의 청각을 자극(s)하게 되고, 이 자극에 의해 청자는 화자에게 사과를 준다든지 하는 실제적 반응(R)이 일어나는 것이다.

행동주의 언어관에서는 단어의 의미를 언어 외적인 반응(R)으로 보기 때문에 한 어(語)의 의미가 일정하게 고정되지 않는다. 즉 화자와 청자의 경험 세계가 다르기에 동일한 단어에 대한 반응이 일치하지 않을 경우가 많다. 예를 들면 집에서 개를 키우는 화자가 느끼는 '개'와 예전에 개에게 물렸던 경험이 있는 청자의 반응이 같지 않을 것이다. 이처럼 행동설에서 주장하는 의미를 따를 경우 '개'의 의미가 다르게 설정된다는 심각한 문제가 발생하게 된다.

## (4) 용법설

용법설(用法說 : use theory)은 언어의 의미를 개별적인 어휘가 지니는 가치와 관련하여 의미를 정의한다. 이러한 주장은 Wittgenstein (1953)에서 확립된 것으로 그 단어가 사용되는 구체적인 문맥에서의 용법을 의미라 보고 있다. 국어의 어휘 '손'은 아래에서 보듯 문맥 상황에 따라 굉장히 다양한 용법으로 쓰인다.

> (16) ㄱ. 설거지를 많이 하니 손이 아프다.(신체의 일부분)
> ㄴ. 농촌에서는 손이 모자란다.(노동력)
> ㄷ. 그와는 손을 끊었다.(관계)
> ㄹ. 손 없는 날에 이사를 하여라.(귀신)

16)에서 '손'은 문맥에 따라 여러 가지 의미로 사용되는데 용법설에 의한다면 이들 모두가 '손'의 의미가 된다. 그러나 어휘의 용법은 항상 고정되어 사용되는 것이 아니기에 무한 수에 가까운 어휘의 용법을 기술한다는 것은 가능하지도 않고, 그 용법을 익히는 데에도 많은 시간이

소비된다는 문제점을 안고 있기에 용법설 역시 의미의 의미를 이해하는 합리적인 방법이 되지 못한다. 이 외에도 진리 조건설이나 의의설, 화행설 등이 있으나 이들 역시 나름대로의 타당성과 문제점을 동시에 안고 있음을 부인할 수 없다.

지금까지 의미의 의미에 대해 대표적인 의미설을 중심으로 살펴보았지만 결국 의미에 대한 명확한 정의를 내린다는 것이 얼마나 어려운 일인가를 실감했을 뿐이다. 이는 의미가 그만큼 방대하고 다양한 성질을 지니고 있기에 그러한 것이다.

## ❷ 의미의 유형

의미 유형에 대한 연구 성과로는 '리치, 나이다, 크루스' 등이 있다. 여기서는 주로 리치를 중심으로 간략히 다루기로 한다. G. Leech(1974)는 언어의 의미 유형을 7가지로 나누어 설명하고 있다.

(1) Leech의 의미 유형

| | 1. 개념적 의미 | 논리적, 지적, 외연적 내용 |
|---|---|---|
| 연<br>합<br>적<br>의<br>미 | 2. 내포적 의미 | 언어가 지시하는 것에 의해 전달되는 것 |
| | 3. 문체적 의미 | 언어 사용의 사회적 환경에 대해 전달되는 것 |
| | 4. 환정적 의미 | 화자/청자의 감정 및 태도에 대해여 전달되는 것 |
| | 5. 반영적 의미 | 같은 표현의 다른 의미를 연상하는 것에 의해 전달되는 것 |
| | 6. 언어적 의미 | 다른 어의 환경에서 나타나는 경향이 있는 어와의 결합에 의해 전달되는 것 |

| 7. 주제적 의미 | 어순이나 강세를 사용하여 메시지를 구성하는 방법에 의해 전달되는 것 |
|---|---|

첫째, 개념적(槪念的 : conceptual) 의미는 언어적 의사 소통의 중심적인 요소로서 어떤 단어에 대해 일반적으로 추론해 낼 수 있는 가장 보편적이고 핵심적인 의미이다. 이를 외연적(denotative), 인지적(cognitive) 의미라고도 한다.

그는 언어의 구조를 이루는 원리를 '대비성'(對比性 : contrasiveness)과 '구성소 구조'(構成素構造 : constituent structure)라 하고, 언어의 개념적 의미도 이에 의해 어떤 의미적 대비 특성으로 구성되어 있다 하였다.

'woman'이라는 어휘의 개념적 의미는 〔+Human〕〔−Male〕〔+Adult〕등의 특성으로 구성됨으로써, 〔+Human〕〔−Male〕〔+Adult〕의 특성을 지닌 'man'과 대비되는 것이다.

한편 '인간'이라는 대상을 각각 성(性)과 성인(成人)의 특성에 의해 분류해 보면 각각의 의미 특성이 확연히 나타난다.


  (2) 어휘 '인간'의 의미 특성
    ㄱ. man     :    + Human + Adult + Male
    ㄴ. woman :    + Human + Adult − Male
    ㄷ. boy     :    + Human − Adult + Male
    ㄹ. girl     :    + Human − Adult − Male


이에 의하면, 'man'과 'woman', 'boy'와 'girl'은 오직 〔±Male〕에 의해 대비되고, 다시 'man', 'woman'과 'boy', 'girl'은 〔±Adult〕의 대비성에 의해 개념적 의미에 차이가 드러난다.

개념적 의미가 한 언어 사회의 구성원들이 인식하고 있는 기본적인 언어로 공통 체계를 의미한다면, 의미 한계가 개방적이고 비한정적인 특징을 지니는 의미 유형이 있는데 이를 총칭하여 연상적(聯想的 : associative) 의미라 한다. 이에는 내포적, 문체적, 환정적, 반영적, 언어적 의미가 포함된다.

둘째, 내포적(內包的 : connotative) 의미는 한 표현이 지시하는 것에 의해 생성되는 전달적 가치이다. 즉 'woman'의 개념적 의미인 〔+Human〕 〔-Male〕 〔+Adult〕 외에 또 다른 내포적 의미를 상정할 수 있다. 즉 육체적, 심리적, 사회적 특질로 '두 다리를 지닌', '자궁이 있음', '모성의 본능', '사교적' 등의 의미를 설정할 수 있다.

그러나 이러한 내포적 의미는 시대와 사회에 따라 변하기가 쉽고 개인차에 의해 달라지기 때문에 개념적 의미에 비해 상대적으로 불안정하고 주변적, 가변적인 특성을 지닌다.

셋째, 문체적(文體的 : stylistic) 의미는 사회적 환경에 의해 전달되는 의미로서, 동일 언어 사회의 지역이나 사회적 신분 등을 인정함으로써 드러난다. 즉 방언적 단어나 발음, 화자의 지역적 또는 사회적 출신, 화자와 청자의 사회적 관계 등 환경적 특징에 의한 의미가 곧 문체적 의미이다.

문체적 의미는 동의어(同義語)의 이해에 많은 도움을 줄 수 있다. 동의어란 동일한 가치의 전달적 효과를 가진 두 개의 언어 형식을 이름인데, 이 때의 동일한 가치란 일반적으로 개념적 의미의 가치 관계만을 다루게 된다. 왜냐하면 개념적 의미와 문체적 의미의 양방이 동일한 가치를 지닌 동의어란 존재하지 않기 때문이다. 이에 대해 Leech는 개념적 동의어 사이의 의미 분별은 오직 문체적 차이에서만 나타난다 하여 다음의 예를 들고 있다.

(3) 개념적 의미와 문체적 의미

말(馬)
- steed : 시 적
- horse : 일반적
- nag : 속 어
- gee-gee : 유아어

넷째, 환정적(喚情的 : affective) 의미는 화자와 청자의 개인적인 감정이나 태도, 즉 언어적 상황에 의해 전달되는 의미로 전술한 개념적, 내포적, 문체적 의미 범주의 중개에 의존하는 기생적(寄生的) 범주이다.

한편, 환정적 의미는 개념적 의미와 중복되기도 하는데, Leech는 이들의 관계를 아래와 같이 표현하고 있다.

(4) 환정적 의미

ㄱ. typewriter  ㄴ. American  ㄷ. fascist
(중립적, 비정서적)  (어느 정도 정서적)  (snarl Word)

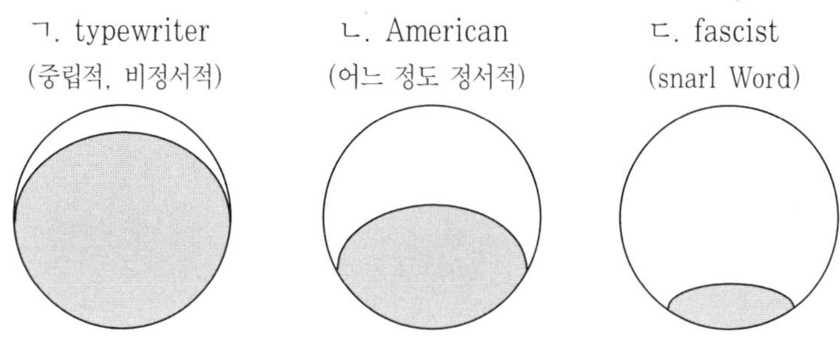

그림에서 바깥 테두리의 원은 그 단어들의 전체 의미를 나타내고, 색깔 부분은 '개념적 의미'를, 나머지 부분이 '환정적 의미'를 가리킨다.

왼쪽에서 오른쪽으로 갈수록 환정적 의미 영역이 커져 나감을 볼 수 있는데, 이는 이들 단어들이 화자나 청자의 경험 내지 기억에의 의존도가 점점 강하다는 것을 의미한다. 따라서 이도 의미의 주변적 요소에 자리 매김을 할 뿐이다.

다섯째, 반영적(反映的 : reflected) 의미는 동일한 표현이 다른 의미와의 연합에 의해 전달되는 의미를 일컫는다. 예를 들면, 기독교 교회에 삼위일체(三位一體) 중의 소위 '성령'에 대하여 'The Comforter'와 'The Holy Ghost'라는 동의 표현이 있는데, 이것에 대한 우리 자신의 반응은 각각 '위로하다(Comfort)'와 '유령(ghost)'이라고 하는 비종교적인 의미를 연상하게 된다.

여섯째, 연어적(連語的 : collocative) 의미는 단어간의 공기 관계(共起關係)에 의해 성립하는 것으로, 영어의 'pretty'와 'handsome'의 두 형용사는 후속하는 명사와의 연어성에서 구별된다.

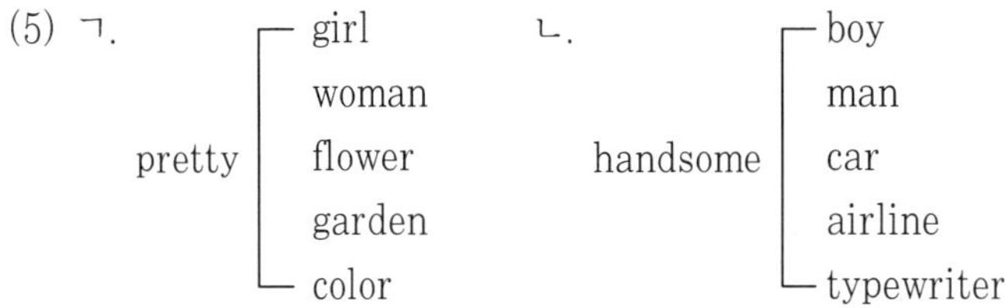


마지막으로 주제적(主題的 : Thematic) 의미는 어순이나 초점, 강조 등에 의해 전달되는 의미이다.

(6) ㄱ. 철수가 사과를 먹었다.
    ㄴ. 사과를 철수가 먹었다.

6)의 두 표현은 동일한 개념적 의미를 나타내지만 주제적 의미에서는 그 가치가 다르다. 6.ㄱ)과 달리 6.ㄴ)은 주제적 의미를 드러내는 데 사용하는 문장의 어순을 달리하기 때문이다. 주로 개념적 의미가 어휘적 특성을 나타냄에 비해 주제적 의미에는 화용(話用)적 성격이 짙다.

# 제 8 장  의미론(意味論) - 2

언어의 의미란 심리적, 추상적 성격을 그 특징으로 하기에 이를 정확히 개념짓기가 어려운 일이었고, 과거 사람들은 단어가 의미의 중심 또는 그 최소 단위라고 믿었다. 그러한 이유로 인해 의미론자들의 관심 속에서 비교적 많은 연구 성과가 나온 분야가 바로 어휘적 의미론이다.

어휘적 의미론은 연구 초점의 방향에 따라 다시 두 가지 영역으로 구분할 수 있다. 첫째, 개별 어휘들의 의미 성분의 분석에 초점을 두는 영역과 둘째, 단어와 단어 사이의 상관 관계에 초점을 두는 것이 그것이다. 본 장에서는 주로 어휘 의미론에 초점을 맞추어 고찰하기로 한다.

 **어휘의 의미 분석**

개별 어휘의 의미를 분석하는 방법에는 해당 어휘소의 구성 요소, 즉 의미 성분으로 분석하는 방법과 어떤 공통적 특성에 의해 하나로 묶여질 수 있는 집합 속에서 개별 단어의 의미 속성을 밝히는 방법이 있다. 전자를 의미 성분 분석이라 하고, 후자를 의미장에 의한 의미 분석이라 한다.

## 1.1 의미 성분 분석(意味成分分析)

한 어휘의 의미를 어떤 성분의 집합으로 보고 의미를 이루고 있는 성분으로 나누는 것을 의미의 '성분 분석'(成分分析 : componential analysis)이라 한다.

성분 분석의 이론은 과거 구조주의 언어학자들이 음운을 이보다 더 작은 변별적 음성 자질로 분석했던 것처럼 어휘의 의미도 그것을 이루는 더 작은 단위로의 분석이 가능할 것이라는 관점에서 시작되었다. 의미의 성분 분석에서도 음운에서와 마찬가지로 각 어휘 항목이 갖고 있는 속성을 도표화할 수 있는데, '+' 기호는 어떤 속성이 있다는 것을 그리고 '-' 기호는 그러한 속성이 없다는 것을 나타낸다.

의미의 성분 분석은 한 어휘의 의미를 체계적으로 이해하게 하는 동시에 어휘와 어휘 사이의 상관 관계를 객관적으로 파악함에 있어 매우 유리하다. 앞에서 든 예를 다시 들어보면 충분히 이해가 된다.

    (1) 어휘 '인간'의 의미 특성
        ㄱ. man     : + Human + Adult + Male
        ㄴ. woman  : + Human + Adult - Male
        ㄷ. boy     : + Human - Adult + Male
        ㄹ. girl    : + Human - Adult - Male

다음으로 하나의 언어 형식이 두 가지 이상의 의미로 쓰이는 경우에도 의미 성분 분석에 의하면 그 의미의 분별이 훨씬 더 명확해진다.

    (2) ㄱ. Only man is rational.(인간은 이성적 동물이다)
        ㄴ. No woman is man.   (여자는 남자가 아니다)

2.ㄱ)의 'man'은 〔+Human〕의 의미 자질을 2.ㄴ)에서는 같은 'man' 이 〔+Male〕의 의미 자질을 가지고 있음을 쉽게 확인할 수 있다.

이러한 분석은 명사에서뿐만 아니라 동사에 대해서도 유익하게 작용한다. 즉 'die, kill, murder, slaughter'와 같은 어휘들의 의미를 아래와 같이 분석할 수 있다.


(3) ㄱ. die : 살지 않게 되다.
　　ㄴ. kill : 살지 않게 되도록 하다.
　　ㄷ. murder : 인간을 고의로 살지 않게 되도록 하다.
　　ㄹ. slaughter : 생물을 고의로 살지 않게 되도록 하다.


그러나 이러한 형태의 분석이 유익하기는 하지만 어느 것이 그 어휘의 본질적인 속성이냐를 결정하기가 쉽지 않고, 모든 어휘에 대해 이러한 성분분석의 방법이 명확하게 나타나지 않는다는 문제점이 있다. 'bachelor'와 'tiger'를 예로 들어보자.

먼저 'bachelor'는 '결혼하지 않은 남자'를 의미한다. 이러한 의미에 의해 이 단어의 성분은 두 가지, 즉 〔-결혼〕〔+남성〕으로 생각할 수 있다. 한편 'tiger'의 사전적 의미는 '커다란 아시아에 사는 황갈색에다 검은 줄 무늬가 있는 육식성의 갈기며 머리털이 없는 고양이과 동물'로서 매우 많은 의미 성분들의 결합으로 정의되어 있다. 이 중 'bachelor'와 'tiger'의 본질적인 의미는 무엇인가? 또 'bachelor'와 'tiger'를 대비해서 보면, 'bachelor'에 비해 단어 'tiger'의 의미는 더 복잡하고 애매하다 할 것이다. 이처럼 어휘의 본질적 의미를 다루는 데 있어 어휘에 따라 그 차이가 발생하게 되는데, 이에 대한 객관성을 획득하는 것이 시급한 과제이다.

## 1.2 의미장에 의한 의미 분석

어휘의 의미를 연구할 때 다른 어휘와의 관계를 염두에 두지 않고 개별적인 어휘의 의미만을 연구할 수 있다. 그러나 사실 개개의 어휘들은 홀로 존재한다기보다 그와 유사한 성질의 다른 어휘들과 무리를 이루고 있다는 전제 아래 다른 어휘들과의 관계 속에서 개별 의미를 파악할 수도 있다. 이렇게 하나의 상위어 아래 의미상 밀접하게 연관된 개별 어휘들의 집단을 '의미장'(意味場 : semantic field)이라 하는데, 이 속에서 개별 어휘들의 의미를 정의할 수도 있다.

의미장 이론은 Humboldt와 Saussure의 언어관을 근거로 Ttier, Porzig 등의 '장이론'(場理論 : field-theory)으로 전개되어 왔다. 의미장에 대한 구체적 연구들은 많으나 본서에서는 이석규(1992)의 국어 보조 조사의 밭을 중심으로 살피기로 한다.

연구 대상으로 삼고 있는 보조 조사는 '-는, -만, -야, -나, -라도, -나마, -도, -까지, -조차, -마저'의 열 가지 형태이다. 이들 보조 조사들은 둘 이상의 자매항에서 피접어 하나를 선택하는 것이므로, 이들의 공통 의미를 '선택'이라 하였다.

이와 같이 이들은 선택이라는 공통 자질로서 하나의 낱말밭을 형성하고 있는데, 각각의 어휘들은 그들이 지니는 고유한 의미 자질로 인해 동일한 낱말밭에서 다른 용법으로 쓰인다. 다음과 같이 나타낼 수 있다.

| 보조 조사 |
| --- |
| -는, -만, -야, -나, -라도, -나마, -도, -까지, -조차, -마저 |

〈제①단계 분석〉

〔단독성〕

| [+단독성] | [-단독성] |
| --- | --- |
| -는, -만, -야, -나, -라도, -나마 | -도, -까지, -조차, -마저 |

〈제②단계 분석〉

〔불만족〕　　　　　　　　　　〔극 단〕

| [+불만족] | [-불만족] | [+극단] | [-극단] |
| --- | --- | --- | --- |
| -나, -라도, -나마 | -는, -만, -야 | -까지, -조차, -마저 | -도 |

〈제③단계 분석〉

〔양 보〕　　　　〔유일한정〕　　　　〔한계〕

| [+양 보] | [-양보] | [+유일한정] | [-유일한정] | [+한계] | [-한계] | |
| --- | --- | --- | --- | --- | --- | --- |
| -라도, -나마 | -나 | -만 | -는, -야 | -까지 | -조차, -마저 | -도 |

〈제④단계 분석〉

〔다행〕　　　　　　〔당연〕　　　　　　〔기대치〕

| [+다행] | [-다행] | | | [+당연] | [-당연] | | [+기대치] | [-기대치] | |
| --- | --- | --- | --- | --- | --- | --- | --- | --- | --- |
| -나마 | -라도 | -나 | -만 | -야 | -는 | -까지 | -조차 | -마저 | -도 |

　제1단계는 보조 조사의 피접어가 선택되는 과정이 둘 이상의 자매항에서 다른 자매항을 배제하고 오직 피접어 하나만을 선택하느냐 〔+단독성〕, 아니면 타 자매항까지 다 선택하느냐 〔-단독성〕는 기준에 의한 분류이다.

　제2단계에서는 〔+단독성〕의 낱말밭 어휘들은 선택된 피접어에 대한 화자의 불만족한 심리 상태에 따라 〔+불만족성〕과 〔-불만족성〕으로 나누어진다. 반면 〔-단독성〕의 어휘들은 피접어의 지역적, 시간적, 또는 상황적 위치가 극단적 위치냐 아니냐에 따라 〔＋극단성〕과 〔－극단성〕으로 나누어진다.

제3단계에서는 〔＋불만족〕의 어휘들은 〔양보〕의 자질로 양분되고, 〔－불만족〕의 어휘들은 자매항을 완전히 배제하고 단독 선택한 피접어 하나만을 유일하게 한정하느냐 그렇지 않으냐에 따라 〔＋유일 한정〕과 〔－유일 한정〕으로, 〔＋극단성〕의 어휘들은 〔한계〕이 자질에 의해 갈라지고 있다.

제4단계에서는 〔＋양보〕의 어휘가 피접어의 객관적 기대치에 대한 〔다행〕의 의미자질이 있고 없음으로 갈라지고, 〔－유일 한정〕의 어휘들은 〔당연〕이 자질의 차이, 〔－한계〕의 어휘들은 선택된 피접어가 화자의 기대치의 범위에 들어 있었는지 아닌지에 따라 나누어진다.

## ② 어휘의 상관 관계 구조

언어 체계 속에서 어휘들은 어떠한 방법으로든지 다른 어휘들과 관계를 맺고 있다. 앞 절의 의미장에서 살펴보았던 것처럼 어떤 공통점에 의해 직접적으로 묶여진 어휘들은 물론이고 그렇지 않은 어휘들도 의미 영역에서 서로 간접적인 관계를 맺고 있다. 즉 '동의 관계, 다의 관계, 동음 관계, 반의 관계' 그리고 '상, 하위어 관계' 등이다.

본 절에서는 어휘들 사이에 맺어지는 직, 간접적인 의미 관계에 대해 알아보기로 한다.

## 2.1 직접적 의미 관계

어휘는 명칭과 그 명칭이 나타내는 의미 관계에 따라 단의어와 다의어로 나눌 수 있다. 즉 명칭과 의미의 관계가 1:1의 관계에 있는 어휘를 '단의어'(單義語)라 하고, 그렇지 않은 경우의 어휘를 '다의어'(多義語)라 한다.

그러나 한 가지의 의미로만 사용되는 어휘는 극소수에 불과하고 대부분의 어휘들은 여러 가지 의미를 내포하고 있기에, 다의어를 중심으로 어휘들의 직접적 의미 관계를 다루기로 한다.


### (1) 동의어

동의어(同義語 : Synonymy)는 형식이 전혀 다른 두 어휘의 의미가 동일한 관계에 있을 때를 가리킨다. 따라서 이들은 어떤 문맥이나 상황 속에서 서로 교체될 수 있는 것이 원칙이다.

그러나 이러한 정의는 동일하다는 기준의 객관성에 문제가 있다. 즉 두 어휘의 의미 관계가 완전히 같음을 의미하는 것인지 아니면 부분적인 공통성을 의미하는 지가 애매하다. 사실 두 어휘 사이의 의미 관계에 있어 개념적 의미를 포함해 연상적, 연어적 등등의 의미에 있어 동일한 관계에 있는 어휘는 없다고 해도 과언이 아닐 것이다. 다음의 예를 보자.

   (1) ㄱ. 옥수수 : 강냉이, 부엌 : 정지
        ㄴ. 이 : 치아, 밥 : 진지

1)의 예들은 우리가 일상 생활에서 동일한 의미를 지닌 어휘들이라고 인식하며 사용하는 쌍들이다. 그러나 사실 1.ㄱ)의 경우는 지역적인 차이에 의해 달리 사용되고 있고, 1.ㄴ)의 어휘들은 존비법에 따라 달리 쓰이는 경우로 다소간의 차이가 드러나는 것이 사실이다.

이와 같이 동의어는 소리는 다르지만 의미가 비슷비슷하고, 미묘한 느낌의 차이를 드러내기 때문에 사용되어지는 문맥 상황을 잘 고려하여 화자의 생각이나 느낌을 보다 정확하게 표현하는 데 기여한다면 우리의 언어 생활을 더욱 풍부하게 해줄 수도 있다.

한편으로 모든 의미적 측면에서 동일한 어휘를 설정할 수 없다는 이유로 동의어를 '유의어'(類義語)로 보는 주장도 있다. 하지만 경우에 따라서 '책방 : 서점, 속옷 : 내의'와 같은 항들은 별다른 의미 차이나 느낌의 차이 없이 서로 대치하여 쓰이고 있기에 넓은 의미의 유의어에 동의어가 포함된다고 볼 수 있다.


## (2) 다의어


다의어(多義語 : polysemy)는 하나의 어휘에 연관이 되는 다른 의미를 둘 이상 지니는 어휘들의 관계를 가리킨다. 즉 다의어는 중심 의미인 기본 의미와 그 기본 의미에서 번져 나온 파생 의미로 구성되어 있다. 만약 기본 의미와 파생 의미 사이에 아무런 연관성이 없다면 이는 동음어에 불과하다. 국어 동사 '먹다'의 경우를 살펴보자.


(2) ㄱ. 사과를 먹다.

　　 ㄴ. 술을 먹다.

　　 ㄷ. 담배를 먹다.

　　 ㄹ. 달리기에서 일등을 먹다.

    ㅁ. 양심을 먹다.

    ㅂ. 올해 아홉 살을 먹다.

    ㅅ. 욕을 먹다.

    ㅇ. 장을 부르고 포를 먹다.

    ㅈ. 우리 편이 두 골을 먹다.

    ㅊ. 이 논빼미에서 석 섬은 먹는다네.

    ㅋ. 종이가 물을 먹다.


위는 '동아 새 국어사전'(1989)에 실린 동사 '먹다'에 대한 의미를 정리한 것이다.

동사 '먹다'의 기본 의미는 맨 처음 제시한 '음식물을 입에 넣고 씹어서 삼키다'의 2.ㄱ)이고, 나머지 의미는 '먹다'의 주변, 즉 파생 의미에 불과하다.


## (3) 동음어


동음어(同音語 : homonym)는 동일한 형태나 발음으로 이루어진 두 어휘가 의미적으로 아무런 연관 관계를 지니지 않는 어휘들의 관계를 가리킨다.

동음어는 동의어와 대립하는 것으로 '동음 이의어'(同音異議語)라고도 하는데, 영어의 'to, too, two'는 모두 [tu]로 발음되는 동음 이의어 관계에 있다. 다음의 보기도 마찬가지이다.


    (3) ㄱ. meat : meet

        ㄴ. fan : fan


    (4) ㄱ. 말 : 馬, 言, 斗

        ㄴ. 배 : 腹, 梨, 舟

3)은 영어 동음어의 모습을 드러내는 것으로 3.ㄱ)은 동일한 발음에 의한 동음어이고, 3.ㄴ)은 동일 형태에 의한 동음어의 모습을 나타낸다. 국어에서의 동음어의 예는 4)에서 확인할 수 있다.

한편, 하나의 어휘 형태에 여러 개의 의미가 대응한다는 점에서 동음어와 다의어는 서로 구별이 쉽지가 않다. 이를 해결하기 위해 많은 사람이 주장한 기준은 어휘의 어원에 따르는 것으로 이의 원리와 이에 따르는 문제점에 대해 알아보자.

어원론적 기준에 따르면 동일한 어원에서 출발한 어휘의 의미들이 유연성 관계로 묶여질 때 이들은 다의어가 되고, 그렇지 않은 경우에 동음어가 된다는 설명이다. 다음과 같이 나타내면 이들의 구별이 쉬울 것이다.

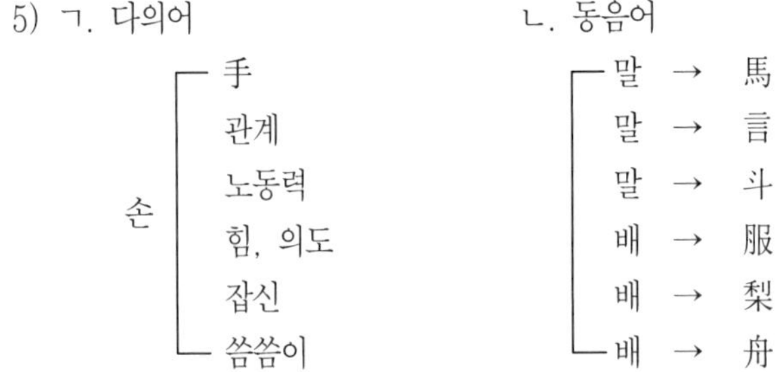


다의어인 5.ㄱ)은 각 시니피에에 해당하는 시니피앙이 모두 동일한 '손'임에 비해, 동음어인 5.ㄴ)은 해당 시니피에에 대응하는 시니피앙이 각기 따로 존재하고 있는 관계임을 쉽게 알 수 있다. 그러나 형태의 유사성에 의해 5.ㄴ)의 의미 관계에도 다의성을 인정할 여지가 있기 때문에 어원론적인 기준이 다의어와 동음어를 구별하는 절대적이고 객관적인 기준이 될 수 없다는 단점을 안고 있다.

그럼에도 불구하고 여러 의미 사이의 관계 속에서 의미의 상호 관련

성이 짙은 것은 다의어로 그렇지 않은 것은 동음어로 처리하는 것이 일
반적이다.


## (4) 반의어


반의어(反意語 : antonym)는 '반대말, 대립어, 상대어' 등 여러 가지로
도 불려지는데, 어떠한 명칭으로 불려지던지 상관없이 짝을 이루는 두
단어는 공통된 특성을 많이 지님으로써 의미상 근접성을 가지고 있고,
그 가운데 오직 한 매개 변수의 차이만으로 관계되어진 단어의 의미 관
계를 지칭한다.

반의어에서 문제가 되는 것은 두 단어의 의미가 반대가 된다고 할
때, 그것이 어떤 기준에서 반대가 되는가 하는 것이다. 반의 관계는 두
단어의 비교 기준이 하나일 경우에만 성립된다.

먼저 〔+인간〕〔+늙음〕이라는 동일한 의미 성분을 지니는 어휘는 '할
아버지'와 '할머니'로 이는 '인간'이라는 한 의미장을 형성하는 구성 요소
임에 틀림없다. 이 경우 '할머니'에 대한 반의어는 다른 의미 성분이 모
두 동일한데 오직 '성별'이라는 하나의 기준만 다르므로 '할아버지'가 된
다. 어휘 '아버지'에 대한 반의어는 '성'이라는 기준을 세우면 '어머니'가
될 것이고, '세대'라는 기준에 의한다면 '아들'이 된다.

그러나 '아버지'에 대한 '딸'은 '성'과 '세대'라는 두 가지 의미 자질의
차이로 인해 반의 관계가 성립되지 않는다. 또한 '수캉아지'와 '성'에 차
이를 드러내는 '암평아리' 역시 반의 관계가 설정되지 않는다. 왜냐하면
이들은 동일한 의미장에 속해 있지 않기 때문이다.

다음은 반의어의 종류에 대해 알아보겠는데, 아래에서 보듯 몇 가지
유형으로 나뉘어질 수 있다.

(6) ㄱ. 죽다 : 살다, 있다 : 없다, 남자 : 여자

　　 ㄴ. 짧다 : 길다, 깊다 : 얕다, 높다 : 낮다

　　 ㄷ. 금 : 은 : 동, 수 : 우 : 미 : 양 : 가

6)의 예들은 모두 반의 관계의 어휘라는 점에서 공통적이지만 그 성격에 있어 차이가 나타난다. 6.ㄱ)의 예들은 어느 한쪽의 부정이 곧 다른 쪽의 의미를 나타냄으로써 '죽다'와 '살다', '있다'와 '없다', '남자'와 '여자'의 중간 어휘항이 존재하지 않는 경우이다. 이에 비해 6.ㄴ)과 6.ㄷ)은 그 중간항을 설정할 수 있다는 점이 6.ㄱ)과 다르다.

반의 관계에 있는 어휘 사이에 중간 단계로서의 어휘를 상정할 수 있다는 것도 그 성격의 차이에 따라 두 가지로 나뉜다. 즉 하나의 단계를 거치느냐 아니면 그 사이에 둘 이상의 과정을 거치느냐는 차이에 따라 6.ㄴ)과 6.ㄷ)으로 타나난다. 특히 6.ㄷ)과 같은 성질의 반의어는 색채어에서 흔히 볼 수 있다.

## 2.2 간접적 의미 관계

어휘는 명칭과 의미의 직접적 관계에 따라 위에서 살핀 동의어, 다의어, 동의어, 반의어로 구분할 수 있다. 또 한편으로는 그들이 지니고 있는 의미영역의 대소에 의해서도 어휘들의 관계를 결정지을 수 있는데, 대표적인 경우가 바로 상위어와 하위어의 관계로 구분 짓는 것이다. 아래의 예를 보기로 하자.

(7) ㄱ.

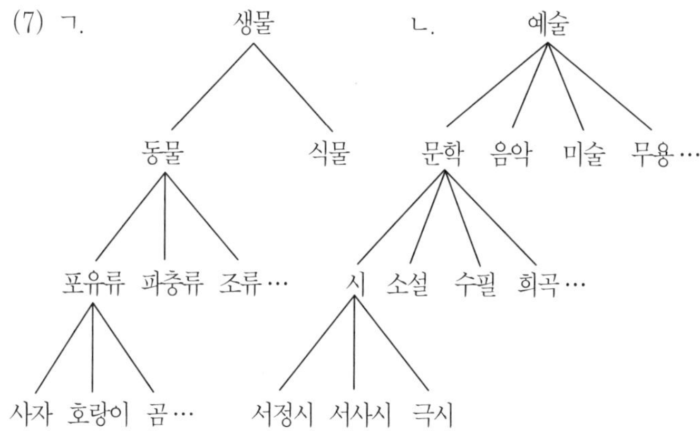

위에서 가장 상위에 위치한 어휘는 각각 '생물'과 '예술'이다. 이들은 그 아래에 가지처럼 갈라진 모든 어휘들을 포함하는 '상위어'(上位語)이고 그 아래의 어휘들은 '생물, 예술'에 대한 '하위어'(下位語)가 된다. 상위어가 일반적, 포괄적, 추상적인 어휘라면, 하위어는 개별적, 한정적, 구체적인 어휘를 나타낸다.

어휘의 간접적 의미 관계인 상위어와 하위어는 항상 절대적 관계가 아닌 상대적 관계로 맺어져 있다. 즉 최상위의 어휘를 제외한 두 번째 이하의 어휘들이 언제나 하위어로서 기능하지는 않는다는 것이다. '생물'에 대한 '동물, 식물'은 하의어가 되지만, '포유류, 파충류, 조류'에 대해서는 상위어 관계에 있는 것처럼 상대성을 가진다는 것이다.

## 3 의미 구조의 모호성

원만한 의사 소통을 위해서는 정확한 의미 전달이 선행되어야 한다.

그러나 실제 언어 현실에서 여러 가지의 이유로 언어 표현의 의미가 모호함으로써 정확한 화자의 의도를 파악하기란 쉽지 않을 때가 많다.

언어의 의미가 모호하게 되는 가장 대표적인 경우는 크게 중의적인 표현에 의한 것과 관용적 표현에 의한 것이라 할 것이다.


## 3.1 중의적(重意的) 표현


언어의 중의적 표현이란 하나의 언어 표현에 둘 이상의 의미 해석이 가능한 경우를 가리킨다. 이에 의한 의미의 모호성은 크게 세 가지 측면에서 발생하는데, 어휘 요소에 의한 중의성, 문장 구조상에 의한 중의성 그리고 비유적 표현으로 말미암아 드러나는 문장의 중의성이 그것이다.


### (1) 어휘적 중의성

어휘적 중의성은 동음 이의어와 다의어에서처럼, 단어 자체의 의미가 중의성을 띠는 관계로 문장 의미가 애매 모호해지는 경우이다. 아래의 예를 보기로 하자.

(1)
ㄱ. 말이 많다.
- 말(言語)을 많이 한다.
- 말(馬)이 많이 있다.
- 말(斗)이 많다.

ㄴ. 손이 있다.
- 손(手)이 있다.
- 손(人力)이 있다.
- 손(鬼神)이 있다.

1.ㄱ)의 '말'은 동의어, 1.ㄴ)의 '손'은 다의어라 하였는데, 어휘 '말'과 '손'은 여러 가지의 의미로 쓰인다. 그럼에도 불구하고 전후 문맥 상황의 도움 없이 예문 1)의 의미를 파악한다는 것은 대단히 어려운 일이다.

## (2) 구조적 중의성

구조적 중의성은 독특한 문장 구조로 인하여 의미가 중의적으로 해석되는 경우이다. 보기를 보자.

(2)
나는 철수와 영희를 만났다.
┌ 나와 철수는 영희를 만났다.
└ 나는 철수와 영희를 함께 만났다.

예시의 문장은 접속 조사 '와'의 용법과 관련하여 '와'가 주어 명사구를 이어주는지 아니면 목적어 명사구를 이어주는 데 사용되었는지의 불명확성으로 오른쪽의 두 가지 문장 의미로 해석이 가능하다.

구조적 중의성에 의해 문장의 의미 해석이 180도 다르게 나타난다는 것은 이들을 직접 구성 요소로 나타낸 3)을 보면 확연해진다.

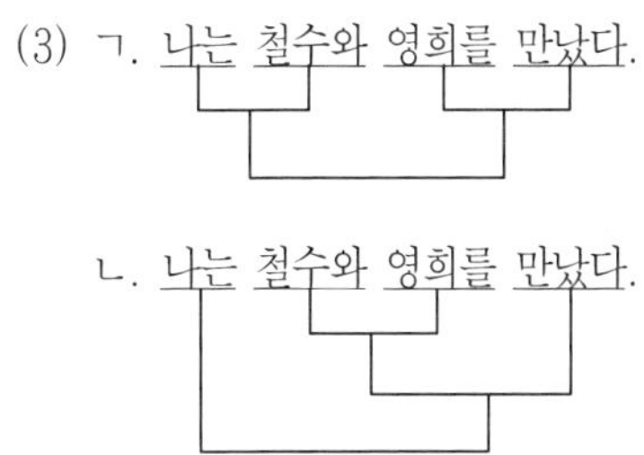

## (3) 비유적 중의성

비유적 중의성은 문자 그대로 비유적 표현을 사용함으로써 문장의 의미를 이해하는데 어려움을 드러낸다.

(4) ㄱ. 호랑이 같은 김 선생님 ┌ 성격이 닮음
　　　　　　　　　　　　　 └ 모습이 닮음
　　ㄴ. 여우같은 아내, 토끼같은 자식

비유적 표현에 의한 의미의 중의성은 주로 문학적 비유에 자주 표현되는 바, 4.ㄱ)의 '호랑이 같다'는 비유적 의미가 호랑이의 용맹한 성격을 닮았다는 것인지 아니면 호랑이의 무서운 모습을 닮았다는 것인지가 확실하게 드러나지 않는다. 4.ㄴ)은 원관념인 '아내'와 '자식'의 보조 관념으로 쓰여진 '여우', '토끼'의 의미가 이러한 이중성을 나타내고 있다.

## (4) 의미적 중의성의 해소

이상으로 문장의 의미를 애매 모호하게 하는 중의적 표현과 그 종류에 대해 몇 가지 살펴보았다.

중의적 표현은 다양한 의미적 표현으로 문학 작품의 표현미를 높일 수 있다는 장점을 지니지만, 일상의 언어 생활에서는 문장 의미의 해석에 혼란을 일으켜 원만한 의사 소통을 방해한다는 문제를 야기할 수 있다.

따라서 의사 소통의 문맥이나 상황에 맞는 정확한 어휘를 표현함으로써 이러한 모호성을 제거해야 한다. 대체로 어휘적 내지 비유적 중의성은 문장 내에서 이를 통한 중의성이 어느 정도 해소될 수 있지만, 구조

적 중의성의 경우는 단순한 문장 표현만으로는 화자의 의도를 정확히
알 수 없기에 다음과 같이 문장 구조를 다르게 하는 방법으로도 의미의
중의적인 문제를 해소할 수 있다.


(5) ㄱ. 나는 철수와 영희를 만났다. → 나는 철수와, 영희를 만났다.
　　　　　　　　　　　　　　　　　 → 철수와 나는 영희를 만났다.
　　 ㄴ. 나는 철수와 영희를 만났다. → 나는, 철수와 영희를 만났다.
　　　　　　　　　　　　　　　　　 → 철수와 영희를 내가 만났다.


　5.ㄱ)은 '철수와 같이 영희를 만났다'는 의미를 5.ㄴ)은 '내가 철수와
영희 두 사람을 만났다'는 의미를 정확히 전달하기 위해 주어 명사구와
목적어 명사구 바로 뒤에 쉼표를 찍거나 어순을 바꾸는 방법으로 의미
의 중의성을 해결하고 있다.


## 3.2 관용적 표현


　관용적(慣用的) 표현이란 둘 이상의 단어로 이루어져서 원래 단어의
의미 결합보다 더 큰 특수한 의미를 나타내는 표현이다. 이에는 숙어,
속담 등이 포함된다.


(6) ㄱ. 머리를 굽히다.
　　 ㄴ. 쐐기를 박다.
　　 ㄷ. 세 살 버릇 여든까지 간다.
　　 ㄹ. 까마귀 날자 배 떨어진다.


　6.ㄱ-ㄴ)은 숙어적 표현으로 '굽히다'는 어휘에 '머리'가 '쐐기'에 '박다'

라는 두 개의 단어가 결합하여 마치 한 단어처럼 고정적 의미로 쓰이는 경우이다. 6.ㄱ)은 일반적으로 '굴복 내지 존경하다'는 관용적 의미로 사용되고, 6.ㄴ)은 '뒤에 다른 일이 일어나지 않도록 확실히 결정짓는다'는 의미적 용법이다.

반면 6.ㄷ-ㄹ)은 속담으로 이는 우리 민중의 삶의 지혜가 스며있는 일종의 격언이다. 6.ㄷ)은 '한 번 들인 버릇은 죽을 때까지 고치기가 쉽지 않다'는 의미로, 6.ㄹ)은 '우연히 한 일이 공교롭게도 다른 일과 딱 들어맞았다'는 의미이다.

관용적 표현의 언어적 특징은 단어들이 지니고 있던 원래 의미의 단순한 결합에 그치는 것이 아니고, 새로운 특수한 의미를 지닌다는 점과 주로 비유적 표현으로 나타난다는 것이다. 또한 둘 이상의 단어가 한 덩어리로 굳어져 사용되므로 표현을 함부로 바꿀 수 없고, 단일어와 같이 항상 고정적인 의미를 나타낸다.

## ④ 의미의 변화

우리는 이 책의 서두에서 언어의 본질에 대해 살펴보았다. 그 가운데 언어란 다른 유기체와 마찬가지로 시간의 흐름에 따라 신생, 성장, 소멸의 과정을 겪는다 하였고, 이러한 언어의 본질을 역사성이라 하였다.

언어의 역사성은 이를 구성하고 있는 제요소, 즉 음운, 형태, 문법, 의미에서 두루 확인할 수 있는데, 특히 의미의 변화는 그 양상이 빠르고, 쉽게 인식할 수 있다는 이유로 의미론자들에게 깊은 관심을 끌었다.

## 4.1 의미 변화의 정의

의미의 변화란 중핵 의미(中核意味 : core meaning)의 편향 사용(偏向 使用)으로 인한 변화라 할 수 있는데, J. Whatmough(1956)은 다음과 같은 도표를 통해 이를 설명하고 있다.(崔昌烈·沈在箕·成光秀 共著, 1993:87, 재인용)

(1)

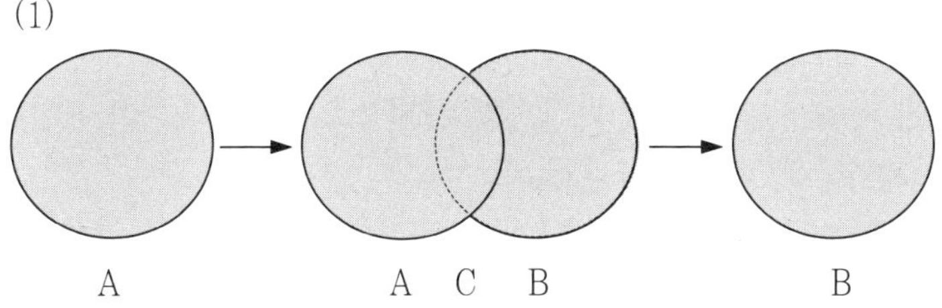


이는 중핵적 의미 A가 과도기적 현상인 A·B 공존과 더불어 C의 과정을 거쳐 다른 중핵적 의미 B로 바뀌는 것을 뜻한다.

## 4.2 의미 변화의 유형

의미 변화의 유형에는 학자에 따라 몇 가지의 유형론이 있다. Ogden & Richards의 언어 기호론에 근거한 Gustaf Stern의 방법, Saussure의 언어 기호론에 근거한 S. Ullmann의 분류 방법 등이 그것이다.

반면, 언어의 변화란 크게 두 가지의 방법으로, 즉 시간의 흐름을 겪는 과정에서의 변화와 어느 일정한 시기에서의 변화를 생각할 수 있다. 따라서 언어 의미의 변화 양상도 이 같은 차원에서 어떤 어휘가 지니고 있던 기존 의미의 변화 방향에 따라 유형화하는 것이 일반적이다.

이에 따르면 의미의 확장, 의미의 축소, 의미의 전이라는 세 가지의 변화를 유형화할 수 있다.


## (1) 의미의 확장

의미의 확장(擴張)은 한 어휘의 의미 영역이 기존의 의미에서 확장되어 사용되는 경우이다. 대부분의 의미 확장은 적용상의 전이를 거쳐 다의 관계가 형성되면서 이루어진다. 이는 언어의 경제성이라는 측면에서 충분히 이해가 된다. 즉 하나의 언어 표현으로 다양한 의미를 표현할 수 있기 때문이다. 다음의 예를 보자.


    (2) ㄱ. 보다(見) : 며느리를 보다, 손주를 보다(得) 등
         ㄴ. 먹다(食) : 담배를 먹다(喫煙) 등
         ㄷ. 왕(王)　 : 암산왕, 축구왕 등


예 2)의 경우가 의미의 확장에 해당한다. 그러나 2.ㄱ~ㄴ)과 2.ㄷ)의 성격에 차이가 있다. 즉 전자는 '보다'와 '먹다'의 기본적인 의미인 '見, 食'에서 주변 의미로의 파생 과정에서 형성되었지만, 후자는 어느 집단의 우두머리라는 의미인 '왕'이 어떤 일에 있어 가장 잘하거나 두각을 드러낸다는 의미로 전이되어 사용된 것이다.


## (2) 의미의 축소

의미의 축소(縮小)는 말 그대로 한 어휘가 가지고 있었던 의미 영역의 범위가 줄어드는 경우이다. 이러한 경우는 주로 다의 관계를 이루고 있던 단어가 그 의미의 한 영역을 다른 단어에 이관하게 되는 데서 생긴

다. 다음과 같은 예가 있다.

(3)　　　　　　　　중세 국어　　　　　　　　　　현대 국어
　　ㄱ. 중생 : 사람, 짐승 등 모든 유정물 → 짐승
　　ㄴ. 늙다 : 老, 暮　　　　　　　　　 → 老
　　ㄷ. 뫼　 : 밥, 진지　　　　　　　　 → 제사 때 신위에 올리는 진지

　중세 국어의 어휘 체계에서 '중생'은 사람을 포함한 모든 유정물을 지시하였다. 그러나 현대 국어에 사용되는 '짐승'의 의미는 사람을 제외한 동물만을 지칭한다. 중세 국어의 '늙다' 또한 '老'와 '暮'의 두 가지 의미로 사용되었던 것이 '老'의 의미로만 쓰이고, '뫼'란 단어도 '밥, 진지'의 뜻을 지니고 있었는데, 오늘날에는 '제사 때 신위에 올리는 진지'로 국한해서만 사용된다. 이들은 어휘의 의미 영역이 축소된 결과이다.

## (3) 의미의 전이

　의미의 전이(轉移)는 확장이나 축소처럼 의미 영역의 변화를 의미하지 않는다. 원래의 중심적인 의미에서 비유적 의미로 사용되다가 나중에는 후자의 의미로만 사용되는 경우이다.

(4)　ㄱ. 가게(遮陽)　: 가게(商店)
　　　ㄴ. 어엿비(憫)　: 예쁘다(美)
　　　ㄷ. 어리다(愚)　: 어리다(幼)

　중세 국어 '가게'의 원 의미는 햇볕을 가리는 '遮陽'이었으나 오늘날에는 '상점(商店)'이란 의미로 바뀌었다. 또 '불쌍하다'는 중세 국어의 '어엿브다'가 '예쁘다'로, '어리석다'의 '어리다'가 오늘날 '나이가 어리다'라는

의미로 바뀐 예들이 이에 해당한다. 또한 옛날에는 '배우'나 '가수'는 천학 직업을 가진 사람으로 여겨졌으나, 오늘날에는 선망의 대상으로 바뀌었다. '외도'는 원래 불교 이외의 다른 종교를 가리키는 말이었는데, 지금은 '바람을 피우다'나 '올바른 길을 가지 않다'와 같이 부도덕한 의미로 사용되는 것이 좋은 예이다.


## 4.3 의미 변화의 원인


의미 변화를 일으키는 주된 원인으로 크게 4가지, 즉 언어적 원인, 역사적 원인, 사회적 원인, 심리적 원인을 들 수 있다.


### (1) 언어적 원인


언어적 원인(言語的 原因 : linguistic causes)에 의한 의미 변화는 음운적·형태적·문법적인 원인에 의한 의미 변화로 한 단어가 다른 단어와 여러 문맥에서 늘 함께 쓰임으로 해서 한 쪽의 의미가 다른 쪽으로 옮겨가는 것이다. 이에는 전염, 생략, 민간 어원 등에 의한 변화가 있는데, 전염과 생략의 경우만 예를 들기로 한다.

전염에 의한 의미 변화의 대표적인 예는 '결코, 전혀' 등을 들 수 있다. 즉 부정의 서술어 '~아니다, ~없다'와 호응이 잦다보니 이들이 부정의 의미로 전염되어 사용되는 경우이다. 또한 불어의 부정(negation) 표현에서도 이러한 예를 확인할 수 있다. 원래 긍정의 의미를 지닌 많은 단어들이 부정사 'ne'와의 빈번한 사용으로 인해 부정적 의미의 가치를 갖게 되었다는 것을 들 수 있다.

생략은 단어나 문법적 구성의 일부가 줄어, 그 생략된 부분의 의미가 잔여 부분에 감염되는 현상을 이른다. 구체적인 예로 '콧물 > 코, 머리털 > 머리, 아침밥 > 아침' 등이 있는데, 이들 줄어진 형태의 '코, 머리, 아침'이 '콧물, 머리털, 아침밥'의 의미를 지니고 있다.


## (2) 역사적 원인

역사적 원인(歷史的 原因 : historical causes)에 의한 의미 변화는 역사적 진전에 따른 여러 부분의 변화가 명칭의 변화는 수반하지 않은 채 그 대상의 변화만 불러옴으로써 생긴다.

국어의 '바가지'는 원래 박으로 만든 것을 의미하는데도 불구하고 지금 우리가 쓰고 있는 것들은 플라스틱 제품이 대부분이다. 또한 오늘날 '배'(舟)라는 어휘도 과거의 쓰임과 비교할 때 여러 가지의 변화가 있지만 그냥 '배'로 불려지고 있다.

이와 같이 역사적 원인에 의한 변화는 어휘의 형식에는 아무런 변화를 주지 않고, 단지 사물이나 지시물의 변화, 발전으로 사람이 환기하는 개념, 의미가 달라질 따름이다. 결국 역사적 원인에 의한 변화는 언어의 보수성과 관련된다.


## (3) 사회적 원인

사회적 원인(社會的 原因 : social causes)에 의한 의미 변화는 사회를 구성하는 제 요소가 바뀜에 따라 관련 어휘의 의미가 변화하는 현상을 가리킨다. 또한 Meillet(1905-6)에 의하면 언어의 사회적 계층에서 한 집단의 말이 다른 집단에 차용될 때 의미 변화가 일어난다 하였다. 사회

적 원인에 의한 의미 변화의 양상에는 다음과 같은 두 가지의 유형이
있다.

## 1) 의미의 일반화

의미의 일반화는 특수 집단의 말이 일반적인 용법으로 차용될 때 그
의미가 확대되어 일반 언어로 바뀌는 것을 뜻한다.

> ① 왕(왕정의 최고 책임자) → 第一人者의 뜻 : '암산왕, 박치기왕' 등
> → 大의 뜻 : '왕방울, 왕거미, 왕대포' 등
> ② 영감(令監 : 당상관, 관직명) → 노인의 일반화, 남편에 대한 호칭

## 2) 의미의 특수화

이는 한 단어가 일상어에서 특수 집단의 용어로 바뀔 때, 극히 한정
된 의미만을 얻게되는 것을 이른다. 예를 들어 '작업, 협동'이란 일반적
의미를 가진 단어 'operation'이 의사 조직에서는 '수술'의 의미로, 군대
조직에서는 '작전'이란 의미, 경제계에서는 '자금의 운용'이란 뜻으로 특
수화되어 쓰이는 경우가 해당한다.

## (4) 심리적 원인

심리적 원인(心理的 原因 : psychological causes)에 의한 의미 변화는
화자의 심리 상태나 화자의 정신 구조의 어떤 영속적인 특질에 의해 의
미 변화가 일어나는 것으로, 대표적인 현상으로 '금기'(禁忌 : taboo)를
들 수 있다.
일반 사람들은 어떤 대상에 대한 표현과 관련해 심리적으로 꺼리는

경우가 있어, 인간의 칭호, 생사, 질병, 성, 불길한 대상을 직접적으로 표현하기보다는 완곡한 다른 표현으로 대치하려는 심리가 있다. 예를 들면, '천연두'라는 단어의 표현을 꺼리고 '마마, 손님'이란 표현을 쓰는 이유는 '상감마마'나 '손님'처럼 극진히 대접해 역신의 비위를 맞춰 빨리 집밖으로 나가기를 바라는 심리가 깔려 있다. 흔히 우리 주위에서 볼 수 있는 것으로 죽음을 뜻한다는 숫자 '4'의 발음은 한자에서 죽음을 의미하는 글자와 소리가 같다. 따라서 한국어에서 숫자 4는 서구의 13처럼 불길한 숫자로 인식되기에 사람들은 되도록 이의 표현을 피하려 한다. 한국의 병원이나 호텔 그리고 아파트 승강기에는 4층이 없는 경우가 많다. 그 대신 영어의 아라비아 숫자 4의 첫 글자인 F를 사용하기도 한다. '동무 : 친구'나 '변소 : 화장실'도 같은 경우라 할 것이다.

# 제 9 장 방언론(方言論)

모든 개별 언어들은 하위 언어들의 여러 총체로 구성되어 있다. 개별 언어에 대한 전반적인 특성을 파악하기 위해서는 이들에 대한 체계적인 연구가 필요한데, 이러한 언어학의 연구 영역을 '방언론'이라 한다.

본 장에서는 방언론의 중심 대상인 방언의 정의 및 가치와 함께 방언 조사를 통한 방언 구획 설정에 대해 알아보기로 한다.

##  언어와 방언론

방언론 또는 방언학은 지금까지 다루었던 '음운론, 형태론, 문법론, 의미론'과 같이 언어학의 본질적인 연구 분야는 아니지만 넓은 의미의 경험 과학으로 언어학의 한 지류이다.

방언론이란 학문은 말 그대로 '방언'을 중심 대상으로 하는 과학적 학문이다. 언어학의 연구에 있어 '과학적'이라는 용어가 무엇을 뜻하는지에 대해서는 제1장에 언급한 바로써, 일반적인 언어 연구에 따르는 기술 방법이 방언론에도 똑같이 적용된다.

언어학의 하위 영역으로서 방언론은 구체적으로 개개의 지역 방언에 대해 음운, 형태, 문법, 의미 등의 언어 사실을 정밀하고 자세히 기술함으로써 이의 특징과 관련한 여러 현상을 밝히는 것을 목적으로 하는 학문이다. 또한 지역적 차이가 아닌 어떤 계층이나 직업 등의 집단을 형성한 소사회의 구성원 사이에서만 행해지는 특수어인 계층 방언에 대한 연구도 포함한다.

방언론이 언어학의 영역에 포함되듯이 이는 언어학의 한 부류인 국어학에서도 중요한 위치를 차지하고 있다. 한 언어가 여러 개의 하위 방언으로 구성되어 있듯이, 국어도 지역적인 차이에 의한 '경상도 방언, 전라도 방언, 충청도 방언' 등으로 이루어져 있고, 개별 방언권마다 다시 세부적으로 음운, 형태, 문법, 의미 등의 언어적 특성이 나타난다.

## 1.1 방언의 정의 및 가치

방언론의 중심 대상이 개별 방언이라 하였는데, 그럼 방언이란 무엇인가? 방언의 정의는 다음과 같다.

'방언'(方言)은 중국어에서 온 차용어로, 영어의 'dialect'에 해당한다. 역사적으로 방언은 한민족(漢民族)을 둘러싸고 있는 이민족의 언어를 지칭한 것으로, 한족 자신의 언어를 '화어'(華語)라 함에 비해 그 주위 나라의 언어를 비하시키는 의미가 내포되어 있다.

오늘날 우리가 인식하고 있는 방언이란 용어는 대체로 그 나라의 표준어에 대립하는 의미로 사용하고 있다. 즉 정치, 경제, 문화의 중심지에서 떨어진 지방에서 쓰이는 언어를 지칭하는 것으로, 표준어에 비해 떨어지는 언어라는 뜻이 있는 것 같다.

그러나 이러한 생각은 잘못된 것이다. 표준어 역시 서울이라는 지역적인 특색을 지니고 있는 하나의 방언층이기 때문이다. 즉 표준어와 개별적인 방언들은 대등한 관계에 있는 것이지 질적인 차이로 구분되어지는 것은 아니다. 이와 함께 방언이라는 용어에는 그 지방 특유의 언어라는 뜻이 강하게 나타난다. 개별 방언도 언어의 한 층위로서 언어의 여러 구성 요소들의 결합으로 이루어졌기에 이에 대한 객관적인 기술이 필요하다. 그런 측면에서 방언을 '지방 언어'의 줄임말이라 할 수 있다.

어떠한 개별 방언들의 총체적 모습이 바로 그 언어의 모습을 드러낸다 하였거니와 방언은 공용어인 표준어에 비해 뒤떨어지거나 투박한 시골말을 의미하지는 않는다. 방언 나름대로의 어떠한 가치가 존재한다는 것이다.

하나의 방언은 지역적이건 사회적이건 어떠한 요소에 의해 다른 언어적 특성을 전제로 한다. 이것은 방언이 각 지역의 문화와 역사 속에서 형성된 언어 현상이며 사회적 사실임을 가리킨다. 방언은 각 방언대로 독특한 체계를 이루어, 그 지역인의 사상, 감정을 전달하는 수단으로서 가치를 지니고 있다.


## 1.2 방언과 표준어


먼저 방언(方言)과 표준어(標準語)의 관계를 살피기에 앞서 이들의 차이점에 대해 알아보면 다음과 같다.

방언의 중요한 특성은 지리적이나 사회적 요인으로 인한 분열성과 문화의 혜택을 받지 않는 고립된 지역어일수록 고어의 형태를 유지한다는 보수성 그리고 다양한 형태의 모습을 보인다는 점을 포함하여 지역적 한계를 지닌다는 것이다. 반면 표준어는 광범위한 언어 공용체에 통용되는 규범적인 언어 형식으로 통합성을 그 중요한 특성으로 하고, 지역적, 사회적 요인에 의한 언어의 분화를 억제하는 힘이 있다. 또한 방언에 비해 잘 정돈되어 정교한 모습을 드러내고, 어느 특정 지역뿐만이 아닌 국가 단위에 영향을 미친다는 것이다.

이러한 몇 가지 언어적 특성의 차이에도 불구하고 방언과 표준어는 본질적으로 차이가 없다. 즉 언어 활동이란 측면에서 이들은 대등한 자격을 지니고 있다. 한 언어에는 다양한 방언이 존재하는데 표준어도 구체적인 방언의 일종으로 표준어의 성립 과정이 어느 특정 방언이 세력을 얻어 전국 공통어의 성질을 띠면서 표준어의 공인을 얻은 것이기 때문이다.

국어에서 표준어는 "교양 있는 사람들이 두루 쓰는 현대의 서울말"이라고 정의하고 있다. 결국 표준어도 서울이라는 지역의 한 방언임을 나타내고 있는 것이다. 앞서 지적하였듯이 표준어는 방언으로 인한 언어의 분열을 막고, 같은 언어를 사용하는 언중들의 의사 소통의 불편을 덜기 위해서 공용어로서의 자격을 얻었다는 차이이다.

## ❷ 방언론의 연구, 조사 방법

모든 과학적 학문에는 그 나름대로의 독자적인 연구 방법론이 있듯이, 언어학과 방언론에도 독특한 연구 방법 내지 절차가 내재하고 있다.

개별 방언에 대한 연구를 위해서는 먼저 자료의 수집이 선행되어야 한다. 그 후 수집한 자료의 객관적인 처리를 통해 방언 체계를 정립하는 일련의 과정을 거친다.

## 2.1 방언 자료의 수집

　방언 자료의 수집은 일정 지역의 방언 화자로부터 현실적인 방언의 여러 현상을 채록하는 작업으로 방언 연구에 있어 가장 핵심적인 부분이다. 이 단계에서는 기타 방언집, 방언 자료 보고, 방언 연구론사 등도 필요에 따라 자료화할 수 있다. 좀 더 세부적인 과정은 아래와 같다.

　첫째, 조사 목적 내지 목표를 설정해야 한다. 이에 따라 조사 지역의 선정이 달라지게 때문이다. 즉 조사 지역을 전국적으로 할 것인지 아니면 어느 특정한 지역만을 대상으로 할 것인가가 결정되고, 그 다음 언어의 구성요소 중 어디에 초점을 두느냐에 따라 음운에 관한 조사, 문법에 관한 조사, 어휘에 관한 조사 등으로 세분화된다.

　둘째, 조사 항목의 범위를 설정해야 한다. 이는 조사 목적이나 기타 조사에 따르는 여러 사항과의 관련 하에 선정해야 한다. 그리고 이 때 조사 항목들의 배열은 주로 의미적으로 유사성이 있는 항목들을 연계적으로 구성하는 것이 바람직하다.

　셋째, 조사 방법의 결정으로, 구체적인 조사 항목으로 설정된 것들을 실제 현장에서 조사하는 것이다. 이에는 두 가지의 방법이 있을 수 있다. 먼저 조사자가 현지에 직접 나가 방언 조사를 하는 '직접 조사'와 그렇지 않은 '간접 조사'의 방식이 있다.

　전자는 특정한 어느 지역을 조사할 때에 후자는 동시에 많은 지역을 조사할 필요가 있을 때 주로 이용된다. 그리고 직접이든 간접적인 방법이든 간에 방언 화자로부터 방언 자료를 채집하기 위해서는 질문을 통해야 하는데, 다음과 같은 여러 방법이 있다.

(1) 질문법의 종류

| 종 류 | 설명 및 예시 |
| --- | --- |
| 1. 명명식 질문법 | 명명식 질문법은 조사자가 방언 화자로부터 문제를 내듯 하여 그 답을 유도하는 방법이다. 가장 보편적인 방법으로 인식된다.<br>예) (그림이나 사진을 보며) 이것을 무엇이라 합니까? |
| 2. 완결식 질문법 | 완결식 질문법은 방언 화자에게 제시하는 질문의 문장에 괄호를 제시하고 들어갈 적당한 단어를 채우는 방법이다.<br>예) 종이나 옷감을 자를 때 사용하는 것을 (        )라고 합니다. |
| 3. 치환식 질문법 | 치환식 질문법은 서로 대립되는 사항의 양쪽 형태를 완결식으로 응답하게 하는 방법이다.<br>예) 바위와 솜을 들면, 바위는 ______, 솜은 ______. |
| 4. 대담식 질문법 | 대담식 질문법은 한 질문을 통해 동시에 여러 가지의 응답형을 얻어내는 방법이다.<br>예) 봄에 피는 꽃에는 어떤 것들이 있습니까? |
| 5. 역질문법 | 역질문법은 오히려 제보자가 질문을 많이 하게 함으로써 그 가운데 특별한 어형을 찾아내는 방법이다.<br>예) 쟁기는 무엇에 쓰는 물건입니까? |

넷째, 조사 지점을 선정해야 한다. 조사 지점 선정 역시 조사 목적이나 성격에 따라 달라지게 된다.

다섯째, 제보자를 선정해야 한다. 즉 수집할 방언 자료를 제공해주는 대상을 선정하는 것으로 이는 방언 조사의 성패를 좌우한다고 해도 과언이 아닐 정도로 중요한 문제이다.

이에 대해 J. P. Rona(1955)는 제보자 선정의 조건으로 다음과 같은 기준을 세우고 있다.

(2) 제보자의 조건
>     ㄱ. 양호한 치아를 갖고 있을 것.
>     ㄴ. 동일 지역 태생이거나, 양친이 동일 지역 태생일 것.
>     ㄷ. 기혼자라면 배우자도 동일 지역 태생일 것.
>     ㄹ. 학교 교육을 전혀 받지 않은 무식한 사람이어야 할 것.
>     ㅁ. 원거리 여행을 한 경험이 없고, 군대에 간 경험이 없는 자일
>        것.
>     ㅂ. 농부이거나 농부의 아들이어야 한다. 또는 목동이거나 목동
>        의 아들일 것.
>     ㅅ. 연령은 30~50세 사이어야 한다.
>     ㅇ. 영리해야 한다.

제보자의 선정 조건이 위와 같지만 실제의 조사에 있어 위의 조건을 100%로 만족시킬 제보자를 찾는다는 것은 불가능하다. 가능한 위의 조건을 되도록 많이 만족시키는 제보자를 찾아 조사하면 된다.

## 2.2 자료의 정리

방언 자료에 대한 수집 과정이 충실히 이루어지고 나면 수집한 자료들에 대한 정리 과정이 뒤따른다. 이 과정에서 특히 주의할 점은 수집한 방언 자료의 정확한 기술에 있다. 왜냐하면 방언은 지역적인 차이에 따라 하나의 방언 구획이 결정되는데 이를 위해서는 방언 구획을 결정짓는 중요한 기준인 음운, 문법, 어휘에 대한 방언 화자로부터의 객관적이고도 정확한 전사가 필요하기 때문이다.

## 2.3 방언 지도의 작성

　방언 조사의 마지막 과정은 특정 지역에서 수집한 구체적인 방언 자료들을 분석하여 이를 어느 방언 구획에 삽입하는 것이 타당한지 아니면 새로운 하나의 방언 구획을 설정한 것인지를 결정하게 된다. 이러한 일련의 과정을 거쳐 최종적으로 작성되는 것을 '방언 지도' 내지 '언어 지도'라 한다.

　현지 조사를 통해 수집된 자료를 정리하여 각 분화형들을 목록으로 작성한 뒤에 조사 지역의 지도 위에 특수한 기호를 이용하여 옮기게 되는데 이를 '언어 지도'(言語地圖 : language atlas)라 한다. 수집된 어형이 방대할 경우에는 희귀한 자료는 제외하고 우세한 어형을 중심으로 기록하게 된다.

　언어 지도의 목적은 여러 방언 분화형들의 지리적 분포를 시각적으로 나타내어, 어떤 방언형이 가장 큰 세력을 가지고 있는가, 그리고 방언과 방언이 어디를 분기점으로 하여 분화되는가에 대한 정보를 시각적으로 나타내 보이는데 있다. 이러한 방언 분화의 흐름은 궁극적으로 언어의 역사적인 변천 단계를 반영해주고 있다.

## ③ 방언 구획 설정의 기준

　수집한 방언 자료를 통해 우리는 방언의 구획을 정하게 되는데 이의 중요한 기준으로 작용하고 있는 것이 등어선 및 언어 경계선이다. 즉 계통과 성질이 다른 두 언어, 또는 수 개의 언어가 접촉되는 경우에 그 두 개의 언어 또는 수 개의 언어 사이에 분명한 경계선이 이루어지듯 동일한 한 언어 속에서도 이러한 경계선이 존재하고 있다.

언어 지도 상에서 언어와 언어 사이 또는 한 언어 내의 여러 방언 사이에 형성되는 언어상의 경계선을 '등어선'(等語線 : isogloss)이라 한다. 이 용어는 1892년 라트비아의 방언학자인 J. G. A. Bielenstein이 처음 사용한 것으로 기상학의 '등온선'(等溫線 : isotherm)을 본따서 '등어선'(동일하다는 iso와 언어라는 gloss를 합성한)을 만들었다.

하나의 언어는 등어선 구획의 차이에 따라 몇 개의 방언으로 구성되어 있다. 그런데 이들 개별의 방언들은 독립적이기보다 서로 영향 관계를 맺고 있다. 즉 각지의 방언적 특수성이 파도와도 같이 사방에 전파되기 시작했기 때문에 어느 한 지역의 언어에는 어느 방언적 특수성에 관해서는 A지역과 동일하나 B지역과는 차이가 있고, 또 다른 방언적 특수성에 관해서는 B지역과 동일하나 반대로 A지역과는 차이가 있게 된다.

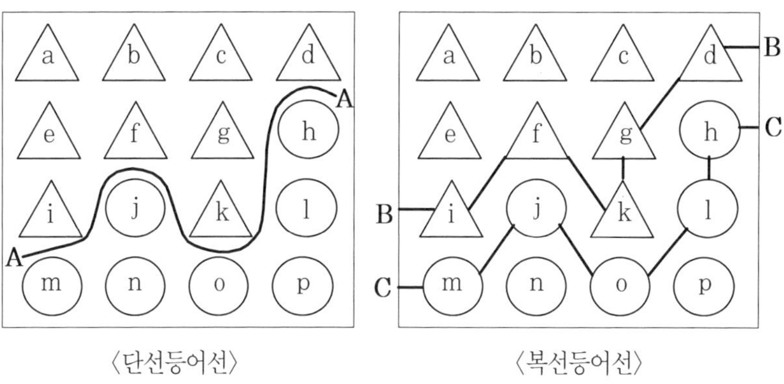


〈단선등어선〉　　　　　〈복선등어선〉

이와 같은 계속적인 언어 파도의 결과로 그물 상태의 등어선이 형성된 것으로, 이러한 언어의 '개신'(改新)이 차츰 세력이 확대되어 그 지역이 넓어져 마치 물결의 파동처럼 주위 지역으로 퍼져나가게 되는데, 이

물결을 '개신파'(改新波)라 한다. 그렇기 때문에 인접되어 있는 방언들은 상호간에 유사점을 가지게 되었으며, 등어선을 넘어서 어느 쪽으로나 멀리가면 갈수록 두 방언의 차이는 거리와 함께 정비례하여 나타난다. 그리고 이러한 개신이 출발된 곳을 '방사의 중심' 또는 '초점 지역'이라 부른다.

개신파의 물결이 초점 지역으로부터 점점 멀리 퍼져 나가다가, 그 세력이 약화되는 마지막 지역을 '상륙 거점'이라고 하는데, 이 상륙 거점이 서로 교체되어 넓은 지역을 형성하는 경우를 '전이 지대'라 한다.

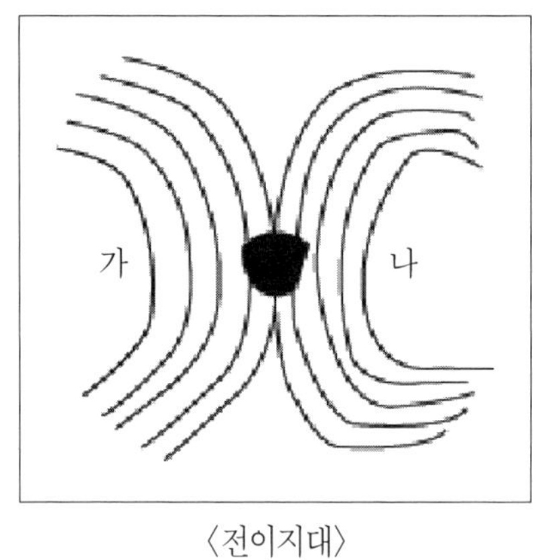


〈전이지대〉

등어선은 어느 음운 변화, 유추의 의의 변화 또는 문화적 차용이 어디에서부터 시작해서 어느 지역으로 미쳤는가를 역력히 말해주고 있기에 '방언 한계선'의 중요한 잣대가 됨과 동시에 '언어의 분화와 유동 상태'를 조사, 연구하는 데도 중요한 역할을 한다.

그러나 방언과 방언 사이에는 등어선에 의하지 않고 드러나는 언어 경계선도 있을 수 있다. 예를 들면 해협(海峽)이나 대하(大河) 등과 같은 장애물에 의해 두 지역이 격리되어 있는 경우에는 등어선이 존재하지 않지만 언어 경계선은 분명히 나타난다. 국어의 경우, 제주도와 전라도 방언 사이는 바다에 의해 격리되어 있기에 등어선이 존재하지 않는다.

등어선은 방언과 방언과의 경계선에서 이루어지는 것 뿐만 아니라, 한 방언의 하위 방언에서도 나타나기 때문에 지도면상에 무수한 그물 상태로 나타난다. 그러나 등어선의 교착(交錯)이 심하고 많을 경우에는 어느 등어선이 방언과의 한계선인 등어선이요, 또 어느 등어선이 하위 방언끼리의 등어선이냐를 결정하는데 곤란할 때가 있다. 이 경우에는 통속적으로 방언 구획을 행정 구역의 변화에 따라 설정하기도 하는데, 한 방언이 하위 방언으로 분열되는 경우는 대체적으로 행정 구역의 중심지에서 분열되는 것이 보통이다. 국어의 9개 방언의 구획도 사실 행정 구역에 따른 분류라 할 것이다.

국어는 총 9개의 방언권, 즉 남쪽의 제주도 방언, 경상도 방언, 전라도 방언, 충청도 방언, 강원도 방언, 경기도 방언과 북쪽의 평안도 방언, 함경도 방언, 황해도 방언으로 설정할 수 있다.

## ④ 국어 방언 구획의 분류

한 언어를 몇 개의 방언으로 분류하는 일을 '방언 구획'(方言區劃)이라 하는데 이는 언어의 어떠한 한 요소, 예를 들면 음운이나 형태 그리고 문법 영역 중 어느 하나에 근거하여 공통 지역과 차이 지역을 중심으로 설정한다. 그러나 방언론도 언어학의 한 부류이기에 방언 구획은 언어의 제요소, 즉 음운, 형태, 문법이라는 전 체계의 조사를 통해 결정되는 것이 이상적이지만 현실은 그렇지 못하다.

이러한 이유로 행정 구역을 중심으로 방언 구획을 설정하는 경향이 많은 데 본 서에서는 전국 단위로서의 국어 방언 구획을 어떻게 설정하고 있는 지 최명옥(1998)과 김민수(1983)를 중심으로 살펴보기로 한다.

국어의 전국적인 방언 구획에 대한 최초의 연구는 李克魯(1932)이다. 그는 몇 가지의 언어 사실과 지리 역사적 관계를 중심으로 국어의 방언 구획을 5부분 즉, 제주 방언을 제외한 관서 방언, 호남 방언, 영남 방언, 관북 방언, 중부 방언으로 나누었다. 세부적인 내용은 다음과 같다.

(1) 李克魯(1932)의 방언 구획
- 관서 방언(평안도 사투리, 고구려 방언) : 평안남북도와 황해도 일부
- 호남 방언(전라도 사투리, 백제 방언) : 전라남북도와 충청남도
- 영남 방언(경상도 사투리, 신라 방언) : 경상남북도, 강원도(주문진 일부) 일부, 전라남도 해안 일대 포함
- 관북 방언(함경도 사투리,옥저 방언) : 함경남북도
- 중부 방언(경기도 사투리, 혼성 방언) : 경기도, 강원도(배양 이북) 일부, 황해도 일부

역사적으로 국어에 대한 방언 구획으로 가장 오래되고, 언어의 전면에 걸친 자료를 통한 것으로 小倉進平(1944)이 있다. 그는 국어의 방언 구획을 6구획으로 구분하고 있다. 한편, 河野六郎(1945)에서는 소창진평의 구획안에서 경상 방언과 전라 방언을 합친 5구획으로 나누고 있다.

(2) 小倉進平(1944)의 방언 구획
- 경상 방언 : 경상남북도
- 전라 방언 : 금산과 무주를 제외한 전라남북도
- 함경 방언 : 함경북도, 정평과 영흥 이북의 함경남도, 평안북도의 후창
- 평안 방언 : 평안남도, 후창을 제외한 평안북도
- 경기 방언 : 경기도, 황해도, 충청도, 금산과 무주의 전라북도, 정평과 영흥 이남의 함경남도
- 제주 방언 : 제주도

(3) 河野六郎(1945)의 방언 구획
  ┌ 중부 방언 : 중선 방언 : 경기도 방언
  │ 서북 방언 : 서선 방언 : 평안도 방언
  │ 동북 방언 : 북선 방언 : 함경도 방언
  │ 남부 방언 : 남선 방언 : 경상, 전라도 방언
  └ 제주 방언 : 제주 방언 : 제주도 방언

위의 예들과는 달리 언어 자료를 통한 방언 구획이 아니고, 국어사의 측면에서 최학근(1958)은 9개의 구획으로 국어 방언을 나누고 있다.

(4) 최학근(1958)의 방언 구획
  ┌ 고구려어계 : 경기도 방언, 강원도 방언, 황해도 방언, 충청도 방
  │              언, 평안도 방언
  │ 신 라 어 계 : 경상도 방언, 전라도 방언, 함경도 방언
  └ 원시국어계 : 제주도 방언

한편, 김민수(1983)에서는 다양한 국어 방언의 구획을 종합하여 아래와 같이 처리하고 있다.

(5)

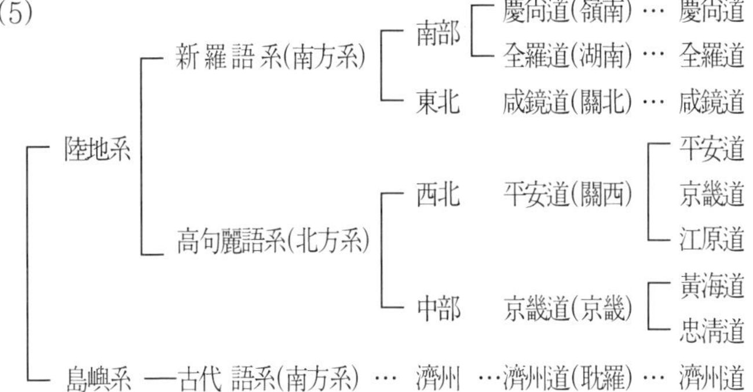

　이상으로 국어 방언 구획은 연구자 나름대로의 기준에 따라 5내지 9개의 구획으로 구분하고 있음을 알았다. 사실 방언 구획을 결정짓기 위해서는 언어를 구성하는 음운, 형태, 문법 등에 의해 객관적으로 고찰될 문제이기에 당장 국어의 방언 구획을 몇 구분으로 정의 내리기는 어렵지만 위의 연구들을 통해 볼 때, 국어의 방언 구획은 6구획, 즉 경상도 방언, 전라도 방언, 경기도 방언, 함경도 방언, 평안도 방언, 제주도 방언으로 설정하는 것이 무리가 없어 보인다.

# 제 10 장  계통론(系統論)

한 언어 체계에서 각각의 방언들은 어느 특정 지역 언어의 모습을 드러내고 있다. 그러나 시간을 거슬러 올라가면 이들 세분화된 방언들은 공통된 뿌리를 가지고 있었음을 확인할 수 있듯이, 현존하는 모든 언어들도 이러한 방법으로 몇 개의 언어적 계통으로 구분할 수 있다. 이러한 언어의 파생 관계를 관찰하여 공통 조어를 재구성하거나 각 언어 사이의 친족 관계를 밝히는 학문을 '계통론'(系統論)이라 한다.

본 장에서는 개별 언어의 형태, 계통학적 분류에 대해 알아보고, 국어의 계통에 대해 살피고자 한다.

## ① 세계 언어의 분류

전 세계의 언어를 어떠한 기준에 의해 몇 가지의 유형으로 분류할 수 있다면 언어 내부의 구조를 밝히는 등 언어 연구에 많은 장점을 가져다 줄 것이다. 이러한 언어를 분류하는 기준에는 두 가지, 즉 형태와 계통에 따른 방법이 있을 수 있다. 두 가지 방법 중 형태에 따른 언어적 분류는 계통적 분류와는 달리 자료 언어들의 계통을 따지지 않는다.

## 1.1 형태적(形態的) 분류

모든 개별 언어는 형태적 특성에 의해 몇 가지의 유형으로 구분할 수 있는데, F. von Schlegel의 3분법에서부터 Pott의 4분법 그리고 Steinthal의 6분법 등의 유형이 존재한다.

3분법에서는 언어를 그 형태적 특성에 따라 고립어, 교착어, 굴절어로 구분하였다.

4분법에서는 3분법 체계의 고립어, 교착어, 굴절어 외에 포합어를 추가하였다.

6분법에서는 포합어, 굴절어, 교착어에 어근 고립어(語根孤立語)와 어간 고립어(語幹孤立語) 그리고 병치어(並置語)를 첨가하였다.

물론 이 가운데 현재 일반적으로 통용되는 분류는 3분법을 중심으로 발전한 4분법의 체계이다. 이는 언어의 형태적 특징의 일면을 알기 쉽게 잘 파악한 까닭이다. 즉 언어는 어근과 접사로 구성되었다는 관점에 따라 문법 관계를 어떤 형태로 나타내는가를 기준하고 있다. 좀 자세히 살펴보면 다음과 같다.

고립어(孤立語)는 어근이 그대로 한 단위의 단어인 언어로 이러한 언어의 문법 관계는 어순에 의해 드러난다. 중국어가 대표적인 예이다. 즉 '我打他'와 '他打我'의 의미 차이는 어순에 의해 드러난다.

교착어(膠着語)는 어근에 접사나 어미가 결합하여 단어를 구성하는 언어이다. 이의 대표적인 예로 한국어를 들 수 있다. 즉 한국어는 체언에 조사가 결합하거나 어근에 접사와 어미가 결합함으로써 단어를 형성하는 언어이다. 서술어의 경우 어근 '깨-'에 접사인 '-뜨리-', 선어말 어미 '-시-, -었-, -겠-, -더-', 그리고 어말 어미 '-군요'가 결합한 단어 '깨 뜨리시었겠더군요'를 통해 알 수 있다. 이러한 이유로 교착어는 '첨가 어'(添加語), '부착어'(附着語) 등으로도 불린다.

굴절어(屈折語)는 교착어의 경우처럼 어근과 접사의 구분에 의하지 않고 단어 내부적 변화로 표시되는 언어이다. 영어나 독일어 등이 대표 적인 언어이다.

포합어(抱合語)는 문장을 구성하는 요소가 서로 얽혀있는 언어를 가 리킨다. 에스키모어 'nekilertukut'는 'nekit(물고기들)'과 'lerttok(많 다)'가 결합한 것으로 이의 의미는 '우리는 많은 물고기가 있다'는 문장 이다.

## 1.2 계통적(系統的) 분류

언어 사이의 친족 관계를 밝혀서 같은 공통 조어에서 갈라진 언어들 을 하나의 어족으로 묶을 수 있는데, 이를 언어의 계통적 분류라 한다. 달리 말하면, 어족이란 계통상 하나로 묶이는 언어의 종족이다.

언어의 계통적 분류에 대한 완벽한 작업은 없지만, 일반적이고 보편 적인 분류로 Schmidt(1926)를 들 수 있다. 이에 따르면 적게는 8어족, 많게는 10어족을 생각할 수 있다. 그러나 이러한 분류도 어떠한 분류 기준에 따르느냐에 따라 얼마든지 바뀌어질 수 있는 문제이다.

알타이어족(Altaic family)은 우리 국어가 소속되어 있는 어족으로 이 에는 만주·퉁구스 제어, 몽고제어, 터키제어가 포함된다.

인구어족(Indo-European family)은 세계의 언어에서 가장 널리 그리 고 계통의 연구가 잘 이루어져 있는 어족이다. 인구어족이라는 명칭에서 짐작하듯이 이에는 인도어파, 이란어파, 발토·슬라브어파, 로만스어파와 게르만어파 등이 여기에 속한다.

아프리카·아시아어족(Afro-Asiatic family)은 북아프리카 및 서남아시아 지역의 어족으로 햄·셈어족(Hamito-Semitic family)이라고도 한다.

핀란드·우그리어족(Finno-Ugric family)은 유럽 지역에 위치해 있으면서 인구어족에 속하지 않는 언어들로 핀란드, 에스토니아, 헝가리어 등이 이에 속한다. 한때 알타이족과 합쳐 우랄·알타이어족으로 부린 적도 있었다.

드라비다어족(Dravidian family)은 인도의 남부 지역에서 주로 사용되는 것으로 텔루구어(Telegu)와 타밀어(Tamil) 등이 이에 속한다.

지나·티베트어족(Sino-Tibetan family)은 아시아 지역에서 널리 쓰이는 어족으로 중국, 티베트, 버마어 등이 이에 속한다.

남아어족(Austro-Asiatisch)은 동남아시아 지역의 언어들로서 캄보디아, 베트남어가 이에 속한다.

남도어족(Austro-Nesisch)은 마다가스카르섬에서 하와이섬, 이스터섬 사이의 광대한 지역 언어로서 대만, 태국, 뉴질랜드어 등이 이에 속한다.

여기에 '아주어족'(亞洲語族)과 '미주어족'(美洲語族)을 포함시켜 10개의 어족을 설정하기도 하지만 연구자마다의 기준에 따른 차이가 있다.


## ❷ 국어의 계통


언어의 계통에 대한 연구가 발전하기 전 국어는 Ural-Alati어족으로 분류되기도 했지만 그 후 연구의 진전으로 인해 좀 더 세분화된 Alati 어족으로 다루어 오고 있다. 국어의 계통적 특징을 이해하기에 앞서 국어가 포함된 Altai어족의 하위 언어들과 그들 언어의 특징에 대해 알아보기로 하자.


## 2.1 알타이어족


알타이어족은 Altai산맥을 중심으로 한 언어군으로 터어키어파, 몽고어파, 퉁구스어파로 3분류할 수 있다. 그리고 이들 각각의 '어파'(語派)를 구성하는 구체적 하위 언어들은 다음과 같다.


### (1) 터어키어파

터어키(Turkey)어파는 터어키 공화국을 중심으로 마케도니아(Macedonia)부터 시베리아 레나강(Siberia Lena)에 이르는 광범위한 지역에 사용되는 언어를 총칭한다. 이에는 타타르(Tatar), 츄바시(Chuvash), 카자크(Kazakh), 야쿠트(Yakut), 우즈벡(Uzbek) 등의 언어들이 포함된다.


### (2) 몽고어파

몽고(Mongo)어파는 동으로는 만주에서부터 시작하여 서로는 볼가강에 이르는 지역에서 사용되는 언어이다. 이에는 칼카(Khalkha), 부리아트(Buryat), 모골(Mogol), 몽구오르(Monguor) 등의 언어들이 속한다.


## (3) 퉁구스어파

퉁구스(Tungus)어파는 만주에서 시베리아에 걸치는 지역어로서 만주 (Manch), 오로치(Oroch), 올차(Olcha), 라무트(Lamut), 에벤키(Evenki) 등의 언어들이 이 어파에 속한다.


## 2.2 알타이어족과 한국어

이처럼 방대한 지역에서 사용되는 알타이어족의 언어들은 지역적인 차이에도 불구하고 음운, 문법, 어휘에서 많은 공통점을 지니고 있다. 즉 두음 법칙의 현상, 모음 조화의 규칙, 어두에 자음군이 올 수 없다는 현상, 관계 대명사가 없다는 등등의 공통성이 있고, 같은 알타이어족인 국어에도 이러한 현상이 동일하게 나타난다.


## (1) 알타이 제어(諸語)로서의 한국어 위상

20C 핀란드 언어학자인 G. J. Ramstedt는 알타이어족을 설명하면 서 위의 3개 語派 외에 과거 어느 시기에 한국어도 포함되어 있었다고 하였다. 그는 알타이어족의 분기점을 '흥안산맥'(興安山脈)이라 하여, 이 를 중심으로 4개의 어가 분화한 것이라 하였다. 즉 서북쪽의 몽고어, 서 남의 터어키어, 동북의 퉁구스어 그리고 동남쪽의 언어를 한국어라 하

고, 다음과 같이 도시하였다.

(1) 알타이 제어의 분포

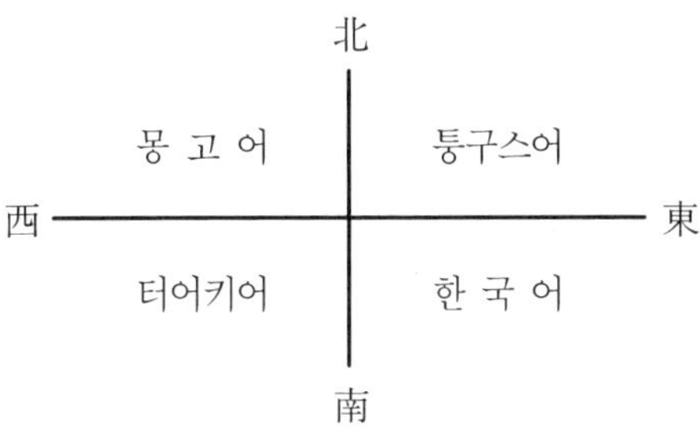


이처럼 Ramstedt에 의해 한국어가 알타이어족의 타 언어와 대등한 위치에 있다는 주장이 제기되었다.

## (2) 한국어의 분화 과정

Ramstedt의 주장과 함께 한국어의 계통 문제에 있어 의미 있는 주장이 N. Poppe에 의해 제기되었다. 그는 한국어의 분화 과정에 대해 4개의 언어 가운데 가장 먼저 분화한 것이 바로 한국어라 주장하였다. 다음과 같다.

(2) 알타이 제어의 분화

| 알 타 이 祖 語 (共通語) | |
| --- | --- |
| 터키-蒙古-퉁구스 祖語 | 原始韓國語 |

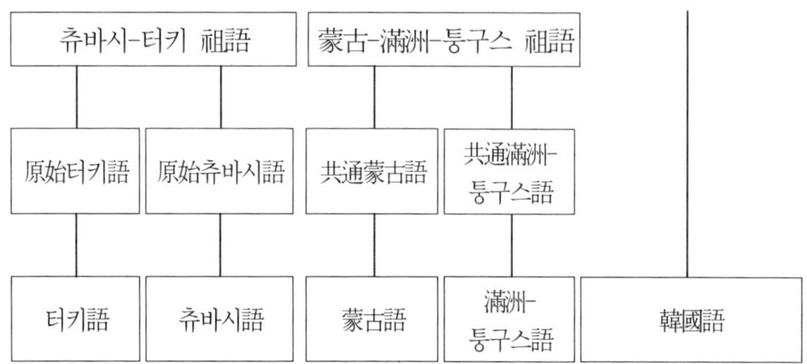

2)의 도표에 의하면, 원시 한국어가 알타이 공통 조어에서 가장 먼저 분리했고, 그 뒤에 터키·몽고·퉁구스 단일어 시대가 꽤 오래 계속되었을 것이다. 그 다음 오늘의 터키어의 선조가 분리했고, 몽고·퉁구스 단일어가 얼마동안 지속되다가 몽고어와 퉁구스어로 분리했을 것임을 추정할 수 있다.

한편, 李基文(1961)에서는 알타이제어의 공통적인 특징을 지니는 일본어를 포함하는 관점에서 한국어의 계통을 다루는 것이 타당하다고 하고, 알타이 공통 조어에 '夫餘·韓共通語'를 삽입하여 다음과 같이 분류하고 있다.

(3)

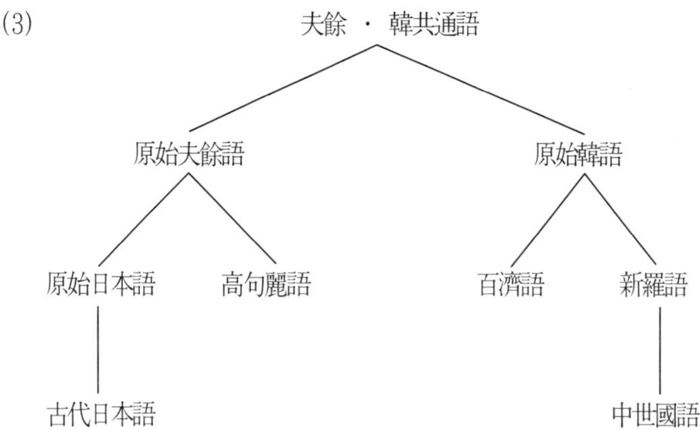

이상으로 알타이조어에서 한국어가 분화되는 과정을 Ramstedt, Poppe 그리고 李基文을 통해 살펴보았는데, 이 외에도 한국어의 계통에 대한 여러 가지의 주장이 있지만, 이들에 비하면 타당성이 떨어지기에 일반화하기에는 어려움이 따른다.

# 제 11 장 문자론(文字論)

우리가 사용하는 언어는 일반적으로 '음성 언어'를 의미한다. 그러나 이에는 또 다른 측면인 '문자 언어'가 존재한다. 즉 자신의 생각이나 의견 등을 음성이라는 형식을 통해 전달하기도 하지만 경우에 따라서는 문자로 표현하기도 한다. 이처럼 음성 언어와 문자 언어는 상호 보완적인 관계로서 음성 언어를 시각화해 표현한 것이 문자 언어이다.

음성은 문자와 달리 표현에 있어 여러 가지 장점을 가지고 있지만 언어의 형식으로서 이들의 관계는 동등한 가치를 가진다. 이와 같이 음성과 대등한 관계로서의 문자에 대한 연구 분야를 '문자론'(文字論)이라 한다.

의사 표현 수단으로서의 문자는 세계 각 나라마다 다양한 문자가 정립되었는데, 본 장에서는 이러한 문자의 기원과 그 발전 과정에 대해 알아보고, 세계의 문자 가운데 국어의 문자인 '훈민정음'에 대해 개괄하기로 한다.

# 1 문자의 본질

세계 어느 민족이나 언어를 사용하고 있다. 물론 이 때의 언어란 음성 언어를 의미한다. 그러나 세계의 모든 민족이 그들의 표기 수단인 문자를 가지고 있지는 않다.

인류 역사의 초창기에는 인간의 음성만으로도 충분한 의사 전달이 가능했을 것이다. 발생학적인 면에서 볼 때에도 문자는 언어 음성의 다음에 나타난 것으로 인류가 음성을 언어의 형식으로 삼은 역사를 50만년 혹은 100만년이라 할 때, 문자의 역사는 5000년 내지 6000년에 불과하다.

그러나 역사의 발전과 더불어 사회의 복잡, 다양함으로 인해 지역적으로나 시간적인 제약을 받게 되고, 수많은 정보와 지식을 얻기 위해서는 더 이상 음성 언어에만 의존할 수가 없게 되었다. 그리하여 인류는 음성 언어의 문제를 보완하기 위한 한 방편으로 음성을 시각화한 문자를 형성하게 되었고, 오늘날 현대 사회에서 문자의 의의는 크다 할 수 있다. 오늘날 문자의 가치는 다음과 같다.

첫째, 음성 언어의 가장 큰 단점인 시간과 공간을 초월한 상대방과의 의사 소통이 가능해졌다.

둘째, 음성 언어의 경우 시간이 흘러감에 따라 선행 내용에 대한 기억의 부담이 생기게 되는데, 문자는 이러한 부담에서 벗어나게 하였다.

셋째, 오늘날 인간의 문명이 발달한 것은 앞선 시대의 문명을 이어받음으로서 가능한 것인데, 이의 필수적인 도구가 바로 문자인 것이다.

이와 같이 언어음의 제 1차적인 형식이 음성이고, 문자는 이의 보조적인 수단임에는 틀림이 없다. 그러나 우리가 언어를 의사 소통의 수단 내지 도구라고 정의한다면, 문자 역시 음성과 동등한 가치를 지니고 있는 것이다.

이근수(1995)에서는 인간이 다른 동물과 다른 점은 여러 가지가 있지만 그 가운데 문자 생활을 한다는 것이 두드러진 특징의 하나라고 하였다. 문자는 문화를 창조하고 전달하는 기능을 가졌으니 문자를 창제한다는 것은 어느 시대, 어느 사회를 막론하고 문화사적·역사적 측면에서 커다란 의의를 갖는 것이라 하겠다. 문자 발달사적 측면에서 볼 때 문자는 인간의 지혜와 슬기가 발달함에 따라 자연 발생적으로 생성된 것으로 보는 것이 일반적인 해석이라 할 것이다.

## ② 문자의 기원과 발전

### 2.1 문자의 기원

문자의 발생의 기원은 음성의 가장 큰 문제점인 시간, 공간의 제약에 따른 문제에 있었을 것이다. 그 옛날 사람들의 사회 생활이란 그 주위의 몇몇 부족들과의 접촉으로 공간적인 차이가 거의 없었을 것이다. 그러나 사회가 점점 복잡해지고 교통 수단의 발달로 인해 공간적으로 먼 지역에 위치한 부족과도 접촉이 빈번하게 되자, 음성 언어의 단점을 보완해줄 수 있는 보조적 수단이 필요하게 되었다.

그러나 곧바로 오늘날 각 민족들이 사용하고 있는 문자의 탄생으로 이어지지는 않고, 먼저 간단한 내용을 나무나 가죽에 표시하여 전달하는 방법을 택하였다. 이 시기를 문자 이전의 시기라 하여 '기억 방조 단계'(記憶幇助段階)라 한다. 다음과 같은 방법들이 있다.

첫째, 나무나 대나무 같은 곳에 자신이 나타내고자 하는 내용을 간단한 새김으로 표현하는 방법으로, 'Messenger Stick' 또는 '서계'(書契)라고도 한다.

둘째, 줄이나 끈에 매듭을 통해 표시하는 방법으로, 한 번의 매듭은 숫자 1을 두 번의 매듭은 2를 의미한다. 또한 일의 중요도는 매듭의 굵기에 따라서 표현한다. 이를 '결승'(結繩)이라 하고, 페루에서는 'quipus'(매듭)으로 알려져 있다.

셋째, 앞의 두 방법보다 한 단계 발전한 것으로 '회화'(繪畵)의 형태로 전달 내용을 표시한 것이다. 즉 서계나 결승이 내용의 전달과 아무런 연관성을 찾기 어려움에 비해 회화 형태의 방법은 그림을 통해 쌍방간의 의사 전달이 어느 정도 가능하게 되었다. 암각화를 포함한 주민들의 그림 문자 등이 대표적이다. 물론 그렇다고 해서 이를 문자라 하기는 어렵지만, 넓은 의미에 있어 최고(最古)의 문자요, 문자발생 제 1단계의 자리를 차지함은 분명하다.


## 2.2 문자의 발전


문자 탄생의 전(前) 단계로서의 기억 방조 시대를 거쳐 문자로서 최초의 자리에 매김한 것은 바로 '상형 문자'이다. 이후 '표의 문자'와 '표음 문자'로의 발달 과정을 거치게 된다.

상형 문자(象形文字)는 회화 문자가 한 단계 발전한 것으로, 한 형태소의 의미를 그림으로 표시한 글자이다. 현재 이집트의 '신성 문자'(神聖文字), 메소포타미아 지방의 '설형 문자'(楔形文字), 고대 중국의 '갑골 문자'(甲骨文字) 등이 대표적이다.

표의 문자(表意文字)는 1문자가 1단어, 1관념이 1의미를 표시하는 것으로 한자(漢字)가 이에 속한다. 1문자가 음과 동시에 글자를 표시하고, 하나의 음은 1문자와 1음절의 발음으로 이루어진다. 이처럼 한 형태소가 한 의미를 지니고 있기 때문에 형태소 결합에 의한 조어력이 매우 뛰어나다. 오늘날 우리가 알고 있는 한자는 크게 6가지의 종류로 나누어 볼 수 있다. '상형(象形), 지사(指事), 회의(會意), 형성(形聲), 전주(轉注), 가차(假借)'의 육서(六書)가 그것이다.

표의 문자는 글자를 보고 의미를 이해하기가 무척 빠르다는 점, 동일한 두 음성의 의미 구별이 용이하다는 점, 발음을 잘못하더라도 의미에 손상이 없다는 점 등의 장점을 지니고 있다. 반면, 원활한 의사 소통을 위해서는 단어 수효만큼의 글자가 필요한데, 익혀야 하는 글자의 수가 많다는 점을 가장 커다란 단점으로 지적할 수 있다.

표음 문자(表音文字)는 음성 언어에 가능한 한 충실하게 반영되도록 표음성을 띠어 문자 언어의 기능을 충분히 발휘하게끔 한 것으로, 문자 발전 단계로 볼 때, 가장 우수한 형태임에 틀림없다. 표음 문자는 글자 하나 하나가 뜻과 관계없이 음절을 대표하는 문자 체계인 '음절 문자'와 글자 하나 하나가 대표하는 음의 단위가 음소인 '음소 문자'로 나누어진다.

<pre>
표음 문자 ┌ 음절 문자 : 일본의 '가나'(假名) 등
          └ 음소 문자 : 한글, 로마 글자 등
</pre>

표음 문자 중 음소 문자인 한글에서 'ㅅ'이나 'ㅏ', 'ㄴ'과 같은 각각의 문자는 어떠한 의미도 갖고 있지 않다. 다만 이들이 결합해 '산'이라는 단어를 형성할 때 비로소 의미를 갖게 된다. 한글의 음운과 영어의 알파벳은 유한한 문자 체계를 형성하지만 이로써 생성해내지 못하는 단어와 문장이 없다. 따라서 많은 문자를 필요로 하는 표의 문자에 비해, 표음 문자는 표현의 효율성이 크다는 점이 큰 장점이다.

## ③ 훈민정음의 탄생

우리의 과거 언어 생활을 얘기할 때, 이중적인 언어 생활을 영위해 왔다고 한다. 이 말은 구어와 문어에 의한 언어 생활이 일치하지 않음을 의미한다. 즉 오래 전부터 구어로는 오늘날 우리가 사용하는 입말을 써 왔다. 반면 그 입말을 표기할 수단인 문자를 갖기 시작한 것은 다 알다시피 15C 이후였다. 그 후 우리의 문자 체계인 '훈민정음'(訓民正音)이 형성된 이후 우리의 언어 생활은 비로소 완벽한 과정의 흐름 속에 있었다 할 것이다.

그러면 훈민정음 창제 이전의 문자 표기 방식은 없었을까? 그렇지는 않다. 이웃 문자인 한자를 일찍이 받아들여 왔던 우리로서는 이를 이용하는 방법의 차이에 따라 다양한 표기 방법을 통해 우리의 사상과 감정을 표현하였다. 이 절에서는 훈민정음 창제 이전의 다양한 표기 방법에 대한 고찰과 함께 훈민정음의 이모 저모에 대해 살피고자 한다.

### 3.1 훈민정음 이전의 표기 방식

우리 선조들은 중국으로부터 받아들인 한자의 음과 훈을 이용하여 나름대로의 문자 표기 생활을 해왔다. 발달 순서로 보면 '고유 명사 표기'를 거쳐 '서기체, 이두, 구결, 향찰 표기'의 과정을 거쳤다.

고유 명사(固有名詞) 표기는 고유의 문자를 가지지 못한 우리가 가장 먼저 부닥쳤던 문제이다. 감정이나 생각의 표현은 불완전하나마 한자를 이용해 표현했다면 고유 명사의 표현은 쉽지 않았을 것이고, 이에 대해

고심했을 것은 당연하다. 현재 이에 대한 자료는 금석문 자료나 고문헌을 통해 단편적인 사실만을 확인할 수 있는데, 한자의 음만을 이용한 표기, 훈을 이용한 표기 그리고 이 양자의 혼합으로 표기된 것으로 구분할 수 있다.

서기체(誓記體) 표기는 고유 명사의 표기에 한 단계 발전한 표기로 한문을 우리말의 어순에 따라 배열한 것으로, 문법적 관계를 나타내는 요소의 표기가 없는 것이 특징이다. 이는 아래의 '임신서기석'(壬申誓記石)이라는 금석문 자료에 나타난 것으로 그 명칭의 유래를 찾아볼 수 있다.

(1) 壬申誓記石의 原文
　　壬申年六月十六日, 二人幷誓記, 天前誓, 今自三年以後, 忠道執持,
　　過失无誓, 若此事失, 天大罪得誓, 若國不安大亂世, 可容行誓之,
　　又別先辛未年七月廿二日大誓, 詩尚書禮傳倫得誓三年.
　　(壬申年 6월 16일 두 사람이 함께 맹서하여 기록한다. 하늘 앞에 맹세한다. 지금부터 3년 이후 충성의 도를 확실히 깨달아서, 過失이 없기를 맹세한다. 만일 이 서약을 어기면 하늘에 大罪 얻을 것을 맹세한다. 만일 나라가 불안하고 大亂世이면 정녕 충성의 도를 행하기로 맹세한다. 또 따로 앞서 辛未年 7월 22일에 크게 맹세한다. 詩, 尚書, 禮記, 左傳을 차례대로 습득하기를을 맹세하되 3년으로 하였다.)

이두(吏讀) 표기는 서기체 표기의 진전된 모습을 보여주는 표기로, 서기체 문장에 자연스러운 문맥적 의미의 해석을 위해 적당한 문법적 형태소를 삽입하는 표기이다. 이는 '남산신성비문'(南山新城碑文)의 일부에서 확인할 수 있다.

(2) 「南山新城의 碑文」
　　南山新城作節(디위)　如法以(으로)作　後三年崩跛者(는)　罪敎(이

신)事爲(하야) 聞敎(이샤) 令(시겨) 誓事之(이오)
(남산신성을 만들 때 법에 따라 만든 지 3년 이내에 무너져 파괴
되면 죄로 다스릴 것이라는 사실을 널리 알려 서약케 하였다.)

 구결(口訣) 표기는 한문을 읽을 때 문장의 의미를 정확하게 이해할 수
있도록 한문의 구절 사이에 문법적 관계를 표시하는 요소를 차자(借字)
로 표기하여 삽입하는 것을 말한다. 이는 넓은 의미의 이두에 포함된다.

 (3) 「呂氏鄕約」(1517)
    凡鄕之約四伊尼(ㅣ니)  一曰德業相勸伊五(이오)  二曰過失相規伊
    五(이오)… 四曰忠難相恤伊羅(이라). -後略-

 향찰(鄕札) 표기는 한자의 음과 훈을 이용한 표기 방법의 완성판이라
할 것이다. 향찰의 표기는 문법적 형태소 뿐만 아니라 실질적인 형태소
까지 표현한 것이다. 즉 의미부는 한자의 훈으로 기록하고 형태부는 한
자의 음으로 표기하였다. '향찰'이라는 명칭은 사실 당나라의 말을 의미
하는 '당언'(唐言)에 대립해 쓰인 것이다. 당악(唐樂)에 대한 '향악'(鄕樂),
당인(唐人)에 대한 '향인'(鄕人)의 경우와 마찬가지이다.

 (4) 「薯童謠」
    善化公主主隱 他密只 嫁良置古 薯童房乙 夜矣卯乙 抱遣去如.
    (선화공주님은 남몰래 정을 통하고 서동방을 밤에 몰래 안고 가다.)
                                        〔•표시 : 한자 훈〕

## 3.2  훈민정음의 창제

### (1) 훈민정음 창제의 동기

훈민정음의 창제 동기는 명칭의 의미 그대로 '백성을 가르치는 올바른 소리'인 우리의 문자를 갖자는 것이다. 이러한 동기를 구체적으로 살필 수 있는 곳이 '훈민정음 서문'과 '정인지 서문'이다.

(5) 훈민정음 서문
　ㄱ. 나랏 :말ᄊᆞ·미 中듕國·귁에 달·아, 文문字ᄍᆞ·와로 서르 ᄉᆞᄆᆺ·디 아니 홀·ᄊᆡ·
　ㄴ. 이런 젼·ᄎᆞ·로 어·린 百ᄇᆡᆨ姓·셩이 니르·고·져 ·홇 ·배 이·셔·도, 무·ᄎᆞᆷ:내 제·ᄠᅳ 들 시·러 펴·디 :몯ᄒᆞᆶ ·노·미 하니·라.
　ㄷ. 내 ·이·롤 爲·윙·ᄒᆞ·야 :어엿·비 너·겨, ·새·로 ·스·믈여·듧 字ᄍᆞ·롤 밍·ᄀᆞ노·니,: 사ᄅᆞᆷ :마·다 :ᄒᆡᆼ·ᅇᅧ :수·ᄫᅵ 니·겨 ·날·로 ·ᄡᅮ·메 便뼌安한킈 ᄒᆞ·고·져 ᄒᆞᆶ ᄯᆞᄅᆞ·미니·라.

(6) 정인지 서문
　ㄱ. 蓋外國之語, 有其聲而無其字. 假中國之字以通其用, 是猶枘鑿之鉏鋙, 豈能達而無礙乎.(대개 외국어는 그 소리는 있으나, 글자가 없어서 중국의 글자를 빌어다가 그 쓰임에 통하고 있으나, 이는 마치 모난 자루가 둥근 구멍에 들어맞지 않는 것처럼 서로 어긋나는 것이니 어찌 능히 통달하여 막힘이 없겠는가?)
　ㄴ. 昔新羅薛聰始作吏讀, 官府民間至今行之. 然皆假字而用, 或澁或窒. 非但鄙陋無稽而已, 至於言語之間, 則不能達其萬一焉.(옛날 신라의 설총이 처음으로 이두를 만들어서 관부와 민간에서 오늘에 이르기까지 이를 써 왔다. 그러나 이두는 모두 한자를 빌어서 쓰는 것이어서 혹은 걸리고, 혹은 막혀서 다

만 비루하고 근거가 일정하지 않을 뿐만 아니라 말 사이에
이르러서는 만분의 일도 통달하지 못하는 것이다.)

ㄷ. 以二十八字而轉換無窮, 簡而要, 精而通. 故智者不終朝而會,
愚者可浹旬而學. (28자로써 전환이 무궁하고 간단하고도 요
긴하며, 정묘하고도 통하는 까닭에 슬기로운 사람은 하루 아
침을 마치기 전에 깨우치고, 어리석은 사람이라도 열흘이면
가히 배울 수 있다.)

위의 두 예에서 확인할 수 있듯이 훈민정음의 창제 동기는 '자주(自
主), 애민(愛民), 실용(實用) 정신'에 있다 할 것이다.


## (2) 훈민정음 창제의 원리

훈민정음의 기원 문제에 대해서는 '고전(古篆), 범자(梵字 : sanskrit),
파스파(八思巴 : hagspa), 한자의 약자(略字), 거란(契丹 : kitan), 티베
트(西藏 : tibetan), 팔리(巴里 : pali) 문자' 등과 같은 외국 문자 기원설
과 '발음 기관(發音器官), 태극(太極), 고대(古代) 문자, 창호(窓戶) 기원
설'로 주장되어 왔다.

외국 문자 기원설들은 문자의 계통이란 면에서 훈민정음의 기원을 밝
히려는 시도가 대부분이라는 문제점이 있다. 반면 순수한 자형의 기원
이란 관점에서는 '발음 기관 상형설'을 인정하고 있다(김민수 외, 1997).
먼저 자음의 제자 원리에 대해 알아보기로 하자.


### 1) 자음 체계

자음은 먼저 'ㄱ, ㄴ, ㅁ, ㅅ, ㅇ'의 기본자를 설정하였다. 이는 조음
위치를 기준으로 각각 발음 기관의 모양을 본떠서 만든 것으로 다음과

같다.

(7) 자음의 기본자

| 조음 위치 | 상형의 모습 | 기본자 |
|---|---|---|
| 아음(牙音) | 혀뿌리가 목구멍을 막는 모습 | ㄱ[k] |
| 설음(舌音) | 혀가 웃잇몸에 닿는 모습 | ㄴ[n] |
| 순음(脣音) | 양 입술의 모습 | ㅁ[m] |
| 치음(齒音) | 이의 모습 | ㅅ[s] |
| 후음(喉音) | 목구멍의 모습 | ㅇ[zero] |

다음으로 5개의 기본자를 중심으로 획을 더하는 '가획'(加劃)의 방법으로 글자를 만들었다.

(8) 자음의 가획자

| 조음위치 | 기본자 | 가획자 |
|---|---|---|
| 아음(牙音) | ㄱ[k] | ㅋ |
| 설음(舌音) | ㄴ[n] | ㄷ, ㅌ |
| 순음(脣音) | ㅁ[m] | ㅂ, ㅍ |
| 치음(齒音) | ㅅ[s] | ㅈ, ㅊ |
| 후음(喉音) | ㅇ[zero] | ㆆ, ㅎ |

기본자의 가획자인 이들 외에 이체자(異體字) 'ㆁ, ㄹ, ㅿ' 3자가 더 있어 도합 17자가 된다. 그리고 오늘날 된소리의 개념인 전탁음(ㄲ, ㄸ, ㅃ, ㅆ, ㅉ, ㆅ)은 기본자(전청)를 옆으로 나란히 합하여 만들었다.

이들 외에 실제 문헌에 사용되었던 글자까지를 합한 자음의 체계는 아래의 도표와 같다.

(9) 훈민정음 자음 체계(종합)

<table>
<tr><th colspan="2">제자 방법</th><th>자형</th><th>자합</th></tr>
<tr><td colspan="2">단자(單字)</td><td>ㄱㅋㆁ, ㄷㅌㄴ, ㅂㅍㅁ, ㅅㅈㅊ, ㆆㅎㅇ, ㄹ, ㅿ</td><td>17자</td></tr>
<tr><td rowspan="2">병서법(竝書法)</td><td>각자 병서(各字竝書)</td><td>ㄲ, ㄸ, ㅃ, ㅆ, ㅉ, ㆅ, ᄔ, ㆀ</td><td>8자</td></tr>
<tr><td>합용 병서(合用竝書)</td><td>ㅳ, ㅄ, ㅶ, ㅷ, ㅺ, ㅻ, ㅼ, ㅽ, ㅴ, ㅵ</td><td>10자</td></tr>
<tr><td colspan="2">연서법(連書法)</td><td>ㅸ, ㅹ, ㆄ, ㅱ</td><td>4자</td></tr>
</table>

### 2) 모음 체계

훈민정음 모음의 제자 원리도 자음과 동일하게 상형(象形)에 두었다. 훈민정음 예의에 기록된 모음자는 총 11자로 기본자와 초출자, 재출자로 구성되어 있다.

모음의 기본자는 'ㆍ, ㅡ, ㅣ'로 이는 각각 '天, 地, 人'을 상형한 것이다. 이 기본자들을 상호 결합하여 4개의 초출자 'ㅗ, ㅏ, ㅜ, ㅓ'를 만들고, 초출자에 각각 'ㅣ'를 한 번 더 결합하여 4개의 재출자 'ㅛ, ㅑ, ㅠ, ㅕ'를 생성하여 11자의 모음 체계를 형성하게 된다. 이를 다음과 같이 나타낼 수 있다.

(10) 훈민정음 모음 체계(종합)

<table>
<tr><th></th><th>상 형</th><th>형 태</th></tr>
<tr><td rowspan="3">기본자</td><td>天開於子也 形之圓 象乎天也</td><td>ㆍ</td></tr>
<tr><td>地闢於丑也 形之平 象乎地也</td><td>ㅡ</td></tr>
<tr><td>人生於寅也 形之立 象乎人也</td><td>ㅣ</td></tr>
</table>

| | | |
|---|---|---|
| 초출자 | 其形則 · 與一合而成 | ㅗ |
| | 其形則 ㅣ 與 · 合而成 | ㅏ |
| | 其形則一與 · 合而成 | ㅜ |
| | 其形則 · 與 ㅣ 合而成 | ㅓ |
| 재출자 | ·· 與 · 同而起於 ㅣ | ㅛ |
| | ㅣ· 與 ·ㅣ 同而起於 ㅣ | ㅑ |
| | ·· 與 ·· 同而起於 ㅣ | ㅠ |
| | ·ㅣ 與 ·ㅣ 同而起於 ㅣ | ㅕ |

모음의 체계에서 기본자와 초출자 7개는 15세기 국어의 모음 체계와 일치한다. 이들은 중세 국어의 모음 조화와 관련하여 양성 모음( · , ㅗ, ㅏ), 음성 모음( ㅡ, ㅜ, ㅓ) 그리고 중성 모음( ㅣ )으로 분류할 수 있다.

## 3.3 훈민정음의 변천 과정

세종 28년(1446)에 반포된 우리의 국자인 훈민정음은 그 후 시간의 흐름에 따라 몇 번의 변천을 겪게 되었다. 또한 이를 명칭하는 용어도 '언문, 언서, 반절, 암클, 국문' 등 다양하였고, 오늘날 우리가 사용하는 한글로 보편화되기에 이르렀다. 이를 '언문 시대, 국문 시대, 한글 시대' 로 구분하여 문자 체제상의 변화를 중심으로 살피기로 한다.

### (1) 언문 시대

이 시기는 문자 체계상 훈민정음의 변화가 가장 두드러진 시기이다.

이는 중종 22년 최세진의 『훈몽자회』란 저서를 출발점으로 하여 갑오경
장 전년인 1893년까지의 상당한 시기에 걸치고 있다. 단순한 시간의 장
구함이 언어 변화를 좌지우지하는 것은 아니지만 이 시기 동안의 훈민
정음의 문자 체계는 많은 변화를 입게된다. 세종 28년에 반포된 훈민정
음과 이 시기의 문자 체계를 비교할 때 나타나는 특징은 다음과 같다.

　첫째, 문자의 외형적인 면에서 가장 두드러진 차이는 바로 자음과 모
음의 수에 있다. 다음과 같다.

是月 上親制諺文 二十八字…是爲訓民正音

↓

… 俗所謂反切27字 …

　즉 28자의 자·모음의 문자 체계가 이 시기에 와서는 'ㆆ'자가 빠진
27자의 체계를 형성하고 있다.

　둘째, 자·모음의 명칭에 대한 차이를 들 수 있다. 즉 앞 시기에는
자, 모음의 음가에 대한 설명만 있지, 그들의 명칭에 대한 부분은 찾아
볼 수 없었다. 그러나 이 시기에는 자, 모음의 명칭이 아래처럼 결정되
었다.

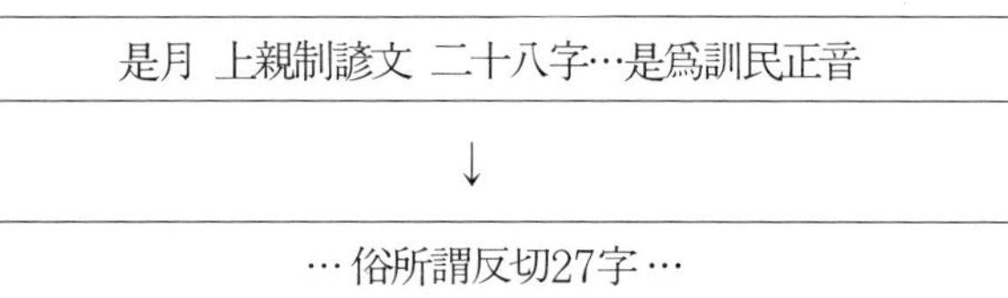

  셋째, 받침 규정의 차이를 들 수 있다. '종성 부용 초성'이라는 단순한 규칙이 아래에서처럼 세분화되었다.

終聲復用初聲 : 종성은 초성에 사용되는 모든 음을 다시<br>
사용할 수 있다는 원칙

↓

初聲終聲通用八字 : ㄱ ㄴ ㄷ ㄹ ㅁ ㅂ ㅅ ㅇ<br>
初聲獨用八字 : ㅋ ㅌ ㅍ ㅈ ㅊ △ ㅇ ㅎ<br>
中聲獨用十一字 : ㅏ ㅑ ㅓ ㅕ ㅗ ㅛ ㅜ ㅠ ㅡ ㅣ 、

  넷째, 자·모의 순서에 있어 오늘날과 거의 비슷한 체계가 잡혀진 시기가 바로 이 시기다. 앞 시기에는 발음 기관을 본떠 기본자를 만들고 거기에 가획과 이체로서 순서가 잡힌 것이 이 시기에는 오늘날과 거의 유사한 순서로 재정리되기에 이르렀다.

자음 : ㄱ ㅋ ㆁ ㄷ ㅌ ㄴ ㅂ ㅍ ㅁ ㅈ ㅊ ㅅ ㅎ ㅎ ㅇ ㄹ △<br>
모음 : 、 ㅡ ㅣ ㅗ ㅏ ㅜ ㅓ ㅛ ㅑ ㅠ ㅕ

↓

자음 : ㄱ ㄴ ㄷ ㄹ ㅁ ㅂ ㅅ ㅇ ㅈ ㅊ △ ㅇ ㅎ<br>
모음 : ㅏ ㅑ ㅓ ㅕ ㅗ ㅛ ㅜ ㅠ ㅡ ㅣ

  다섯째, 그 외에 방점 사용의 제한, 순경음의 소멸 등 문자 체계의 변화들이 상당 부분 일어나게 되었다.

## (2) 국문 시대

언문의 시기를 거쳐 근대화 시기로 접어들면서 우리글과 우리말에 대한 국민들의 자각이 싹트고 외래의 영향을 받기 시작한 시기가 국문 시대이다. 사실 이 시기의 국문에 대한 연구는 주로 외국인 선교사들의 포교를 위함이 더 크다 할 것이다. 그러다 보니 훈민정음 자체의 변화에는 별다른 점이 발견되지 않는다.

## (3) 한글 시대

우리의 국자인 훈민정음이 언문, 반절, 국문이라는 명칭으로 불리다가 드디어 오늘날 우리가 사용하는 '한글'로 명명하게 된 것은 1913년 어린이 잡지인 『아이들 보이』의 끝에 횡서(橫書) 제목의 '한글'에서부터이다. 이것이 '한글'이라는 명칭의 최초의 용례라 할 수 있고, 이는 주시경에게서 비롯된 것으로 알려져 있다. '한글'이라는 용어의 의미는 '위대한 글, 우리 나라의 글' 등의 의미가 담겨져 있다.

# 제 **12** 장  응용 언어학(應用言語學)

　인간의 언어를 연구 대상으로 삼는 언어학은 언어 현상과 관련하여 이를 지배하고 있는 법칙 내지 원리를 발견하여 체계화하는 일종의 인문 과학이다. 과학의 한 영역으로서의 언어학이기에 여타 과학들과 공통되는 점도 많을 것이고 밀접한 관련을 맺고 있다.

　우리가 언어와 여러 학문 사이의 관계를 논할 때에는, 개념의 이해나 설명, 방법론상, 인식 과정상 필수적인 의미 내용 때문에 언어가 반드시 필요하다고 보고 그 중요성을 강조한다.

　언어학이 관련되는 구체적인 학문 분야는 굉장히 다양하고 복잡하다. 언어의 음성 연구와 관련해서는 물리학과 관련이 되고, 현실적인 발음과 관련해서는 인체의 생리학 내지 해부학적인 지식과 연결된다. 또한 언어가 지니고 있는 논리성 때문에 논리학과도 관련이 되고, 언어의 지시적 기능과 언어의 기원 문제, 언어 기호와 의미와의 관계가 필연적이냐 규약적이냐 등등의 문제에서는 철학과도 연관된다. 문학의 표현 수단이 언어라는 점에서는 이와도 관련이 된다.

　본 장에서는 이들과 관련한 언어학적 특징에 대해 살펴보기로 한다.

#  사회 언어학

1960년대 말 이후 영국과 미국에서 커다란 발전을 이루어 온 언어학이 바로 '사회 언어학'(社會言語學 : Sociolinguistics)이다. 이는 용어에서 나타나듯 '사회'와 '언어'가 주된 연구 대상이다.

언어는 화자와 청자 사이의 의사 소통 관계에서 사회성을 지니고 있다는 관점에서 언어와 사회에 대해 연구하는 영역이 사회 언어학이다. 이는 다음에 다룰 심리 언어학에 비해 상당히 방대한 학문의 영역이다.


## 1.1 언어(학)와 사회(학)

언어와 사회는 다양한 관련을 맺고 있어 오래 전부터 흥미를 끌어왔다. 사실 언어학의 역사를 돌아보면, 언어에 대한 탐구가 그 언어 역사에 대한 부수적인 탐구, 혹은 지역적이거나 사회적 분포, 그 언어가 맺고 있는 현실 세계의 대상물, 사상, 사건 및 실제 청·화자와의 관계 등과 완전히 격리된 것은 찾아보기 힘들 정도이다.

언어와 사회간에는 여러 가지 가능한 관계가 있다. 하나는 사회 구조가 언어 구조와 행위 혹은 그 중의 하나에 영향을 주거나 혹은 결정지을 수 있다는 것이다. 이런 견해를 지지하는 증거를 제시하면 다음과 같다.

  (1) 사회 구조에 따른 언어 차이의 예
    ㄱ. 어린애들과 좀 더 나이가 든 아이들 사이의 언어 차이 또는
       어린이와 성인 어른들이 다른 언어를 사용한다는 연구
    ㄴ. 화자들이 사용하는 여러 가지 언어가 그들의 지역적, 사회적,

       혹은 인종적 기원 그리고 심지어 그들의 성(性)과 같은 문제
       를 반영한다는 연구
  ㄷ. 말하는 특별한 방식, 어휘의 선택 그리고 대화에 대한 규칙은
       어떤 사회적 필요에 의해 결정된다는 것을 보여주는 연구

두 번째 가능한 관계는 앞과 정반대인 것이다. 즉 언어 구조와 언어 행위는 사회 구조에 영향을 끼칠 수 있거나 혹은 결정지을 수 있다는 것이다.

다음으로 그 영향이 쌍방적이라는 것, 즉 언어와 사회는 서로 영향을 끼칠 수 있다는 관계와 다른 한편으로는 언어 구조와 사회 구조간에 전혀 관계가 없고, 서로 독립적이라고 여기는 것이다.

이처럼 사회와 언어의 관계가 다양하기에 언어와 사회간의 가능한 관계의 여러 가지 양상을 조사함으로써 상호 관련된 부분이 사회 언어학 연구의 핵심 부분이다. 그러나 가치 있는 사회 언어학이란 언어학과 사회학에서 여러 개념과 조사 결과를 받아들이는 단순한 혼합체 이상의 것이며, 아울러 상관적 기교를 통해서 혹은 어떤 다른 단순한 방식으로 두 분야를 관련시키는 시도 그 이상의 것임에는 틀림이 없다.

## 1.2 사회 언어학의 정의 및 종류

### (1) 사회 언어학의 정의

언어와 사회간의 관계나, 사회 속에서 언어가 지니는 여러 기능에 관한 논의를 전개하기 위해서는 먼저 '사회'와 '언어'에 대한 정의로부터 출발해야 할 것이다.

사회란 '어떤 목적을 달성하기 위해 의식적으로 함께 모이는 사람의 집단'으로 정의할 수 있다. 이러한 정의의 사회는 대단히 다양한 집단을 포함하는 포괄적인 의미의 개념이다. 이에 대해 언어란 '어떤 특정한 집단의 구성원들이 그들의 의사 소통을 위해 사용하는 것'으로, 집단을 형성하는 모든 사회에서 언어를 사용하고 있다. 구체적인 사회 집단에서 사용하는 언어에는 보편적 성질로서의 공통점이 많지만 경우에 따라서는 독특한 언어가 형성되기도 할 것이다. 이처럼 인간이 사용하는 언어에는 상당 부분 사회와의 관련을 가지게 된다.

따라서 사회 언어학은 사회 행위로서의 언어 현상을 체계적으로 연구하는, 즉 언어 형식의 선택이 사용의 상황에 따라 사회적인 요인들에 지배된다는 관점에서 그 관계를 체계화하려는 학문이라 정의할 수 있다. 그리고 언어적 상황에 영향을 미치는 요인들에는 '친족 관계, 연령, 친소 관계, 교육, 직업, 성(性)' 등 다양하다.

그러나 이러한 정의가 사회 언어학이라는 학문에 대해 충분히 설명이 될 것이겠느냐는 점에서는 의구심을 가지지 않을 수 없다. 왜냐하면 사회 언어학에서는 초점의 대상을 '사회'에 두느냐 아니면 '언어'에 두느냐에 따라 그리고 연구 및 기술 방법의 차이에 따라 몇 가지의 종류로 구분되기 때문이다.


## (2) 사회 언어학의 종류

사회 언어학은 연구 관심의 초점 여하에 따라 그리고 연구 대상의 범위에 따라 몇 가지 종류로 나눌 수 있다.

먼저 연구 관심의 초점을 어디에 두느냐에 따라 사회 언어학은 크게 '사회 언어학'과 '언어 사회학'의 두 가지 영역으로 구분할 수 있다. 다음은 연구의 주된 대상인 사회 집단 단위의 대·소에 의한 분류로 '거시적 사회 언어학'과 '미시적 사회 언어학'이 있다.

## 1) 사회 언어학

사회 언어학은 언어와 사회간의 관계를 조사, 연구하는 것으로 언어의 구조와 언어들이 의사 소통에서 어떻게 기능을 하고 있는 가를 이해하는 것이다. 즉 사회와 관련된 언어의 연구로, 언어가 어떤 종류의 것인가에 관해서 가능한 많은 것을 알아내기 위해 사회를 연구한다.

Hymes(1974)는 사회 언어학에 속하는 세 가지의 주류 중 언어 사회학을 제외한 두 가지 사회 언어학의 연구 방법에 대해 설명하고 있다. (黃迪倫, 1992. 345-347 재인용)

Socially realistic linguistics은 순수 언어학이 그 연구와 기술의 대상에서 제외한 언어 표현의 변이형(變異形) 사용이 순전히 화자의 자의 선택에 의해 이루어지는 것이 아니라 여러 가지 사회적 요인과 밀접한 상관 관계를 이루면서 일정한 패턴을 이룬다는 사실을 중시, 이를 규칙화하여 체계적으로 기술하는 데 주력하고 있다. 그러나 분석의 대상을 실제 발화에서 찾으며 연구의 방법에 있어서도 사회적인 기술에 크게 의존하며 연구의 소산도 다르다는 점에서 순수 언어학과는 구별된다.

Socially constituted linguistics에서는 우선 일차적으로 언어가 갖는 여러 가지 사회 기능을 구명하고 이런 기능을 수행하기 위해 어떤 언어 형태들이 어떻게 선택되어 어떻게 쓰이는 가를 체계적으로 기술하려 하고 있다. 기술의 대상은 실제 사회 환경 속에서 일어나는 의사 교류 행위로서의 언어이며 기술의 방법은 발화 장면(發話場面), 발화 사례(發話事例), 발화 행위(發話行爲), 대화 참여자(對話參與者), 대화(對話)의 주제(主題) 등 언어 행위의 구성 성분을 설정, 이들 성분과 언어 표현 사이의 관계를 규명, 체계화해 나간다.

Socially realistic linguistics, Socially constituted linguistics은

사회적인 측면에서의 언어 연구를 통해 언어학의 문제를 해결하여 언어 이론을 정립하려는 것을 그 목표로 한다. 그리고 Socially realistic linguistics과 Socially constituted linguistics은 궁극적 목표를 언어 기술과 이론의 정립에 둔다는 점에서는 공통점을 지닌다. 그러나 그것이 현행 언어학의 보완이나 확장으로 이어지지 않는다는 이유에서 새로운 언어 이론을 만들고자 하는 Socially constituted linguistics은 그렇지 않는 Socially realistic linguistics과 대조를 띤다.

## 2) 언어 사회학

언어 사회학(言語社會學 : the sociology of language)은 사회 구조가 언어의 연구를 통해서 어떻게 더 잘 이해될 수 있는 가를 발견하기 위해 언어적 특질이 특별한 사회의 제도를 특성화하기 위해 어떻게 사용되는 가를 발견함을 목적으로 삼는다. 즉 언어와 관련된 사회의 연구이다. 언어 사회학도 물론 사회 언어학의 변종으로, 언어학의 문제를 해결하기보다는 언어와 언어 사용을 포함하는 사회 문제를 탐구하는데 초점을 둔다.

언어 사회학의 궁극의 목표는 언어학, 사회학, 민족지학(ethnography) 등을 응용하여 크게는 '언어 보존, 언어 변천, 언어 민족주의, 언어 정책'과 관련한 문제를 다루고, 작게는 언중들의 언어에 대한 태도나 믿음, 언어 행위를 통한 집단 또는 개인간의 사회적 교류, 집단의 형성이나 해체, 집단 의식적 행위 등과 관련된 문제들을 분석, 기술하는데 있다.

## 3) 거시적 사회 언어학

거시적 사회 언어학(巨視的 社會言語學 : macro-sociolinguistics)은 한 국가 또는 많은 인구 집단으로 구성된 언어 공동체 등에서의 언어 정책,

집단과 집단의 교류 또는 이중 언어를 사용하는 집단 내에서의 언어의 기능 문제 등, 큰 규모의 언어 사회에 나타나는 사회 현상으로서의 언어 문제를 연구함으로써 여러 가지 사회적 과정, 사회 조직 등의 문제를 밝히려 한다. 따라서 이는 언어학보다 사회학적인 성격이 짙다.

### 4) 미시적 사회 언어학

미시적 사회 언어학(微視的 社會言語學 : micro-sociolinguistics)은 전자와 대립되는 사회 언어학으로, 특정한 경우에 사람들의 대면 상황에서 일어나는 언어 행위를 분석하여 이것이 언어 형식에 어떠한 영향을 끼치고 어떻게 영향을 받는지를 알아내려 한다. 따라서 이는 사회학적인 문제보다 언어학적인 문제에 초점을 두고 있다.

## 1.3  사회 언어학의 연구 방법

언어학의 한 응용 분야인 사회 언어학은 경험 과학의 일종으로, 적절하고 타당한 자료를 근거로 체계화되어야 함을 의미한다. 사회 언어학 연구의 자료는 상당히 광범위한 영역에서 수집된다. 조사자에 의한 '조사, 기록, 관측, 면담' 등을 포함하는데, 이러한 자료의 수집과 분석에 관해서는 엄격한 요구 사항을 설정해야 한다.

다음은 사회 언어학의 탐구가 따라야 할 일련의 원칙이나 원리로 Bell(1976)은 아래의 8개항을 제시하고 있다.

### (1) 누적의 원리(the cumulative principle)

언어에 관해서 더 알면 알수록 그것에 관해 더 많은 것을 발견할 수 있고, 새로운 지식에 대한 추구로 인해 새로운 연구 분야에 이르게 되고 아울러 다른 연구 분야의 학자들이 이미 연구하고 있는 분야에도 이르게 된다는 것이다.

### (2) 균일성의 원리(the uniformation principle)

우리 주변에서 일어나고 있는 것으로 관찰하는 언어 절차는 과거에 작용했던 절차와 동일하다. 그래서 공시적(synchronic) 문제와 통시적(diachronic) 문제간에 명백한 구분이 없다는 것이다.

### (3) 집중성의 원리(the principle of convergence)

옛날의 연구 결과를 확인하거나 해석하기 위한 새로운 자료의 가치는 새로운 자료가 수집되는 방식의 차이에 따라서 정비례한다. 과학적인 탐구의 다른 분야들에서 요구되는 절차를 통해 수집되는 언어 자료는 특히 유용하다는 것이다.

### (4) 종속 이동의 원리(the principle of subordinate shift)

언어의 비표준(종속적인) 변이, 즉 방언의 화자가 그 변이에 관해 직접적 질문을 받을 때, 그들의 응답은 불규칙하게 표준(혹은 상위의) 변이, 즉 표준어 쪽으로나 혹은 그것에서 벗어나는 방향으로 이동할 것이며, 그리하여 조사자들에게 변이, 표준, 그리고 변화 같은 그런 문제들에 관한 귀중한 증거를 모을 수 있도록 해준다는 것이다.

## (5) 문체 이동의 원리(the principle of style-shifting)

언어의 '단일-문체'(single-style) 화자들이란 없다. 왜냐하면 각 개인은 여러 가지 언어 문체를 통제 및 사용하며 어떤 화자도 모든 환경에서 정확히 같은 방식으로 말하지 않는다는 것이다.

## (6) 주의력의 원리(the principle of attention)

말의 '문체'(style)는 화자들이 그들의 말에 부여하고 있는 주의력의 양에 의해 측정되는 단일 차원을 따라 결정될 수 있는데, 그들이 말하고 있는 바에 관해 더 많이 '알'(aware)수록, 문체는 보다 '격식적'(formal)이 될 것이라는 것이다.

## (7) 일상어의 원리(the vernacular principle)

그 구조상 그리고 그 언어의 역사와 관련해서 아주 규칙적인 문체가 일상어이다. 최소한의 의식적인 주의력이 말에 기울여지게 되는 이완된 대화체이다.

## (8) 격식성의 원리(the principle of formality)

말을 체계적으로 관찰해 보면, 어떤 의식적인 주의력이 그 말에 기울

여지고 있을 하나의 맥락을 알 수 있다. 그러므로 훌륭한 재능이 없으면 진정한 '일상어'를 관찰하기란 어려울 것이다. 이는 Labov가 '관찰자의 역설'이라고 불렀던 것으로, 그는 언어학 연구의 목적은 사람들이 관찰되고 있다는 사실을 인지하지 못할 때 그들이 과연 어떻게 말을 하고 있는가를 발견해 내는 것이지만, 그 자료는 체계적인 관찰을 통해서만 이 이용될 수 있다고 지적했다. 따라서 자료 조사자는 화자들이 쓰는 일상적인 언어가 나타나도록 그들이 관찰되고 있다는 사실로부터 그들의 주의력을 딴 곳으로 돌려야 한다.

이러한 연구 방법에 따라 수집된 언어 자료들은 언어 사용 측면에서 어떠한 체계성을 보이는데, 이를 기술함으로써 현재의 순수 언어학 이론과 기술을 보다 완벽한 것으로 하는데 이바지할 수 있다.

## ② 심리 언어학

언어를 수단화한 의사 소통은 두 가지의 인간 활동을 통해 이루어진다. 그 두 가지는 말하기와 듣기로 이는 인간의 정신 활동과 밀접한 관련을 맺는다.

말하기와 듣기의 언어 생활에서 언어가 인간의 심리 작용에 기대고 있다는 사실을 확인할 수 있다. 즉 우리가 말을 할 때 거의 본능적으로 자기 중심적인 표현을 하거나 복잡한 내용에 대해서 복잡한 표현 방법을 사용하는 것 그리고 이 외에 성량, 억양, 어조 등을 변화하는 것이 화자의 심리 작용에 의한 것이다. 또한 상대방의 말을 듣는다는 것도 청각 신경으로 받아들여진 개별 어휘들의 의미를 생각으로 바꾸고 말의 개념이나 의도 등을 재구성하는 과정이다. 이 밖에도 언어의 인지, 지각 및 어린이의 언어 습득 과정 등이 '심리 언어학'(心理言語學 : Psycholinguistics), '언어 심리학'(言語心理學 : Psychology of language)의 연구 대상이 된다.

따라서 언어가 인간의 심리나 사고 작용과 1차적인 관련을 맺게 됨은 당연한 것으로, 이 절에서는 언어와 인간 심리의 관계의 학문인 심리 언어학에 대해 논의하고자 한다.


## 2.1 언어(학)와 심리(학)


언어와 심리는 매우 밀접한 관계를 맺고 있다. 마찬가지로 이들을 연구하는 학문인 언어학과 심리학도 긴밀한 관계에 있는 인접 학문이며 이러한 환경에서 탄생한 분야가 바로 심리 언어학이다.

Chomsky(1968)에서는 "언어학은 정신의 이러한 양상을 다루는 심리학의 한 분야이다."라고 하여 언어학이 심리학의 한 특별 영역이라 하였다. 따라서 심리 언어학의 중심 대상인 언어학과 심리학의 관계에 대해 알아보아야겠다.

먼저 언어학과 심리학은 인간 본질의 구명을 위한 가장 기본적이며 제일차적인 인문학이라는 점에서 공통성을 가진다. 즉 언어학은 인간의 언어를 통해, 심리학은 인간의 생각과 행동을 통해 인간의 본질을 파헤치는 인문 과학 내지 사회 과학이다.

언어학과 심리학의 두 학문은 연구 방법 및 연구 목표 그리고 연구의 과정에서 상당 부분 일치하는데, 이는 변형 생성 문법의 공헌이 컸다 할 것이다. 즉 그는 언어 수행 이전의 언어 능력과 표면 구조의 밑바탕으로서의 심층 구조를 상정함으로써 언어의 연구에 심리학적인 연구 성과의 필요성이 상당히 있음을 보여주었기 때문이다.

연구 방법론상에 있어 변형 생성 문법은 어떠한 모어 화자가 자기의 모국어를 사용하여 의사 소통을 한다거나 또는 그 모국어에 유창하다는 것은 그의 머릿속에 내재화된 언어 지식이 있기 때문이라 하였다. 그것이 그로 하여금 일상 언어 생활을 자유자재로 할 수 있게끔 해주는 원리와 법칙인 것으로, 인간 정신의 중요한 부분일 것임에 틀림없고 모든 인간 행동의 중요한 인자이다.

따라서 언어학자의 목표는 언어 행위를 관찰하고 거기에서 나타나는 규칙성을 발견하여 체계화할 뿐만 아니라 그가 세운 언어 구조가 그 모어 화자의 언어 지식을 얼마나 충실히 반영하고 있는지에 대한 설명이 가능해야 한다. 즉 표면으로 나타난 인간의 언어 행동이 전부가 아니고, 그것이 가능하게 되는 원리와 법칙의 외부적인 실례나 증거가 된다는 점에서 보편적 원리나 법칙을 발견하는 방법론을 택하고 있다.

그러면 심리학은 어떠한가? 심리학 역시 표면에 나타나는 인간의 생각과 행동에만 관심을 두지 않고 그 행동의 원인이라고 생각하는 감추어진 원리와 법칙의 발견에 주된 관심을 두고 있다.

연구 방법과 목표의 공통성에 따라 이 학문들의 경계를 명확히 짓는다는 것은 매우 어려운 일이다. 언어 이론적인 측면에서 언어는 양면성, 즉 언어 능력과 언어 수행을 갖는다. 이 중 통상 언어학이라 하면 전자에 초점을 맞추어 한 언어의 구조 및 체계를 밝히는 것을 의미한다. 반면, 심리학에서는 실제 상황에서 발화되는 언어 수행에 초점을 둔다는 점에서 차이를 말할 수 있다. 그러나 이러한 차이는 개념적인 차이일 뿐 실제의 연구 과정에서 이들은 어느 쪽을 목표로 하든지 간에 다른 한 쪽의 영역과 관심을 갖지 않을 수 없다.

이상으로 심리 언어학 내지 언어 심리학의 관심 학문인 언어학과 심리학의 상관 관계에 대해 살펴보았다. 결국 이들은 인문 내지 사회 과학적이라는 학문적 공통성에 따라 연구의 방법론과 연구 목적 그리고 연구 과정의 유사성 내지 공통적인 면을 상당 지니고 있음을 알았다.


## 2. 2  심리 언어학의 영역


관련되는 학문 영역으로 보면, 심리 언어학은 언어와 심리에 대한 연구이고, 사회 언어학은 언어와 지역 사회에 대한 연구로 정의할 수 있다. 그리고 언어 연구의 대상으로 보면, 심리 언어학은 언어와 개인에 대한 연구이고, 사회 언어학은 언어와 사회에 대한 연구로 기술할 수 있다.

이러한 구분 역시 인위적인 구분에 지나치지 않고, 사회 언어학과 심리 언어학 이 두 분야에는 공통되는 상당 부분이 존재한다. 그럼에도 불구하고 사회 언어학과 달리 심리 언어학에서 관심을 가지는 부분은 다음과 같다.


1. 인간은 어떤 종류의 언어지식을 갖고 태어나는가?
2. 사람들은 어떻게 발화를 알아내고 만들어 내는가?
3. 언어학자들이 제안하는 문법 특히 변형 문법은 사람 마음속의 문법을 정말로 반영해 주는가?


### (1) 언어의 습득설(習得說)


인간은 누구나 일정한 시기가 되면 언어를 습득하여 의사 소통의 수단으로 삼는다. 그렇다면 인간은 어떻게 언어를 습득하는 것일까? 이는 간단한 문제가 아니기에 이에 대한 심리학자, 철학자, 언어학자들 사이에 수없이 많은 논의가 이루어져 오고 있다.

인간의 언어 습득은 언어의 기원 문제와 관련해 여러 가지 주장을 할 수 있다. 즉 정확히 어느 정도로 언어가 인간의 마음속에 미리 계획되어 있는가? 언어의 보편성은 유전적으로 마음속에 새겨져 있는가? 등등의 논란이 있을 수 있음에도 불구하고, 오늘날 일반적으로 '생득설'(生得說)을 인정하는 것 같다. 어린이의 언어 습득 과정을 생각해 보면 이해가 갈 것이다. 즉 인간은 약 18개월이 되면서부터 언어를 배울 준비를 거쳐 말을 하기에 이르는데, 그 과정은 참으로 신기할 정도이다. 생득설을 인정하는 이유로 다음의 몇 가지를 주장할 수 있다.

첫째, 언어 습득의 보편성을 들 수 있다. 이는 어느 누가 가르쳐주지도 않았음에도 불구하고 시간이 흐름에 따라 정상적인 문장 체계나 구조를 갖추어 말을 하는 과정을 인간이라면 누구나 다 겪는다.

둘째, 어떠한 언어라도 배울 수 있다는 점이다. 즉 사람이 태어나면서 모국어를 습득하는 것이 일반적이기는 하지만 어떤 언어 공동체 사회에서 생활하느냐에 따라 모국어가 아닌 자기가 접한 사회의 언어를 배울 수 있다.

셋째, 언어 습득의 과정이 매우 빠르다는 점이다. 신체적인 장애가 아닌 보통 어린 아이들의 경우 말을 하기 시작한 후부터 약 4-5년 안에 언어를 배운다. 즉 생후 6개월이 지나면 떠듬거리기 시작하여 1년 후면 '일어문'(一語文) 단계에 이른다. 이는 한 단어를 한 문장으로 인식하는 단계이다. 이 단계를 거쳐 생후 2년이 되면 두 단어로 된 말을 사용할 수 있게 되고, 그 후 보통의 경우처럼 자신이 나타내고자 하는 무한의 문장을 생성할 수 있게 된다.

이와 같은 이유로 인간은 선천적으로 말을 배울 수 있는 능력을 타고나는 것이라 주장할 수 있다. 이러한 사실은 다른 동물들과 비교해 보아도 쉽게 확인할 수 있다. 동물들은 몇 마디 말을 훈련을 통해 습득할 수 있지만 훈련으로 인한 언어의 습득은 인간이 습득하는 것과 비교해보면 그 차이란 말할 수 없을 만큼 엄청나다. 그리고 인간은 매 상황마다 알맞은 언어를 구사할 수 있는 창조성을 지니고 있지만 동물들은 단지 그들이 훈련한 말만 던질 뿐으로 근본적인 차이가 있다. 이것이 동물들에게는 인간과 같은 언어 습득의 장치가 없다는 것을 단적으로 방증(傍證)하는 것이다.

인간이 선천적으로 타고난 언어 능력의 발전 과정에 대해서는 모방에 의한 습득, 강화에 의한 습득의 주장이 있지만 이보다는 어린이 자신에 의한 문법의 규칙 내지 체계를 형성한다고 보는 것이 타당하다. 이에 대해 남기심 외(1995)에서 어린이들의 '언어 습득 과정'에 대한 구체적 예를 제시하고 있는데, 다음과 같다.

(1) ㄱ. 나 안 자.      /  엄마 안 와.
    ㄴ.*나 안 밥 먹어. / *엄마 안 서울 가.

1)의 문장들은 보통 어린이들이 발화하는 문장들로 어떠한 규칙을 발견할 수 있는데, 부정의 '아니'가 서술부 앞에 나타난다는 것이다. 즉 어린이들의 경우 부정의 '아니'는 서술부 앞에 사용한다는 나름대로의 규칙을 설정하고 있다. 그러나 시간이 흘러가면서 그들의 규칙 체계는 다음과 같은 수정을 거치게 된다.

(2) ㄱ. 나 안 자.      /  엄마 안 와.
    ㄴ. 나 밥 안 먹어.  /  엄마 서울 안 가.

어린이들은 1)의 'ㄴ'이 비문임을 깨닫게 되어 이를 2)와 같이 수정하게 된다. 그럼으로써 부정의 '아니'는 동사 앞에 사용한다는 규칙의 변화를 만든다. 이를 정리하면 다음과 같다.

(3) 부정어 '아니' + 서술부  →  부정어 '아니' + 동사

## (2) 발화의 이해와 생성

발화를 이해하고 생성한다는 것은 쉽지도 간단치도 않은 문제이다. 특히 말을 이해한다는 것은 청자가 화자의 전언을 수동적으로 받아들인다는 것을 의미하지 않는다. 그것은 청자들이 언어의 한 흐름을 해석하는 능동적인 과정을 뜻한다. 즉 사람들은 발화의 대강의 실마리를 찾아 그것으로부터 그럴 듯한 전언을 능동적으로 재구성하게 된다. 언어학적 용어로 청자는 '지각적 책략'(知覺的 策略), 즉 각 문장 성분을 자세히 분류하지 않고 필수불가결한 전언을 파악하게 해 주는 지름길을 이용한다.

## (3) 변형 문법과 심리

변형 생성 문법은 어떤 언어에서 어느 배열이 허용되는지를 명시적으로 알려주는 일련의 규칙 체계로, 언어를 연구하는 궁극의 목표는 인간의 심리를 파악하기 위한 것이다. 즉 변형 생성 문법의 언어 능력은 인간의 심리와 매우 밀접한 관계를 맺고 있음이 틀림없다. 따라서 심리 언어학자는 언어 능력 및 언어 지식의 모형이 과연 인간 심리의 측면에서 어느 정도의 타당성을 갖고 있는지 그리고 언어 수행에 미치는 심리적 요인들이 무엇인가에 관심을 둔다.

그러면 언어학자의 문법이 화자의 지식을 심리적으로 포용하는지를 어떻게 알아내는가? 변형 문법에 관한 한 하나의 가능성은 실험 상태에 있는 문장에 대한 사람들의 반응이 Chomsky가 제안한 심층 구조에 맞

아 들어가는지를 조사해 보는 일이다. 다음 두 문장을 보자.

    (4) ㄱ. Petronella expected Barnabas to sweep the floor.
        ㄴ. Petronella persuaded Barnabas to sweep the floor.

위 두 문장의 심층 구조는 각기 다른 구조를 가진다. 다음과 같다.

    (5) ㄱ. Petronella expected  / Barnabas sweep the floor.
        ㄴ. Petronella persuaded Barnabas  / Barnabas sweep
           the floor.

이러한 문장의 구조가 인간의 심리에 좌우된다는 결과를 얻기 위해 심리 언어학자들은 일단의 실험을 하였다. 즉 피조사자에게 헤드폰을 쓰게 한 후 한 쪽으로는 위의 두 개의 문장을 각기 들려주고, 다른 한 쪽으로는 명사 Barnabas가 나타날 때 '딱' 소리를 들려주었다. 그리고 나서 피조사자들에게 '딱' 소리가 난 곳을 지적하라 하였더니, 다음과 같은 결과가 나왔다.

    (6) ㄱ. Petronella expected Barnabas to sweep the floor.
        ㄴ. Petronella persuaded Barnabas sweep the floor.

이는 피조사자들이 '딱' 소리의 심리적 인지를 문장의 구조와 관련해 인식한다는 것이다.

이러한 실험을 'Click 실험'이라 하는데, J. A. Fodor와 T. Bever (1964)에 의해서 처음 시도되었다. 이들은 9개의 딱 소리를 녹음한 아래의 문장을 피조사자들에게 들려주고 그 소리의 위치를 표시하라 하였다.

(7) That he was  happy  was   evident from the way he smile
     * *  * ** *** *
     1 2  3 45 678  9

　역시 피조사자들은 이 문장의 구조상 가장 커다란 경계인 5의 *소리는 정확히 표시하였음에 비해 나머지 *에 대해서는 5를 중심으로 왼쪽의 1부터 4까지 소리와 6부터 9까지의 소리를 5의 위치와 접근한 소리로 인식하였다.

　위의 두 가지 실험을 통해서 언중들이 어떠한 언어에서 문장을 발화하고 듣는다는 것은 그 문장의 구성 성분을 심리적인 인식 단위로 생각한다는 것을 확인할 수 있다.

##  3 통신 언어학

　오늘날 우리는 정보화 사회에 살고 있다. 정보화 사회는 여러 가지 면에서 기존의 사회와 다른 많은 특징들이 있다. 그 가운데 흔히 정보화 사회하면 대부분의 사람들은 TV나 Computer 같은 정보 기기를 떠올린다.

　최근 들어 우리 생활의 상당 부분에서 이러한 정보화 기기에 의존하는 비율이 갈수록 높아지고 있는 실정이다. 특히 급속도로 보급된 컴퓨터 단말기와 초고속 인터넷 등은 시간과 공간을 달리한 개인들 간의 실시간의 접촉을 가능하게 만들었다.

　그 결과 컴퓨터를 통한 각종 모임이나 게임 등을 위한 동호인의 모임이 활성화되면서 사이버 상에서의 의사 소통이 필요하게 되고, 정보 교환의 수단으로써 채팅을 통한 대화방 또한 성행하게 되었다.

그런데 각 대화방을 조사해보면 그 집단에 소속된 일원으로서의 동질감을 형성하기 위해 그들만이 알고 있는 언어를 사용하고, 일반적인 언어 현실과는 굉장히 동떨어진 표현들이 난무하고 있는 모습을 확인할 수 있다. 분명 이러한 언어 현실이 21세기 삶의 (모습을) 드러내는 것이기에 통신상에서의 언어에 대한 연구는 충분한 가치가 있다. 따라서 언어학의 한 지류로서 '통신 언어'를 설정하고 이의 특징을 중심으로 문제점과 해결책에 대해 살피고자 한다.

## 3.1 통신 언어의 정의

통신 언어란 통신을 매개체로 한 의사 전달의 수단이라 할 수 있다. 구체적으로 이야기하자면, PC 통신상에서 사용하는 채팅 언어이다. 이러한 통신 언어란 채팅을 하는 사람들이 타자 속도가 느린 사람들의 어려움을 덜어주고 의사 소통을 빠르게 하기 위해서 만들어졌다.

통신 언어란 '통신+언어'로 음성 언어, 문자 언어와 대등한 언어로서 표현 수단에 있어 전자 기기의 도움을 받는 언어이다. 즉 음성 언어가 인간의 음성 기관을 수단으로 하는 언어라면 문자 언어는 문자를 통한 의사 전달을 수단으로 한 언어이다. 반면 통신 언어는 통신 매체를 통해 문자와 각종 기호 내지 부호로서 자기의 생각과 느낌을 표현하는 전체를 의미한다. 그러나 본 저서에서는 좁은 의미에서 인터넷 채팅, 즉 컴퓨터를 수단화 한 언어만을 그 대상으로 삼는다.

음성 언어, 문자 언어와 달리 통신 언어에는 이들과 다른 여러 가지 특징들이 많다. 예를 들면, 통신은 요금과 밀접한 관련을 맺기에 가능한 빠른 시간에 많은 정보를 나누려는 취지에서 정상적인 단어의 형태들이 불구적인 모습들로 나타난다는 점, 또한 문자 언어와는 시각적인 표현 수단이라는 점에서 동일하지만 모니터를 통한다는 점에서 일상어와 다른 모습의 언어들의 사용이 빈번하다.

통신 언어의 왜곡 현상을 설명하는 방법은 크게 세 가지로 요약할 수 있다. 첫째, 한글이라는 문자의 특성상 겹받침의 단어가 많기 때문에 빠른 타자를 위해서 받침의 하나를 생략한다든지 아니면 소리나는 대로 적는다는 것이다. 둘째, 사회적인 관점에서 청소년들의 기존 질서의 파괴 내지 고정된 틀에서 벗어나려는 욕구, 즉 일탈 행위로서의 행위로 보기도 한다. 셋째, 마치 하나의 유행어처럼 통신상에서는 한글 맞춤법에 어긋난 표현을 써야지 그 집단 고유의 동질감을 얻을 수 있다는 것이다.

## 3.2 통신 언어의 특징

통신 언어는 기존의 의사 전달 수단과 여러 면에서 많은 차이가 있고, 특수한 일부 계층에 의해 사용되기에 표준어와 달리 '비속화, 은어화' 하는 경향이 있다. 아래의 신문 기사가 통신 언어의 특징을 극명하게 보이고 있다.

(중학생의 시험답안에 '열씨미', '조타', '이쁘다'라는 표기를 쓴다면 이 학생들이 머리가 나빠서일까? 어휘 타락, 표준어 혼동 현상은 학생들 사이에 컴퓨터 통신이 보편화됨에 따라 더욱 심해지고 있는 실정이다. 실제로 통신상에서는 언어에 경제개념을 도입, 받침을 생략하고 연음(連音) 처리를 해버리거나, '있었다'를 '잇엇다'로 쓰거나, 조사를 생략하는 등으로 낱말 수를 줄인다. 한편으로는 이것이 소위 '디지털 시대를 이끄는 신세대들'끼리 통하는 은어(隱語)로서의 구실을 한다. '고딩(고등학생)', '중딩(중학생)'과 같은 말처럼 처음에는 장난스럽게 시작한 통신언어가 이제

유행처럼 번져 일상언어에까지 깊숙이 파고들고 있는 것이다.…(이하 생략).)

위의 예를 통해 통신 언어의 몇 가지 특징을 정리할 수 있다.

첫째, 통신 언어의 가장 큰 특징은 경제성과 관련된 표기의 간결함을 들 수 있다. 인터넷상의 모든 것이 실시간으로 이루어지는 만큼 통신에서의 시간은 곧 요금과 직결된다. 그러므로 네티즌들은 짧은 시간에 많은 내용을 표현할 수 있도록 가능한 한 언어의 모든 구성 요소들을 줄여 표현하고자 한다. 언어의 각 하위 영역별로 몇 가지의 예를 들어보면 다음과 같다.

> (1) 음운 및 표기
> ㄱ. 집에→지베, 먹어→머거  /  뭐야→머야,
> ㄴ. 축하→추카, 싫다→실타  /  서울→설, 내일→낼, 제일→젤
> ㄷ. 대학생→대딩, 고등학생→고딩, 중학생→중딩

1.ㄱ)의 예들은 표음 문자인 국어의 발음 현실에 따라 연음으로 표기한 형태들로서, '머야'의 경우는 이중 모음을 단모음으로 발음한 형태이다. 1.ㄴ)의 '추카, 실타'는 두 음운의 축약, 즉 'ㄱ+ㅎ' → 'ㅋ', 'ㅎ+ㄷ' → 'ㅌ' 으로 국어의 발음 현상대로 표기한 것이다. 그러나 '설, 낼, 젤'과 같은 축약은 국어의 일반적인 음운 현상과는 거리가 멀다. 또한 '대딩, 고딩, 중딩'과 같이 한 어절에서의 줄임도 허용되지 않는다.

> (2) 형태
> ㄱ. 대화방에 접속한 상태에서 다른 일을 하는 것 → 잠수
> ㄴ. 비용을 혼자서 모두 내다→쏘다, 이중으로 사귀기 → 양팅, 무시당하다 → 씹혔다
> ㄷ. 당연합니다 → 당근, 안녕하세요 → 하이, 안냥, 안뇽

통신 언어에 사용되는 어휘들로서 일종의 약호라 할 수 있다. 이들 어휘 역시 시간 절약과 짧은 시간에 많은 대화를 나누기 위한 한 방편이라 할 수 있다. 심지어 통신상의 이러한 용어들이 실생활에서도 보편화되고 있는 것도 사실이다.

    (3) 문법
        ㄱ. 만나서 반가워요 → 방가
        ㄴ. 설 여 26 직딩 → 서울에 사는 여자로 26세인 직장인

3)의 예들은 문법적인 생략 현상을 보이고 있다. 국어 문장은 '주성분, 부속 성분, 독립 성분'과 같은 구성 요소들의 결합 관계에 의해 형성되고, 문장을 이루는 최소한의 요소로 '주어'와 '서술어'의 결합을 든다. 그리고 각 성분들은 다른 성분들과 밀접한 관계를 맺는데, 그러한 역할을 하는 것이 바로 관계언인 조사이다.

일반적으로 국어의 문장 구조가 서술어를 중심으로 의미 역활에 의해 주어와 목적어 등의 성분 결합을 필요로 하고, 그러한 각 성분들 사이의 관계는 조사에 의해 명확한 의미 전달이 이루어짐에 비해 통신상의 언어에서는 과감하게 주어 내지 목적어 그리고 조사 등을 생략하고 있다. 이러한 현상은 통신상의 언어가 아닌 곳에서도 확인할 수 있는 국어의 특징이라 할 수 있지만, 거의 모든 조사를 생략함으로써 표현의 간결성을 추구하는 것은 분명 통신 언어의 커다란 특징이다.

한편, 경제성의 원리와는 반대로 다른 자음이나 모음을 첨가하기도 하고, 단모음을 이중 모음으로 발음하기도 한다. 다음을 보자.

    (4) 없다 → 없당, 했다 → 했당, 네 → 넵, 예 → 옙
        역시 → 역쉬, 섭하지 → 섭하쥐

이상과 같이 문장 종결 어미에 자음 'ㅇ, ㅂ'을 첨가하여 표현하기도 하는데, 이는 화자의 멋스러움의 표현이라 할 것이다.

둘째, 음운 교체 현상을 들 수 있다. 즉 자음 또는 모음을 바꾸기도 한다. 다음과 같은 예들이 있다.

(5) 하세요 → 하세여, 오세요 → 오세여,
　　다들 → 다덜, 애들 → 애덜
　　바쁘다 → 바뿌다, 예쁘다 → 예뿌다

셋째, 외국·외래어와 국어 종결 어미의 결합 양상을 볼 수 있다. 즉 '안녕'을 의미하는 영어 어휘에 국어의 종결 어미 '-요'를 결합한다든지 또는 '미안하다'는 'sorry'에 '-해요'의 구어적인 표현을 결합한 6)의 예들도 발견된다.

(6) 하이요, 쏘리해여

넷째, 신조어의 생성, 즉 통신이라는 새로운 환경에서 나타난 단어들도 많고, 정상적인 단어의 음절을 축약함으로써 생겨난 용어들도 있다. 아래와 같은 예들이다.

(7) 통장 → 통신 장애로 통신이 끊이는 것
　　번개 → 채팅 중 갑자기 모임을 갖는 것
　　정팅 → 정기 채팅, 정모 → 정기 모임

다섯째, 기호를 이용한 감정의 표현, 즉 'Emotion'+'Icon'의 합성어인 '이모티콘'(emotion)의 사용을 들 수 있다. 비슷한 것으로 감정 표현 언어들을 통틀어 'Smiley'라고도 한다. 통신에서의 의사 소통은 2차원의 평면에서 일어나기 때문에 자판을 이용한 문자의 표기와 함께 다양한 기호를 통해 사실성과 현장감을 실어 나르기도 한다. 간단히 몇 가지 예만 들기로 하자.

(8) 통신 언어의 이모티콘

| 이모티콘 | 의미 | 이모티콘 | 의미 |
|---|---|---|---|
| 0.0 | 나는야 왕눈이 | 0:-) | 천사 |
| =.= | 졸린 눈 | (∧.∧) | 기분이 좋다 |
| T.T | 잉잉~우는 모습 | :-D | 하하하 |
| ☆.☆ | 맞아서 별이 보인다네 | :-〈 〉 | 깜짝 놀란 표정 |
| :-) | 웃고있는 모습(옆) | :-*= | 키스 |
| 〉:-( | 무척 화난 얼굴 | #.# | 감탄 |
| (+  +) | 엉뚱한 소리의 답변 | :- 1 | 무표정 |
| (@@) | 농담이죠 | @〉—〉— | 장미 |

이들과 함께 영어를 축약하거나 소리나는 대로 즉, 'for' → '4'로, 'to' → '2'로, 'thank you' → thx, 'Talk to you later' → TTYL'로 표기하기도 한다.


## 3.3 통신 언어의 장·단점


사이버라는 특수한 공간 속에서 일어나는 다양한 통신 언어들은 그 나름대로 문화적 가치를 지니고 있는 만큼 장점과 단점을 동시에 가지고 있다.

먼저 통신 언어의 장점은 항상 문법적인 문장의 틀로만 이루어져왔던 현실의 언어 생활과는 달리 새로이 창조된 언어들로서 신선함과 친근감을 준다는 것이다. 그리고 여러 가지 감정 표현과 의사 전달을 위한 언어로서 우리의 언어 생활을 더욱 더 풍부하게 한다는 긍정적인 효과도 있다.

그러나 장점 못지 않게 단점 내지 문제점 또한 심각하다. 그 가운데 가장 큰 문제는 정상적인 국민들의 언어 생활 내지 표기법의 혼란, 파괴를 들 수 있고, 앞에서 살핀 바처럼 통신상의 언어는 주로 10대부터 20대에 이르는 학생들에 의해 사용되면서 은어화하는 상황이다. 따라서 일반인이 그들의 의미를 파악한다는 것은 결코 쉬운 일이 아니다. 그럼으로써 의사 소통 단절에 따르는 세대간의 갈등이 야기될 수 있다. 다음으로 계속되는 부정확한 통신 용어의 사용으로 인해 사이버 공간이 아닌 현실의 언어 사용에도 부정확한 사용이 늘어간다. 결국 통신을 수단으로 한 통신 언어의 계속적인 사용은 우리말을 오염시키는 주된 요인이 되고 있다.

## 3.4  통신 언어의 순화

통신 언어에는 우리의 언어 생활을 파괴하는 여러 가지 요소들이 있다. 이러한 언어 파괴의 현실 문제를 해결하기 위해서 무엇보다 절실한 것이 네티즌 각자의 노력이다. 즉 가능한 정확하고 올바른 표기법을 원칙으로 한 언어 생활이 되도록 해야 할 것이다. 그리고 각종 언어 관련 단체나 정부에서도 통신상의 언어가 남용되거나 더 이상 오염이 되지 않도록 각별히 주의를 기울여야 하고, 학교 교육, 가정 교육을 통해서도 통신의 예절이라는 교육적인 차원에서 신중하고도 지속적인 관심을 기울여야 할 것이다. 끝으로 어느 네티즌이 인터넷 사이트에 올린 이른바

'통신버전 제1탄 – 한글 표준 맞춤법 사전'에 나타난 통신 언어의 규칙을
소개하기로 한다.

1. 통신 언어에서 표준어란「교양 있는 통신인이 두루 사용하는 현대
   대화방 및 게시판 언어」이다.
2. 표준어 규정 1항은 사람 이름의 뒤에는 '님'자를 붙여 좋고 싫은 감
   정을 나타내지 않는다는 것. 예컨대 ~년, ~군, ~양, ~옹이라
   쓰지 않고 황진이님, 차인표님, 이순신님 하는 식이다. 하지만 예
   외는 있다. 매국노 이완용과 같이 비난을 받아 마땅한 사람이라면
   '놈'자를 붙이거나 '님' 호칭을 생략해도 된다.
3. 다음은 줄여 쓰기와 외국어 표기 조항. 단어는 줄여 씀(음절 줄이
   기)을 원칙으로 하되 늘려 씀도 허용한다. '안녕하세요'는 '안녕하
   심', '안냐세여'로, '어서 오십시오'는 '어섭, 어솨요', '반가워요'는
   '방가, 방가여'로 줄여 쓴다.
4. 외국어로 된 단어도 줄여 쓰거나 변형하여 쓴다. '하이'는 '하이루
   (룽)', '하 이어(얼)', '하이하이'로, '빌게이츠'는 '빌게쵸', '에이치오
   티(H.O.T)'는 '에쵸 티'로 쓴다는 것이다. 또 외국어는 소리나는 대
   로 적되 어원을 밝히지 않는다. 그래서 '컴퓨터'는 '컴퓨러' 또는 '콤
   퓨토'로 쓴다.
5. 권위적인 용어는 사용하지 않음을 원칙으로 한다. '공지'는 표준어
   가 아니며 '알림'으로 쓴다.
6. '고딩어(고등학생)', '벙개(번개)'처럼 다수의 통신인이 일상적으로 사
   용하는 용어를 표준어로 취하며 혼자만 사용하는 용어는 버린다.
7. 모음 조화, 두음 법칙, 띄어 쓰기 등은 지키지 않는 것이 통신 언
   어의 원칙이다.


   물론 이는 공신력 있는 기관에서 발표한 것이 아니고 어느 개인이 만
든 것으로서 혼란해져 있는 통신 언어 사용의 규칙을 설정해 보았다는
점에 그 가치를 둘 수 있다. 통신 언어의 문제점을 인식하고 있다는 점
은 결국 이러한 문제점을 바로 잡으려는 해결책으로 이어질 수 있기 때

문이다.

　분명 오늘날 통신 언어의 사용은 우리 문화의 한 단면을 여실히 드러내고 있다. 장점에 비해 단점 또한 많지만 앞으로 이러한 문제점들을 똑바로 인지하고 하나씩 고쳐 나간다면 통신 언어가 우리의 언어 생활을 더욱 더 풍부하게 할 수 있을 것이다.

 **기타 응용 언어학**

　사회 언어학이나 심리 언어학, 통신 언어학 외에 언어학의 학문적 연구 성과를 응용하는 분야에는 '언어 철학, 신경 언어학, 언어 교육학, 전산 언어학' 등으로 다양하다.

　언어 철학(言語哲學 : philosophy of language)은 언어를 관찰의 대상으로 삼는 철학으로, 분석 철학에서 그 중심 과제의 하나로 언어를 다루어 왔다. 그리고 이는 언어의 본성, 언어 기호 이론, 언어 의미 현상 등을 연구하는데 보조적 역할을 하고 있다. 언어학사에서 살펴보았듯이 언어에 대한 최초의 학문적 관심이 철학에서 언어와 실재 세계의 관계를 구명하려는 목적에서 출발하여 최근 들어 생성 문법의 관심사가 의미론, 화용론으로 확대되어 감에 따라 형식 의미론이나 논리 언어학 등에서 철학자와 언어학자의 교류가 넓어지고 있다.

　신경 언어학(神經言語學 : neurolinguistics)은 언어의 생물학적 기초와 언어 습득 및 사용의 기저를 이루는 두뇌 구조와 관련된 연구이다. 19세기 중엽 이후부터 언어와 두뇌와의 직접적인 관계를 찾아낼 수 있다는 기본적 입장으로, 언어 능력이 집중된다고 판단되는 중심 부분을 찾기 위한 노력이 있었다. 특히 신경 언어학은 '실어증'(失語症)의 연구에 커다란 공헌을 하였다. 즉 Brocas박사는 1861년 언어가 두뇌의 좌반구에 밀접히 관련을 가진다고 주장하고, 두뇌의 좌반구 앞부분에 대한 손상이 어린 아이들에 언어 장애를 가져온다 하였다.

전산·수리 언어학(電算·數理言語學 : computer·mathematical linguistics)은 수학적인 방법론을 언어학에 도입하여 가능한 정확하고 간결한 언어 기술을 꾀하기 위하여 발달된 분야이다. 그러나 전자는 컴퓨터를 이용한 각종 언어 자료의 분석, 정리 그리고 언어 교육과 기계 번역 등 다양한 분야의 연구를 담당하고, 후자는 언어가 추상화될수록 수학과 가까워지는 분야라 할 것이다.

언어 교육(言語敎育 : teaching of language)은 인간의 가장 중요한 특성인 언어의 본질적 특성을 알고, 언어의 보다 효과적인 습득과 능률적인 사용을 위한 연구 분야이다. 지금까지 앞에서 다룬 응용 언어학이 이론적인 측면에서의 연구라 할 수 있다면, 언어 교육은 실천적인 면에서의 응용 언어학이라는 차이점을 지닌다. 언어 교육의 필요성은 바른 모국어의 교육을 위해서는 물론이거니와 국제화 시대에 있어 외국어의 효과적인 습득에도 있다.

# 제 **13** 장  텍스트 언어학(言語學)

지금까지 다루어 온 언어학은 전통적인 범위의 언어학, 즉 문장 단위를 벗어나지 않은 언어학이었다. 그러나 최근 들어, 특히 20C 후반에 접어들면서 언어학의 학문 영역에서 텍스트 및 텍스트 언어학이라는 용어를 쉽게 접할 수 있다.

기존의 전통 문법과 구조 문법 그리고 생성 문법 등은 '문장' 단위를 문법 연구와 기술의 대상으로 하였다. 그러나 이들 문법이 문장을 넘어선 언어 현상의 설명에 한계를 나타내자, 이에 대한 비판과 함께 화용론의 발달로 등장한 언어학 분야가 '텍스트 언어학'이다.

텍스트 언어학은 문장의 경계를 넘어선 '텍스트'를 언어의 가장 큰 내재적 구조로 다루는 언어학으로 그 주요 관심사나 연구 범위, 연구 방법이 종래의 언어학과 판이하다.

이 장에서는 텍스트 언어학에 대한 전반적인 부분에 대해 서술하기로 한다.

# ① 텍스트와 텍스트 언어학의 개념

텍스트란 무엇이고, 텍스트 언어학이란 어떤 학문인가?

언어학의 대상이 언어이듯 텍스트 언어학의 대상은 텍스트이다. 그리고 언어의 구성 요소가 있고, 이를 다루는 기술적인 방법론이 있듯이 텍스트에도 텍스트를 구성하는 요소와 텍스트를 다루는 이론이 있다.

## 1.1 텍스트의 개념

텍스트 언어학의 대상인 '텍스트'(text)는 어원적으로 '짜여진 것'을 의미하며, 라틴어 동사 '짜다'(texere)의 과거 분사 'textus'에서 유래하였다.

고영근(1998)에서는 텍스트의 개념을 세 가지로 정의하고 있다. 첫째, 물음 문장에 대응하는 응답 문장의 연쇄, 그리고 접속 부사에 의해 이어진 문장 연쇄처럼 의미적으로 완결성을 갖춘 것으로 보았다. 그러나 이러한 개념은 텍스트를 단순히 문장의 상위 단위로 보기에 언어 현상을 설명하는데 별다른 도움을 주지 않는다 하였다. 둘째, 사람의 행위 자체를 텍스트로 보는 것이다. 이에 따르면 인간에 의한 모든 의도적인 생산물들이 텍스트가 되어 인문 과학은 물론 자연 과학에까지 그 범위를 넓힐 수 있다. 셋째, 언어로 표현되어 있거나 언어로 옮길 수 있는 의도적인 표현을 텍스트로 보는 관점이다. 한 마디의 감탄적 발화, 문장, 문단 등을 포함하여 한편의 작품, 저서 등도 텍스트가 될 수 있다.

본 서에서는 텍스트의 개념을 두 가지 측면 즉, 일상 언어에서의 개념과 언어학적의 개념으로 양분하여 정의하기로 한다.


## (1) 일상적 용법의 개념


일상적 용법에서 텍스트의 개념은 명확하지 않은 것 같다. 텍스트는 사건, 행위 또는 생각 등에 대한 기록, 문학 작품, 즉 저자의 산물, 일상 소통에서 나타나는 언어 단위들의 연쇄라고 다양하게 정의할 수 있다.

독일 언어학자인 K. Brinker(1994)에서는 다음 두 예문을 들고 텍스트의 성격을 규정하고 있다.


> (1) 프랑크푸르트의 소방대는 200m 높이까지의 집에서 사람을 구조해낼 수 있는 기구를 소개하였다. 이것은 움직이는 케이블 철로와 같은 것인데, 집에 부착된 케이블을 통해 화물차로 운행할 수 있는 곤돌라와 연결되어 있다. 지금까지 가장 긴 소방대 사다리는 30m이다.

> (2) 나는 유감스럽게도 읽을 거리를 충분히 가지고 있지 않았다. 그 위원은 제안을 거절했다. 휴가 중에는 그 누구도 집에 머물고 싶어하지 않는다.


예문 1)은 내용적이나 주제적인 면에서 하나의 통일성을 유지하고 있다. 반면 예문 2)는 그렇지 못하다. 즉 '결속성'의 차이가 나타난다. 그는 텍스트의 개념이 다양하지만 결국 텍스트는 한 문장 이상을 포괄하는 고착된 언어적 단위라 하고, 이의 중요한 특성으로 '결속성'을 들고 있다.

## (2) 언어학적 용법의 개념

텍스트 언어학은 그 연구 방향에 따라 세 가지의 영역으로 구분할 수 있다. 이에 따라 텍스트의 개념 역시 다르게 정의되고 있다.

### 1) 언어 체계 지향적 텍스트 언어학의 텍스트 개념

이는 구조주의 언어학과 생성 문법을 거울삼아 발전한 언어학이다. 즉 구조주의 언어학과 생성 언어학의 문장 단위에 대한 비판과 함께 시작된 텍스트 언어학에서는 문장 단위를 넘어서는 텍스트 형성도 언어의 규칙 체계를 통해 통제되며 일반적인 규칙성, 곧 언어 체계적으로 설명되어야 할 규칙성에 근거하고 있다는 점이다.

언어 체계 지향적 텍스트 언어학에서는 텍스트를 '문장들의 응집적인 연쇄'라 정의하는데, 이 개념은 문장과 연속하는 문장들의 언어적 요소들 간의 통사, 의미론적 관계로만 특징짓는다. 그러나 이러한 텍스트의 정의도 기존 문장 단위를 기초로 하고 있다. 왜냐하면 문장을 텍스트의 구조 단위로 보기 때문이다. 이에 대한 비판으로 등장한 것이 다음의 통보 지향적 텍스트 언어학이다.

### 2) 통보 지향적 텍스트 언어학의 텍스트 개념

통보 지향적 텍스트 언어학은 화용론적 관점에서 텍스트가 행위와 관련된다고 정의하였다. 즉 언어체계 지향적 텍스트 언어학에서는 텍스트를 고립된, 정적인 대상으로 다루고 있다. 그러나 사실 텍스트는 화자와 청자의 구체적인 상황과 관련한 통보 상황과 관련된다 하여 이를 비판하고 있다.

따라서 통보 지향적 텍스트 언어학에서는 텍스트를 문법적으로 연결된 문장의 단순한 연쇄가 아니라 언어 행위로 나타나는데, 화자는 이러한 언어 행위를 이용하여 청자와의 일정한 소통 관계를 산출한다.

### 3) 통합적 텍스트 언어학의 텍스트 개념

통합적 텍스트 언어학은 '통사, 의미, 화용'을 모두 포함하는 언어 체계 지향적 방향과 통보 지향적 방향의 텍스트 언어학의 상보적인 개념으로 볼 수 있다.

통합적 텍스트 언어학에서는 텍스트를 자체적으로 응집적이고 전체로서 인지 가능한 통보 기능을 알려주는 언어 기호들의 한정된 연쇄라 정의하는데, 이를 좀더 구체화하여 텍스트가 지니는 '텍스트성'(김용도, 1993)에는 다음과 같은 것이 있다.

첫째, 텍스트는 한 문 또는 두 문 이상으로 된 특성을 갖는다. 이는 문이 텍스트 구성의 기본 단위라는 것을 의미하지만, 한 문으로 구성되는 텍스트도 있을 수 있다.

둘째, 텍스트는 매체적 특성으로 '구어 – 문어'의 양면성을 갖는다. 일반적인 경우 텍스트는 손에 의해 쓰여진 대상 또는 인쇄된 언어적 대상을 가리키는 것으로 사용되지만 음성적 측면의 구어도 텍스트가 된다.

셋째, 텍스트는 언어 이용의 요소로 간주되는데, 소쉬르의 '빠롤'은 촘스키의 '언어 수행'과 관련된다.

넷째, 텍스트에는 텍스트 표층 구조의 연결인 결속성이 있다. 이 외에 일관성, 의도성, 수용성, 상황성, 상호 텍스트성과 함께 이들은 텍스트가 지니는 고유 성질이다.

## (3) 텍스트와 담화

텍스트는 때로 '담화'(discourse)라는 의미와 동일하게 취급하기도 한다. 그러나 이들은 공통점과 차이점을 동시에 지니고 있다. 이와 관련하여 House(1994)에서는 다음과 같이 말하고 있다.

(3) 텍스트와 담화의 공통점
텍스트와 담화의 개념이 서로 다른 언어학파들 안에서 변화하는 의미를 겪었다. 영국 맥락주의(British Contextualism), 프라그 언어학파 등의 견해에 따르면 텍스트와 담화는 대립적인데, 담화는 언어수행(performance), 구어, 기술에 초점이 있다고 한다면, 텍스트는 언어능력(competence), 문어, 이론에 초점이 있다. 그러나 절대적인 대립은 없으며 어느 쪽의 술어도 두 술어의 개념 즉 언어 이용상의 초문 연쇄체를 포함하는 개념으로 사용될 수 있다.

그러나 텍스트는 담화와 다르게 사용되기도 한다. 텍스트와 담화의 차이점이 미카엘 스터브즈(송영주 역, 1993)에 정리되어 있다.

(4) 텍스트와 담화의 차이점
ㄱ. 첫째로 문자 언어에 의한 텍스트 대 음성 언어에 의한 담화와 같은 구별이 있다. 환언하면 담화는 상호 작용적 담화를 텍스트는 소리를 내서 말하거나 그렇지 않든 간에 비상호적 독백을 의미한다(Goffman, 1981).
ㄴ. 두 번째의 구별은, 담화는 어느 정도 길이가 있고, 텍스트는 대단히 짧을 수도 있다는 것이다. 이런 사용법에 의하면 '출구'라든가 '금연'과 같은 표지도 완전한 텍스트가 되는 셈이다(Halliday and Hassen, 1976).
ㄷ. 또 하나의 구별이 Van Dijk(1977)에 의해서 제안된 바 있

다. 그에 의하면, 텍스트는 담화 속에서 구체화되는 추상적
이론의 구조물이다. 바꿔 말하면, 텍스트의 담화에 대한 관
계는 문장의 발화에 대한 관계와 같다.

참고로 다음은 이에 대한 차이를 밝힌 여러 학자들의 견해이다. 먼저
Beaugrande & Dressler(1981)와 Koch(1965)는 계층적인 차이로 이
들을 구분하고 있다. 즉 그는 문장 위층의 텍스트, 텍스트 위층에 위치
한 것을 담화라 한 반면, Koch에서는 문장 위를 담화라 하고, 담화 위
층을 텍스트라 하였다. 다음과 같다.

(5) ㄱ. Beaugrande & Dressler(1981)    ㄴ. Koch(1965)

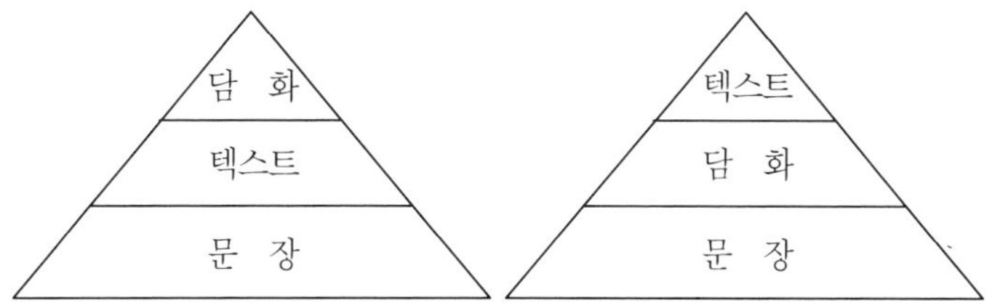


다음은 이용 매체의 차이에 의한 Stubbs(1983)의 연구, 구조적 관점
의 차이에 의한 Halliday(1979)와 Widdowson(1979), Dick(1976)의
연구가 있다. 이를 비교하면 다음과 같다.

(6) 텍스트와 담화의 차이

| 구 분<br>학 자 | 기 준 | 텍스트 | 담 화 |
|---|---|---|---|
| Stubbs(1983) | 매 체 | 문 자 | 구 어 |
| Halliday(1979)<br>Widdowson(1979) | 구 조 | 표층 구조 | 심층 구조 |
| Dick(1976) | | 심층 구조 | 표층 구조 |

이상으로 텍스트와 담화의 두 술어는 상·하 계층, 구어·문어, 기저 구조·표층 구조 등 양분성의 원리에 따라 구분이 된다. 그러나 이러한 차이가 있음에도 불구하고 대다수의 문헌에서는 동일한 의미로 사용한다.

## 1.2 텍스트 언어학의 개념

언어 연구 대상의 최대 단위는 문장이 아니라 텍스트이어야 한다는 새로운 연구 방향으로서의 텍스트 언어학은 1960년대 후반 이래로 언어 분석의 독자적인 영역으로 발전한 언어 이론이다. 텍스트 언어학은 여러 가지 의미로 사용되는데, Beaugrande(1994)는 다음과 같이 정의하고 있다.

1. 텍스트는 단순히 언어적 단위가 아니라, 인간 행위, 상호 작용, 의사 소통, 그리고 인지의 단위이다.
2. 텍스트 언어학은 그 문제들을 학제간의 관점을 취하지 않고는 해결할 수 없다.
3. 텍스트 언어학에서의 '과학'(science)의 개념은 경쟁과 적대 개념의 과학이 아니라 협력(cooperation)과 통합(intergration) 개념의 과학이어야 한다.
4. 텍스트 언어학은 그 자신의 절차를 계속해서 반영해야 한다.
5. 데이터는 연구자에 의해 만들어진 고립된 사례가 아니라 자연스럽게 나타나는 텍스트와 담화이어야 한다.
6. 텍스트 언어학은 분석적 관점과 종합적 관점 사이에 보다 더 균등한 균형을 찾아내야 한다.
7. 통사론, 의미론, 화용론으로의 습관적 구분이, 보통 이렇게 취급되어 왔지만, 더 이상 생산적이지 못하다.

8. 텍스트 연구는 연구자로 하여금 텍스트에 관여하도록 강요한다.
9. 텍스트 분석은 형식화 및 축소적이 아니라 풍부하고 방대하다.
10. 텍스트 연구는 관심을 가질만한 문제에 관하여 학계 내·외 단체 와 그룹들과 교류해야 한다.
11. 텍스트 연구는 지식을 추구하는 기존의 자유 및 의사 소통력 표현 및 전달과 같은 필수불가결한 사회적 목적을 옹호해야 한다.
12. 텍스트 언어학에 직면하는 과업을 수행하기 위해서는 일관성 있는 연구 계획이 있어야 한다.

한편, 다이크(1980)에서는 상위 학문으로 '텍스트학'(textwissenschaft)을 설정하고, 이의 하위 영역으로 텍스트 언어학과 텍스트 문법, 텍스트 통사론을 포함시켰다. 다음과 같다.

(7) 텍스트학(textwissenschaft)의 하위 분야

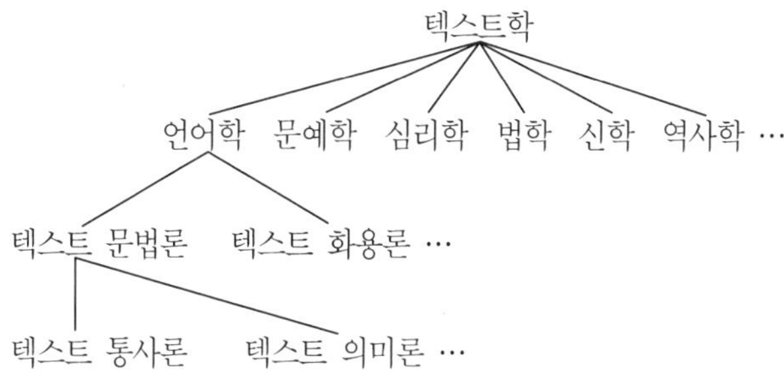


## ❷ 텍스트성

일련의 문장들이 텍스트로서 자격을 갖추기 위해 충족시켜야 할 기준을 '텍스트성'이라 한다. Beaugrande & Dressler(1981)에서는 텍스트

성의 7가지 기준에 대해 설명하고 있다. 이를 중심으로 살펴보기로 하자.


## 2.1 결속 구조


### (1) 결속구조의 정의


결속 구조(結束構造 : cohesion)는 텍스트가 비텍스트가 아닌 텍스트로서의 자격을 갖추기 위한 첫 번째 기준으로 응결성과 동일한 개념이다. 일반적으로 '결속, 응결'의 의미는 첫째, 사회, 경제학에서 굳게 협동하는 행위 내지 과정을 의미하고, 둘째, 식물학에서 식물의 유사한 부문들 또는 기관들 사이의 접합, 셋째, 물리학에서 체의 입자들이 결합되어 덩어리가 되게 하는 분자 인력을 의미한다. 결국 부분과 부분을 결합시키는 행위 내지 과정이라 할 수 있다.

결속 구조에 대한 Beaugrande & Dressler(1981)의 견해는 다음과 같다.

> "이는 「텍스트 표층」의 구성 요소들, 곧 우리가 실재로 듣거나 보는 단어들이 서로 연결된 방식과 관계가 있다. 표층 구성 요소들은 문법적 형식과 규약들에 의해 서로 의존해 있기 때문에, 응결성은 「문법적인 의존 관계」에 바탕을 둔 것이다."

이에 의하면 텍스트 기준으로서의 결속 구조는 텍스트 단위들 간의 문법 관계이다. 즉 텍스트는 통사 구조의 연속적인 발화체로 통사 구조 간에는 상호 관련을 맺고 있는데, 이러한 연관 관계를 '결속 구조' 또는

'응결성'이라 지칭한다. Halliday & Hassen(1976)에서도 이와 동일한 입장을 취하고 있다.

> "결속 관계란 그 구조가 상호 의존적인 텍스트에서 둘 또는 그 이상의 요소들의 관계, 예를 들면 John…he와 같이 인칭 대명사와 선행사인 고유 명사의 관계를 말한다."

## (2) 결속 구조의 유형

텍스트의 결속에 대한 연구는 결속 구조 장치로 이어져 Halliday (1967)에 의해 결속 장치들이 목록으로 제안되기에 이르렀는데, 아래와 같다.

(1) Halliday의 결속 구조 장치

| 1단계 | 2단계 | 3단계 | 4단계 |
|---|---|---|---|
| 문법적 결속 (gram-matical) | 구조적 결속 (structural) | 의존(종속) (dependence) | – |
| | | 등 위 (co-ordination) | – |
| | 비구조적 결속 (non-structural) | 전 조 응 (anaphore) | 직시어 및 하위 수식어 (decitics and submodifiers) |
| | | | 대 명 사(pronouns) |
| | | 대 치 (substitution) | 동 사 어(verbal) |
| | | | 명 사 어(nominal) |
| 어휘적 결속 (lexical) | 어휘 항목의 반복 (repetition of item) | – | – |
| | 동일 어휘장의 어휘 사용 (occurrence of item from same lexical) | – | – |

그 후, 결속 구조를 체계화시킨 Hallidday & Hassen(1976)의 연구가 나온 후부터 대부분의 연구는 이들의 틀을 따르고 있다.

(2) Halliday & Hassen(1976)의 결속 체계

| 1단계 | 2단계 |
|---|---|
| 1. 지시<br>(reference) | (a) 대명사어(pronominals) |
| | (b) 지시사와 정관사(demonstatives and difinite article) |
| | (c) 비교사(comparatives) |
| 2. 대치<br>(substitution) | (a) 명사어 대치(nominal substitutes) |
| | (b) 동사어 대치(verbal substitutes) |
| | (c) 절대치어(clausal substitutes) |
| 3. 생략<br>(ellipsis) | (a) 명사어 생략(nominal ellipsis) |
| | (b) 동사 생략(verbal ellipsis) |
| | (c) 절 생략(clausal ellipsis) |
| 4. 접속<br>(conjunction) | (a) 부가(additive) |
| | (b) 역(adversative) |
| | (c) 절(clausal) |
| | (d) 시간(temporal) |
| | (e) 기타 '지속'(other 'continuative') |
| | (f) 억양(intonation) |
| 5. 어휘<br>(lexical) | (a) 동일 항목(same item) |
| | (b) 동의어 또는 유사 동의어(synonym or near synonym) |
| | (c) 상위어(superordinate) |
| | (d) 총칭 항목('general' item) |
| | (e) 연어(collocation) |

끝으로 결속 체계를 텍스트 이론의 한 구성 부문으로 도입한 최초의

사람은 Beaugrande & Dressler(1981)로서 그들의 체계는 10가지의 결속 장치와 14가지 실현 범주로 구성되어 있다.

(3) Beaugrande & Dressler(1981)의 결속체계

| 1단계 | 2단계 |
|---|---|
| 1. 반  복<br>(recurrence) | a. 동일 어휘 또는 표현(same words or expressions) |
| | b. 동사(verbal) |
| | c. 수식어(modifier) |
| | d. 절(clause) |
| 2. 류변화 반복<br>(partial recurrence) | a. 동일한 어근을 지닌 단어<br>(words with same basic word-component) |
| 3. 병  행<br>(parallelism) | a. 표층 체제(surface formats) |
| 4. 환  언<br>(paraphrase) | a. 표현(expressions) |
| 5. 대  용<br>(proform) | a. 대명사(pronoun) |
| 6. 생  략<br>(ellipsis) | a. 동사(verb) |
| | b. 주어(subject) |
| | c. 기타(others) |
| 7. 시제 / 상<br>(tense / aspect) | a. 일부 시제 / 상(some of tense / aspect) |
| 8. 접  속<br>(junction) | a. 접속 표현(junctive expressions) |
| 9. 기능적 문구성론<br>(FSP) | |
| 10.억  양<br>(intonation) | |

## (3) 결속 구조 유형의 실례

Beaugrande & Dressler(1981)의 결속 구조는 크게 10가지로 나누었지만 공통된 성격에 의해 적게는 4가지로 정리할 수 있다.

첫째, '회기법, 부분적 회기법, 병행 구문, 환언'이 네 가지는 불확실성이나 논란의 여지를 텍스트에서 배제하고자 할 때 사용되는 장치라는 점에서 하나로 묶을 수 있다. 회기법은 똑같은 자료가 정확히 다시 나타나는 것(4.ㄱ), 부분적 회기법은 동일한 기본어사를 다른 용법으로 사용하는 것(4.ㄴ), 병행 구문은 같은 구조 속에 다른 자료가 담겨 반복 사용되는 것(4.ㄷ), 환언은 외견상 상이한 자료들 사이에 근사한 개념 상의 등가 관계가 성립되는 것(4.ㄹ)을 의미한다.

(4) ㄱ. <u>약물</u>은 보통 간에서 대사 작용을 일으켜 그 형태가 변하기 때문에, 어떤 <u>약물</u>은 치료 부위에 도달하기도 전에 효과가 없어진다. 또한 혈액이 <u>약물</u>을 운반하기 때문에 <u>약물</u>이 혈액에서 퍼지면서 묽어진다. 그래서 병이 생긴 부위에 실제로 필요한 양보다 훨씬 많은 <u>약물</u>을 투여해야 효과를 볼 수 있다.

　　ㄴ. <u>통치기구</u>는 국민들 사이에 설립되며, 그 정당한 권력은 <u>통치받는</u> 사람들의 합의로부터 나온다.

　　ㄷ. 수필은 <u>청자(靑瓷) 연적</u>이다. 수필은 <u>난</u>이요, <u>학(鶴)</u>이요, <u>청초하고 몸맵시 날렵한 여인</u>이다. 수필은 <u>그 여인이 걸어가는 숲 속으로 난 평탄하고 고요한 길</u>이다. <u>수필은 가로수 늘어진 포도(鋪道)</u>가 될 수도 있다.

　　ㄹ. 창 밖을 내다보던 영신은 다시금 콧마루가 시큰해졌다. 예배당을 두른 야트막한 담에는 쫓겨 나간 <u>아이들</u>이 머리만 내밀고 족 매달려서, 담안을 넘어다보고 있지 않은가! 고목이 된 뽕나무 가지에 닥지닥지 열린 것은 틀림없는 <u>사람의 열매</u>다.

둘째, 대용형과 생략은 표층 텍스트를 간결하게 만드는 수단이라는 점에서 공통성을 지닌다. 대용형은 간결한 허사로서 완전형을 갖춘 요소들의 의미 내용을 지시하는 것으로 이는 다시 공지시성을 갖는 표현 다음에 대용형을 사용하는 '전조응'(前照應)(12.ㄱ)과 공지시성의 표현에 앞서 대용형을 사용하는 '후조응'(後照應)(12.ㄴ)으로 구분할 수 있다. 생략 현상은 12.ㄷ)처럼 신문 텍스트에서 자주 일어난다.

(5) ㄱ. <u>늙은 거지</u> 하나가 전장(錢莊)에 가서 떨리는 손으로 일 원짜리 은전한 닢을 내놓으면서, "황송하지만, 이 돈이 못 쓰는 것이나 아닌지 좀 보아주십시오."하고, 그는 마치 선고를 기다리는 죄인과 같이 전장 사람의 입을 쳐다본다.

ㄴ. 나는 <u>그것</u>을 도저히 믿을 수 없었어. 그들이 그 계획 전체를 받아들였다니.

ㄷ. 5월 31일 오후 11시(한국 시각) 스위스 취리히에서 공식 기자 회견을 가지고, "집행 위원회는 한·공동 개최안을 놓고 토론을 벌인 결과, 표결 없이 만장 일치로 통과시켰다."라고 발표했다.

셋째, 텍스트 세계의 사상과 상황의 내적 관계나 그들 상호간의 관계를 명시하는 수법으로 시제와 상, 접속 구조에 의한 방법이 있다. 아래는 접속 구조에 의해 사상이나 상황간의 관계를 명확하게 표시하고 있다. 이에는 등위 접속, 이접적 접속, 역접 접속, 종속적 접속이 있다.

(6) ㄱ. 인간은 불을 사용한다. 인간은 물질을 마찰시키면 열이 나고, 그 열이 불로 변한다는 것을 알았다. 그리고 불을 사용하면서부터, 화식(火食)을 하게 되어 위의 부담을 덜어 주고, 어둠을 쫓아 활동하는 시간을 연장(延長)하며, 모진 추위를 극복함은 물론, 맹수(猛獸)의 위협에서 해방될 수 있었다.

ㄴ. 문장에 대한 온갖 이론과 방법을 알았다고 할지라도, 자기 스스로 백번 천 번의 수련을 쌓아야 한다. 그렇지 않으면 저는

저대로 있고, 문장은 문장대로 있을 뿐, 저 자신의 손에서 한
편의 문장도 지어져 나오지는 못한다.

ㄷ. 전통은 물론 과거로부터 이어 온 것을 말한다. 이 전통은 대
체로 그 사회 및 그 사회의 구성원(構成員)인 개인(個人)의 몸
에 베어 있는 것이다. 그러나 과거에서 이어 온 것을 무턱대
고 모두 전통이라고 한다면, 인습(因襲)이라는 것과의 구별
(區別)이 서지 않을 것이다.

ㄹ. 문헌이 아무리 많더라도 국어학자(國語學者)를 만족시키지는
못한다. 왜냐하면, 복잡하고 다양한 국어의 모습이 빠짐없이
문헌에 모두 나타나 있지는 않기 때문이다.

넷째, 기능적 문장 투시법과 억양을 들 수 있다. 전자는 지식이나 정
보의 우선도와 절과 문장의 어순 사이의 상관 관계를 가리키며, 후자는
청취 가능한 음조와 조성의 특징적인 억양 곡선을 담화 텍스트에 부과
하여 사용자의 기대, 태도, 의도 그리고 반응에 대한 주요한 단서를 제
공한다. 아래에서는 시문학에 나타난 문장 투시법의 예를 보기로 한다.

(7) 이것은 소리 없는 아우성
저 푸른 해원(海原)을 향하여 흔드는
영원한 노스탤지어의 손수건.
순정은 물결같이 바람에 나부끼고
오로지 맑고 곧은 이념의 푯대 끝에
애수(哀愁)는 백로처럼 날개를 펴다.
아! 누구인가?
이렇게 슬프고도 애달픈 마음을
맨 처음 공중에 달 줄 안 그는

7)의 '깃발'에서는 마지막 3행을 정상적인 문장 구조가 아닌 도치 구
문을 사용함으로써 정보성의 난이도를 조정하고 있다. 일반적으로 정보

성은 절이나 문장의 끝 부분에 갈수록 높아지는 경향이 있기 때문이다.


## 2.2 결속성


### (1) 결속성의 정의


텍스트성의 두 번째 기준은 '결속성'(結束性 : coherence)으로, 이는 첫 번째 기준인 텍스트의 결속 구조와 상당한 유사성을 지닌다. 그리하여 학자에 따라 이를 구별하지 않고 사용하는 경우가 없지 않다. 그러나 결속 구조와 달리 결속성에는 통사론적 수단들이 포함되지 않기에 이들을 구별해서 생각하는 것이 타당할 것으로 본다.

Beaugrande & Dressler(1981)에서는 '의의 연쇄망'에 의해 정해지는 세계를 텍스트 세계라 하고, 이 의의 연쇄망을 구성하는 여러 개념들과 개념들 사이의 관계를 밝히게 되는데, 이러한 관계의 토대가 텍스트 결속성의 중요한 요소라 하였다.

텍스트 세계가 텍스트를 구성하는 의의들의 집합이지만, 이것이 실재 세계와 일치하는 것만은 아니다. 이는 화자의 지식과 경험 그리고 의도에 의한 세계의 표현이기에 청자의 그것들과 일치하지 않을 경우 '의의 연쇄망'을 산출할 수 없게 된다. 그러나 텍스트의 개념은 어느 정도의 통일성과 일관성이 있게 현실화되거나 다시 의식 속으로 불러들일 수 있는 지식 구성체로 이 개념들의 관계는 '…의 주체, …의 대상, …의 처소' 등과 같은 그물망으로 조직되어 있다.

## (2) 결속성의 유형

텍스트의 결속성은 하나의 개념망을 형성하는 것으로 Beaugrande & Dressler(1981)에서는 다음과 같은 예를 들어 설명하고 있다.

"A great black and yellow V-2 rocket 46 feet long stood in a New Mexico desert. Empty, it weighed five tones. For fuel, it carried eight tons of alcohol and liquid oxygen."

예시 문장은 전체적으로 하나의 의미 연쇄망을 형성하고 있는 텍스트로서 결속되어 있다. 즉 3개의 문장들의 결합에 의해 '로켓'에 대한 무언가를 나타내고 있는데, 각 문장별 텍스트의 개념망을 보이면 다음과 같다.

(8) rocket의 결속망 분석

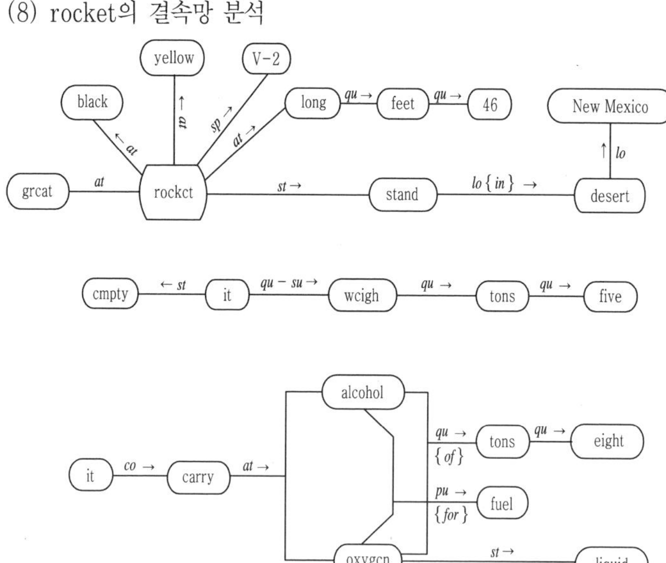

개별 문장에 대한 개념망으로서의 이들은 전체적으로 하나의 지식 공간, 즉 미시 상태인 개념들로 이루어진 하나의 개념적 거시 상태 속으로 용이하게 조합될 수 있다. 이를 아래와 같이 표현할 수 있다.

(9) 거시상태의 개념망 분석

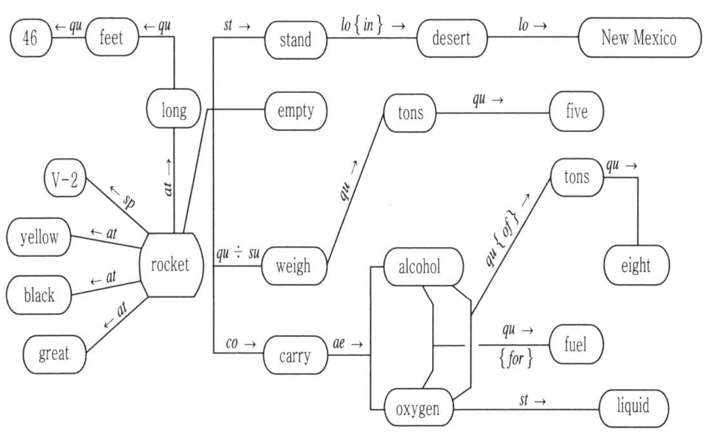


## (3) 결속 구조와 결속성

결속 구조와 결속성은 텍스트와 비텍스트를 구분, 결정짓는 텍스트성의 7가지 기준에서 가장 핵심적인 요소이다.

용어에 있어서, 결속구조와 동등한 개념의 용어가 '응결성'이라면 결속성과 동등한 용어로는 '일관성' 내지 '응집성'을 들 수 있는데, '응결성 : 응집성'이란 용어의 개념 차이가 확연히 우리 머리 속에 들어오지 않는다. 또한 어원적으로도 결속 구조와 결속성은 관련이 있으며 동사 'cohere'를 공유하고 있어 공통적인 개념으로 인식하기가 쉽다.

그러나 위에서 이들의 정의를 내리면서 이들 개념의 명확한 구별은 텍스트를 다루는 데 있어 반드시 필요한 것으로, 결속 구조와 결속성의 공통점과 차이점은 아래와 같다.

| 구 분<br>종 류 | 공통점 | 차이점 | |
|---|---|---|---|
| | | 의미적 | 구조적 |
| 결속 구조<br>(coherence) | 공통어원<br>"cohere" | 텍스트의 일관성<br>문법성의 연결성<br>언어학적 의미의 연결성 | 표층 구조의 연결성 |
| 결 속 성<br>(cohesion) | | 의미적 결속<br>의사소통 행위의 연결성<br>수사학적 내용의 연결성 | 심층 구조의 연결성 |

결국, 결속 구조가 텍스트 표층 구조의 문법적 일관성, 결속성이 텍스트 심층 구조의 의미적 일관성을 의미한다 보면 무리가 없을 것 같다.


## 2.3 의도성


### (1) 의도성의 정의

텍스트의 자질 중 의도성(意圖性 : intentionality)은 텍스트 생산자의 태도에 관계되는 개념으로, Beaugrande & Dressler(1981)에서는 텍스트 생산자의 의도를 충족시키기 위해 다시 말해 지식을 전파하거나 '계획'에 제시된 목표에 도달하기 위해 결속 구조와 결속성을 갖춘 텍스트를 형성하려는 것이라 하였다.

이는 모든 종류의 의사 소통의 전제가 되는 것이다. 즉 우리가 언어를 사용하여 자신의 생각이나 느낌을 표현한다는 것 자체가 결국은 어떠한 목표를 달성하기 의한 의도적인 발화이기 때문이다.


## (2) 그라이스의 격률


그라이스는 텍스트 생산자가 대화할 때 통상 따르는 일련의 '격률'(格律 : Maxims)을 제창하였는데, 이는 단순히 책략과 지시 사항일 뿐이다.

첫째, 협동(co-operation)의 원리이다. 이는 "당신이 나누고 있는 대화가 지금 이루어지고 있는 그 상태에서 지향한다고 인정되는 목적이나 방향의 요청에 합치되도록 기여하게 만들라"는 것으로 협동은 누군가가 조언이나 도움을 필요로 할 때 명백히 요청된다.

둘째, 수량(quantity)의 격률은 "필요한 양 만큼의 정보성만을 제공하라"(요구된 바 이상으로 정보성을 갖게 하지 말라)는 것이다. "정보성을 갖는다"는 것은 누군가에게 필요한 새롭거나 예측 불가능한 지식을 전해 주는 것을 뜻한다.

셋째, 질(quality)의 격률은 진실성과 관련이 되는 것으로 "당신이 거짓이라고 믿고 있거나, 타당한 증거를 갖지 않은 것을 말하지 말라"는 것이다. 이 기준은 대화보다는 과학적 텍스트에 더 엄밀하게 적용되지만 대화에서도 일반적으로 하나의 사회적 의무로 간주된다.

넷째, 관련성(relation)의 격률은 단순히 "적합성 있는 말을 하라"는 것이다. 적합성(relevance)은 (a) 어떤 종류의 지식이 주어진 주제와 관련이 있는가, 아니면 (b) 목적을 달성하는 데 어떤 종류의 지식이 유용할 것인가라는 두 가지 측면을 가질 수 있다.

다섯째, 방법(manner)의 격률에는 텍스트 내용을 배치하고 전달하는 여러 가지 방식이 포함된다. 이에는 '명쾌하라', '표현의 애매함을 피하라', '중의성(ambiguity)을 피하라', '간결하라', '순서대로 말하라'는 세부적인 방법들이 있다.

## 2.4 용인성

    결속 구조와 결속성이 텍스트 중심적인 개념임에 반해 의도성 및 용인성은 화행론의 개념으로 텍스트의 사용자측과 관련한 개념이다.

    텍스트의 용인성(容認性 : acceptability)은 텍스트 수용자의 입장에서 지식을 습득하기 위한 어떠한 텍스트를 결속 구조와 결속성을 갖춘 텍스트란 것을 수용하는 개념이다. 예를 들어 지식을 습득하거나 어떤 계획에 협력하기 위하여 텍스트 수용자에게 유용하거나 적합한 텍스트를 기대하는 태도라 할 것이다.

    한편, 용인성은 한 언어가 허용하는 모든 문장을 설명하는 것이 바로 '문법' 내지 '문법성'이라는 것을 어떻게 검증할 것인가에 대한 연구 과정에서 그 중요성이 드러나게 되었다. 이에 대한 두 가지의 대립된 주장은 아래와 같다.

> 1. 실제로 발생하고 있는 문법적인 데이터를 모두 그 언어에 속한다고 고집하는 견해
> 2. 현실적인 발생과 무관하게 모든 가능한 관계들을 문법이 규명할 수 있다는 견해

    이 두 가지 주장에 대해 전자를 추상적 문법에 의해서 규정되는 '문법성'(grammaticality)이라 정의하고, 후자는 실제 통화에서 용인되는 '용인성'(acceptability)으로 정의하기보다 잠재적 체계(virtual systems)와 그 실현 절차(actualization procedures)의 관계로 봄이 타당하다.

## 2.5 정보성

### (1) 정보성의 정의

텍스트의 정보성(情報性 : informativeness)은 제시된 텍스트 자료로부터 기대한 것과 기대하지 않은 것 또는 알려진 것과 알려지지 않은 것의 정도를 의미한다. 이는 텍스트 구성상 선택항들을 선택하고 배열하는데 중요한 제어 기능을 발휘한다.

### (2) 정보성의 단계별 유형

개별 발화체들이 지니고 있는 개연성 범위의 높고 낮음의 기준에 따라 텍스트에서의 정보성은 크게 3가지 즉, 1차, 2차, 3차 정보성으로 나눌 수 있다.

### 1) 제1차 정보성

제1차 정보성은 정보성의 종류 중 가장 기본적인 개념으로 대체로 누구에게나 예외 없이 명확하게 드러난다. 이는 어떤 어휘가 지니고 있는 지시적 의미와 함축적 의미 가운데 지시적 의미로 쓰일 때처럼 수용자가 받아들이는 개연성이 상당히 높은 경우의 정보성이다. 때문에 텍스트 수용자에게 거의 주목을 받지 못하고, 새로운 흥미를 이끌지도 못하는 것이다.

### 2) 제2차 정보성

제2차 정보성은 1차 정보성에 미치지 못하는 개연성을 지닐 때 나타난다. 이는 정보성의 3가지 단계에서 정 중앙에 위치하는 개념으로 이를 중심으로 텍스트 생산자는 '격상'(格上 : upgradeed)이나 '격하'(格下 : downgradeed)의 방법으로 중간 단계의 정보성을 유지하려 한다. 즉 텍스트 발화체가 지니는 정보성이 쉽게 드러나지 않으면 하위 단계로 격하시키고, 정보성이 쉽게 드러나게 되면 흥미를 돋우기 위해 상위 단계로 격상시킬 수 있다.

### 3) 제3차 정보성

제3차 정보성은 텍스트 선택항의 개연성이 1,2차 정보성에 비해 확연히 떨어지는 항들이 전달하려는 개념으로 이의 처리 과정은 쉽지 않다. 그 반면 텍스트 수용자들에게는 새로운 흥미와 관심을 이끌어내는 데에 중요한 위치를 점하고 있다.

## 2.6 상황성

텍스트의 상황성(狀況性 : situationality)은 어떤 텍스트를 소통 상황에 적합하도록 하는 요인들과 관계가 있다. 이에는 상황 점검과 상황 관리라는 두 측면이 있을 수 있다.

만일 어떤 텍스트의 지배적인 역할이 상당한 중간 조정 없이도 그 상황 모델을 설명하는 것이라면 거기에는 '상황 점검'이 수행되고 있는 것이고, 반면 텍스트의 지배적 역할이 텍스트 생산자의 목적에 부합되는 방식으로 그 상황을 인도하는 것이라면 이는 '상황 관리'가 수행되고 있는 것이다.


## 2.7 상호 텍스트성


### (1) 상호 텍스트성의 정의

텍스트성의 마지막 기준으로 상호 텍스트성(intertextuality)을 들 수 있다. 이는 주어진 한 텍스트를 생산하고 수용하는 과정에 있어 참가자들이 그들의 여타 텍스트에 의존하는 모든 방식을 포괄한다.


### (2) 상호 텍스트의 종류

상호 텍스트는 두 가지 종류의 관계에 관심을 가진다. 즉 텍스트 유형과의 관계 그리고 다른 텍스트들과의 관계이다.

전자는 전형적인 특성을 지닌 텍스트의 부류인 텍스트 유형을 발견하는 것이다. 이석규(2001)에서는 전통적인 텍스트의 유형으로 '기술적, 화술적, 쟁론, 문학, 시, 과학, 교훈적 논술, 유머, 성경 및 기타 경전 텍스트'를 들고 있다. 세부적인 설명은 이를 참조 바란다. 후자는 텍스트의 내용을 재조직할 때, 사람들은 기존에 널리 알려진 또는 언급된 텍스트를 이용하게 되는데 이는 곧 '텍스트 인유'(text allusion)의 문제라 할 수 있다.

 **텍스트 분석의 실례**

김유정의 문학 작품 "안해"를 대상으로 텍스트 분석한 김진호(1998)를 중심으로 실제적인 텍스트 분석의 경우를 확인하기로 하자.

일련의 문장이나 발화문이 텍스트로서 지녀야 할 구조에는 두 가지, 즉 '결속 구조'(cohesion)와 '결속성'(coherence)이 있다 하였다. 전자는 표층 텍스트의 구성에 관여하는 것으로 언어 측면의 결속을 의미하고, 후자는 텍스트 세계에 내재해 있는 개념과 그들 관계의 연결 고리를 지시하는 의미 측면의 결속 또는 응집을 지시한다.

하나의 텍스트라 할 수 있는 모든 서사 문학 역시 결속성과 응집성의 구조를 지니고 있다. 소설 텍스트 속의 등장 인물은 이야기꾼을 통해서만 독자에게 이야기를 전달할 수 있다. 이 이야기꾼을 소설에서 '서술자'라 하며, 서술자는 소설의 표면에 드러나거나 숨어서 작가가 독자에게 들려주고자 하는 스토리를 대신 전달한다. 그러므로 소설에는 '서술자'의 이야기와 이 서술자가 전달하는 인물의 이야기가 존재한다.

텍스트의 결속성(cohesion)을 드러내는 대표적 유형에는 '반복, 병행, 대용, 시제/상, 접속, 환언' 등이 있다. 텍스트 결속 구조면에서 "안해"는 짧은 호흡의 발화, 생략 현상 그리고 독특한 문장 종결 어미를 반복, 사용하고 있다. 또한 지문과 대화 사이의 경계가 명확치 않아서 다양한 화법이 전개된다. 이들에 대해 살펴보자.

첫째, 김유정의 텍스트 "안해"에는 비교적 짧은 문장과 구어체적인 표현이 지배적이다. 아래에 그 대표적인 한 예를 보이면 다음과 같다.

(1) 창가는 경치게도 좋아하지. 방아타령 좀 부지런히 공부래 두라니
    까 그건 안하고. 아따 아무 거라도 많이 하니 좋다. 마는 이번엔

저고리 섶이 들먹 들먹하더니 아 웬 곰방 담뱃대가 나오지 않냐. 사방을 흘끔흘끔 다시 살핀다. 아무도 없으니까 보강지에 다 들이대고 한 모금 뿌욱 빠는 구나. 그리고 다따 재채기를 줄대 뽑고 코를 풀고 이 지랄이다.

예문 1)은 이 작품의 후반부로써 작중 인물 '나'의 아내가 들병이로 나서기 위해 창가를 배우고 있는 장면이다. "안해"의 문장 전체가 1)과 같은 단문으로 이루어진 것은 아니나, 대체로 짧은 문장 속에 토속적이고 저속한 계층어를 사용하여 독자로 하여금 서술자를 통해 이야기를 전달받는 것이 아니라 직접 작가의 이야기를 듣는 듯한 현장감을 주고 있다.

둘째, 생략 현상의 결속성을 들 수 있다. 텍스트에서의 생략 현상은 하나의 구조와 그 의미 내용을 반복하되 표층 표현의 일부를 빼는 결속 방법으로, 지나친 생략은 오히려 텍스트의 이해를 저해하기도 한다. 하지만 일반적으로 생략 현상은 표층 텍스트의 간결성과 효율성에 기여하는 특성을 지니는 것으로 발화자가 의도하는 바를 더 효과적으로 전달할 수 있다. 아래 예문에서 이러한 생략 현상을 찾아볼 수 있다.

(2) ㄱ. 우리 마누라는 누가 보든지 뭐 이쁘다고는 안 할 것이다.
    ㄴ. 바로 계집에 환장된 놈이 있다면 모르거니와.
    ㄷ. 나도 일상 같이 지내긴 하나 아무리 잘 고쳐보아도 요만치도 이쁘지 않다.
    ㄹ. 하지만 계집이 낮짝이 이뻐 맛이냐.
    ㅁ. 제기랄 황소 같은 아들만 줄대 잘 빠쳐 좋으면 고만이지.
    ㅂ. 사실 우리 같은 놈은 늙어서 자식까지 없다면 꼭 굶어죽을 밖에 별 도리없다.
    ㅅ. 가진 땅 없어. 몸 못 써 일 못하여. 이걸 누가 얼쳤다고 그냥 먹여줄테냐.
    ㅇ. 하니까 내 말이 이왕 젊어서 되는 대로 자꾸 자식이나 쌓 두

　　　자 하는 것이지.
　ㅈ. 그리고 어미가 낯짝 글렀다고 그 자식까지 더러운 법은 없으
　　　렸다.
　ㅊ. 아 바로 우리 똘똘이를 보아도 알겠지만 제 어미년은 쥐었다
　　　논 개떡 같아도 좀 똑똑하고 깨끗이 생겼느냐.
　ㅋ. 비록 먹고도 재구 또 달라고 부라퀴처럼 덤비기는 할망정.


　2.ㄴ)의 발화에는 2.ㄱ)의 문장으로부터 서술어, 즉 '이쁘다고는 안
할 것이다'의 주어 성분이 생략되어 표현되었음을 알 수 있다. 2.ㄷ)은
'우리 마누라', 2.ㅁ)에서는 주어의 성분인 '계집', 2.ㅅ)은 '우리 같은
놈', 2.ㅊ)의 발화에서는 2.ㅊ)의 한 성분을 구성하는 '똘똘이'가 생략되
었다. 또한 텍스트 "안해"의 지문에는 종결형 어미가 생략된 3)의 예들
도 다수 보인다.


　　(3) 종결 어미의 생략
　　　-나가자고　　-다르지만　　-담배를　　-되겠지만
　　　-밖에　　　　-뻔뻔하게　　-알구　　　-얼굴인데
　　　-오십섬　　　-자식도　　　-저리고　　-하고
　　　-할망정


　텍스트에서 생략 현상이 나타나는 원인은 언어 경제적인 이유, 문체
적인 이유를 들 수 있는데, 특히 시나 소설과 같은 문학 작품 속에서의
생략 현상은 다분히 문체적인 이유 때문이라 할 수 있다. 그러나 텍스트
"안해"에서 생략 현상의 이유를 이렇게 단정짓기에는 무리가 따른다. 즉
작가의 의도가 중요하지 않은 것은 삭제하고 중요한 것만을 강조하고자
할 때, 수신자에게 정보를 높이기 위한 수단으로도 쓰일 수 있기 때문이
다. 따라서 "안해"의 생략 현상은 정보성의 격상이라는 측면에 그 의의
를 둘 수 있겠다.

셋째, 텍스트에 나타나는 문장의 종결 어미는 단지 문장을 끝내는 요소일 뿐만 아니라 그 문장으로 표현되는 내용이 구체적인 텍스트 상황 속에서 나타나는 여러 가지 요소들 사이의 관계에 대한 화자의 생각의 결과임을 드러내 주는 중요한 언어 요소이다(윤석민, 1995).

"안해"는 다양한 종결 어미를 사용함으로써 독자로 하여금 하층민의 목소리를 직접 듣고 있는 듯한 느낌을 가지게 하고 있다. 12.ㄱ～ㅋ)에서의 서술자 어투는 '～(이)냐, ～(이)지, ～렷다' 종결 어미에 잘 나타나 있다. 전체 243 문장에 사용된 종결 어미의 예를 살펴볼 때, 단순 평서형 어미 '～(이)다'가 114 문장에 나타난다. 여기에 비해 '가(2), ～구나(16), ～나, ～냐(21), ～니(2), ～렷다(10), ～리라(3), ～지(28)' 등의 구어체적인 어미의 용례는 82 문장에나 나타나고 있다. 이 가운데 '～가, ～나, ～냐, ～니'는 자신의 생각이 '틀림없다'라고 하는 수사 의문적인 용법으로 쓰이고 있다. 따라서 작가가 이들, 즉 구어체적인 단정형의 용법의 어미들을 통해 독자에게 전달하는 효과는 사건의 사실성과 현장성에 있다.

다음으로 "안해"의 서술자는 이 소설의 등장 인물인 '나'로서, 마치 사람들을 앞에 두고 자신의 경험을 털어놓듯 아내의 이야기를 서술해 가고 있다. 즉 서술자는 스스로의 감정을 실어 독자를 끌어들이기도 하고 희극적으로 설명을 하기도 한다. 한편 독자는 이러한 서술자로 인하여, 나래이터를 통해 이야기를 전달받는 것이 아니라 직접 작중 인물인 '나'에게 이야기를 듣고 있는 느낌을 받게 된다. 여기서 서술자의 말은 매일의 끼니를 걱정해야 하는 '하층민-작중 인물'의 말과 밀착되어 있다. '우리 같은 놈-우리 마누라-우리 똘똘이'의 경우에서 보이듯 일반 대명사 '우리'는 '놈-마누라-똘똘이'처럼 무식하고 가난한 계층을 대표하고 있다.

> (4) ㄱ. 이런 기맥을 알고 년을 농락해 먹은 놈이 요 아래 사는 뭉태 놈이다.

ㄴ. 놈도 더러운 놈이다.

ㄷ. 우리 마누라의 이 낯짝에 몸이 달았으면 그만하면 다 알조지.

ㄹ. 어디 계집이 없어서 그걸 손을 대고, 망할 자식도.

ㅁ. 놈이 와서 섣달 대목이니 술 얻어 먹으러 가자고 넌을 꾀었구
나.

ㅂ. 조금 있으면 내가 올 테니까 안된다.

ㅅ. 해 지기 전에 잠깐만, 하고 손을 내끌었다.

ㅇ. 들병이로 나가려면 우선 술 파는 경험도 해 봐야 하니까, 하
는 바람에 넌이 솔깃해 덜렁덜렁 따라섰겠지.

ㅈ. 집안을 망할 년.

ㅊ. 남편이 나무를 팔러 갔다 늦으면 밥 먹을 준비를 하고 기다려
야 옳지 않느냐?


4.ㄱ)의 발화가 작중 인물의 직설적인 목소리만을 빌어 서술자가 독자나 청자에게 사건을 이야기해 주는 설명적 발화 부분이라면 4.ㄴ～ㄹ)에서는 인용 부호가 생략된 직접 화법이 사용되고 있다. 작중 인물 자신의 말이 그대로 전달되고 있는 것이므로 현재형으로 쓰여져 있다. '놈도 더러운 놈이다'는 서술자의 말인지 작중 인물의 말인지 명확히 구분되진 않는다. 그러나 결국 4.ㄴ～ㄹ)의 발화는 전체적으로 작중 인물이 분개하며 내뱉는 말로 파악된다. 여기서 서술자는 '우리 마누라의 낯짝은 별볼일 없다—그런 마누라에게 손을 대었다'는 정보와 '뭉태는 더러운 놈—망할 자식'이라는 감정적인 측면의 발언을 함께 전달한다.

4.ㅂ～ㅅ)에서는 작중 인물이자 서술자인 '내'가 직접 현장을 목격하지 못했음에도 불구하고, 바로 앞의 문장과 달리 '안된다, 내끌었다'라는 과거형의 단정적 어투를 사용하고 있다. 그럼으로써 오히려 생생한 현장감과 자신의 분한 감정까지 효과적으로 실어내는 것이다. 이처럼 서술자는 일인칭 서술자가 아닌 전지적 작가의 시점에서 이야기를 서술하고 있다.

"안해"에서는 여러 작중 인물의 말(나, 아내, 뭉태)과 서술자의 말이 한데 섞여 있는 문장을 쉽게 찾을 수 있다.

4.ㅁ~ㅇ)의 밑줄친 부분은 내가 생각하는 '다른 사람'(아내와 뭉태)의 발화이다. 그러나 4.ㅂ)과 4.ㅅ~ㅇ)은 표현의 차이를 보인다. 즉 4.ㅁ)과 4.ㅅ~ㅇ)의 발화는 인용 부호를 붙이면 직접 인용이 되지만, 4.ㅂ)은 '남편이 올테니까 안된다'가 아니라 남편인 내가 오기 때문에 안된다고 말했을 것이라는 의미를 담고 있다. 4.ㅈ~ㅊ)은 작중 인물 '나'의 말이다.

텍스트 "안해"는 또한 대화나 지문 사이의 관계가 명확하지 않다. 앞에서 예로 들었던 단락을 다시 보기로 하자.

> (5) 꼴이 이러니까 밤이면 내 눈치만 스을슬 살피는 것이 아니냐. 오늘은 구박이나 안 할까 은근히, 하고애를 태우는 맥이렷다. 이게 가여워서 피곤한 몸을 무릅쓰고 대개 내가 먼저 말을 걸게 된다. 온종일 뭘 했느냐는 둥, 싸리문을 좀 고쳐 놓으라 했더니 어떻게 했느냐는 둥, 혹은 오늘 밤에는 웬일인지 훨씬 코가 좋아 보인다는 둥. 하고. 그러면 년이 금세 헤에 벌어지고 힝허케 내곁에 와 앉아서는 어깨를 비벼대고 슬근슬근 비빈다. 그리고 코가 좋아보인다니 정말 그러냐고 몸이 달아서 묻고 또 묻고 한다. 저로도 믿지못할 그 사실을 한때의 위안이나마 또 한번 들어보자는 심정이렷다. 그 속에 알고 짜장 콧날이 서나 보다고 하면 년의 대답이 뒷간엘 갈 적마다 잡아댕기고 했더니 혹 나왔을지 모른다나, 그리고 아주 좋아한다.

위의 문장에서도 인용 부호가 생략된 자유 화법을 찾아볼 수 있다. 서술 중간 중간에 나와 아내의 대화가 직접 화법으로 제시되기도 하지만, 작중 인물의 발화와 내면을 인용 부호 없이 자유 자재로 직접, 간접 화법으로 다양하게 구사하는 것이 "안해"의 두드러진 발화상 특징이라고

할 수 있다. 직접 화법으로 제시된 대화는 대체로 단문으로 이루어져 있고, 그런 가운데 '비어와 욕설, 방언'을 섞어 독자에게 (지식인 작가의 개입이 완전히 배제된) 작중 인물과 같은 층위에 놓인 서술자의 말을 바로 앞에서 전달하고 있다.

참·고·문·헌


姜吉云. 1992.「訓民正音과 音韻體系」. 서울 : 螢雪出版社

강명윤. 1992.「한국어 통사론의 諸問題」. 서울 : 한신문화사.

姜信沆. 1990.「增補版 訓民正音研究」. 서울 : 成均館大學校出版部.

高永根. 1983.「國語文法의 研究-그 어제와 오늘-」. 서울 : 塔出版社

고영근·남기심 공편. 1983.「국어의 통사·의미론」. 서울 : 탑출판사.

高永根. 1989.「國語形態論研究」. 서울大出版部.

고영근. 1998. "좋은 텍스트를 만드는 길."「새국어생활」제8권 제4호. 국립국
　　어연구원.

교육부. 1999.「고등학교 국어 상, 하」. 서울 : 대한교과서주식회사.

권재일. 1991.「한국어 통사론」. 서울 : 民音社

김계곤. 1996.「현대 국어의 조어법 연구」. 서울 : 박이정.

金光海. 1993.「국어 어휘론 개설」. 서울 : 집문당.

김귀화. 1994.「국어의 격 연구」. 서울 : 한국문화사.

김기혁. 1995.「국어 문법 연구-형태·통어론-」. 서울 : 박이정.

김미형. 1995.「한국어 대명사」. 서울 : 한신문화사.

金敏洙. 1957.「註解訓民正音」. 通文館.

金敏洙. 1980.「新國語學史」(全訂版). 서울 : 一潮閣.

金敏洙. 1981.「國語意味論」. 서울 : 一潮閣.

金敏洙. 1983.「新國語學」(全訂版). 서울 : 一潮閣.

김민수 편. 1993.「현대의 국어연구사」. 서울 : 서광학술자료사.

金芳漢. 1983.「韓國語의 系統」. 서울 : 민음사.

金相大. 1993.「口訣文의 研究」. 서울 : 한신문화사.

김석득. 1992.「우리말 형태론」. 서울 : 탑출판사.

김승곤 엮음. 1992.「한국어의 토씨와 씨끝」. 서울 : 박이정.

김승곤. 1996.「현대나라말본」. 서울 : 박이정.

김승곤 엮음. 1996.「한국어 토씨와 씨끝의 연구사」. 서울 : 박이정.

金英俊 譯. 1958. 「意味論」. 서울 : 民衆書館.(Hayakawa, S. I. 1949. *Language in Thought and Action.*)

김용도. 1996. 「텍스트 결속이론」. 부산 : 부산외국어대학교출판부.

김인환. 옮김. 1991. 「언어학의 이해」. 서울 : 기린원.

김정은. 1995. 「국어 단어형성법 연구」. 서울 : 박이정.

김종택. 1982. 「國語話用論」. 大邱 : 螢雪出版社

김종택. 1993. 「국어 어휘론」. 서울 : 탑출판사.

김진우. 1985. 「언어」. 서울 : 塔出版社

金鎭宇. 1992. 「人間과 言語」. 서울 : 集文堂.

金鎭宇. 2001. 「言語習得의 理論과 實相」. 서울 : 한국문화사.

김진호. 1998. "문학작품의 텍스트 분석." 「한국어학」 7. 서울 : 박이정.

김진호. 2000. 「국어 특수조사의 통사·의미 연구」. 서울 : 역락.

金韓坤·李相億. 1992. 「言語學新論」. 서울 : 開文社

金亨奎. 1974. 「韓國方言研究」. 서울大學校出版部.

김형주. 1998. 「우리말 발달사」. 부산 : 세종출판사.

김형춘. 1997. "국어 음운의 변별적 자질." 「우리말 음운 연구」(한말연구학
회). 서울 : 박이정.

남기심·고영근. 1985. 「표준국어문법」. 서울 : 탑출판사.

남기심·이정민·이홍배. 1995. 「언어학개론」(개정판). 서울 : 탑출판사.

文洋秀 외. 1977. 「現代言語學」. 서울 : 翰信文化社

박경자. 1998. 「심리언어학사」. 서울 : 한국문화사.

朴舜咸. 1970. "格文法에 立脚한 國語의 겹主語에 對한 考察." 「語學研究」 (서
울대) 6-2.

박승윤. 1986. "담화의 기능상으로 본 국어의 주제." 「언어」 11-1.

박종갑. 1996. 「토론식 강의를 위한 국어의미론」. 서울 : 박이정.

박창해. 1990. 「한국어 구조론 연구」. 서울 : (주) 탑출판사.

배주채. 1996. 「국어음운론개설」. 서울 : 신구문화사.

백설자 옮김. 2001. 「텍스트언어학입문」. 서울 : 역락.

서울大 大學院 國語研究會 編. 1990. 「國語研究 어디까지 왔나」, 서울 : 東亞
出版社

서정수. 1991. 「현대 한국어 문법 연구의 개관」. 서울 : 한국문화사.

成光秀. 1974. "國語 格文法 試論(Ⅰ)-格設定, 主題化, 目的語 및 補語에 대하여-." 「人文論叢」(高麗大) 19.

成光秀. 1979. 「國語助辭의 研究」. 서울 : 螢雪出版社

손남익. 1995. "국어 부사 연구." 고려대 박사학위논문.

송석중. 1993. 「한국어 문법의 새조명」(통사구조와 의미해석). 서울 : 지식산업사.

송철의. 1993. "자음의 발음." 「새국어생활」 제3권 제1호. 국립국어연구원.

송철의. 1998. "자음체계와 자음동화." 「새국어생활」 제8권 제4호. 국립국어연구원.

신상순·이돈주·이환묵 편. 1988. 「훈민정음의 이해」. 서울 : 한신문화사.

심재기. 2000. 「國語 語彙論 新講」. 서울 : 태학사.

龍喆元 譯. 1989. 「生成-變形 統辭論」. 서울 : 翰信文化社

윤원섭. 1994. 「언어심리학」. 서울 : 博英社

윤재원. 1989. 「국어 보조조사의 담화분석적 연구」. 대구 : 형설출판사.

이광정. 1986. "국문법초기의 서양인의 품사연구." 「경원대논문집」 5.

李光政. 1987. 「國語品詞分類의 歷史的 發展에 관한 研究」. 서울 : 翰信文化社

이건수. 2000. 「언어학 개론」. 서울 : 신아사.

이근수. 1995. 「훈민정음신연구」. 서울 : 보고사.

이기동 외 역. 1999. 「언어와 언어학-인지적 탐색」. 서울 : 한국문화사.

李基文. 1972. 「國語音韻史研究」. 서울 : 탑출판사.

李基文. 1981. 「韓國語形成史」. 서울 : 三星文化文庫.

李基文·金鎭宇·李相億 共著. 1984. 「國語音韻論」. 서울 : 學研社

이병모. 1995. 「의존명사의 형태론적 연구」. 서울 : 學文社

李相揆. 1999. 「方言學」. 學研社

李相億·金永錫. 1992. 「現代形態論」. 서울 : 學研社

이석규 외. 2001. 「텍스트언어학의 이론과 실제」. 서울 : 박이정.

이성만 옮김. 1994. 「텍스트언어학의 이해」. 서울 : 한국문화사.

이성만 옮김. 1995. 「텍스트언어학입문」. 서울 : 한국문화사.

李崇寧. 1961. 「國語造語論考」. 서울 : 乙酉文化社.

李承煥・李蕙淑. 1966. 「變形-生成文法의 理論」. 서울 : 汎韓書籍株式會社.

이원표 옮김. 1997. 「담화연구의 기초」. 서울 : 한국문화사.

李乙煥・李喆洙. 1981. 「韓國語文法論」. 서울 : 開文社.

李乙煥 외. 1992. 「國語學新講」. 서울 : 開文社.

이을환・박상규 공저. 1996. 「언어학의 이해」. 서울 : 半島出版社.

李翊燮. 1984. 「方言學」. 서울 : 民音社.

李翊燮. 1986. 「國語學槪說」. 서울 : 學硏社.

李翊燮・任洪彬 共著. 1983. 「國語文法論」. 서울 : 學硏社.

이익섭・이상억・채완. 1997. 「한국의 언어」. 서울 : 신구문화사.

이익섭・채완. 1999. 「국어문법론강의」. 서울 : 學硏社.

李益煥. 1985. 「意味論槪論」. 서울 : 翰信文化社.

李廷玟・李秉根・李明賢 編. 1977. 「言語科學이란 무엇인가」. 서울 : 文學과
    知性社.

李喆洙. 1985. 「韓國語音韻學」. 인천 : 仁荷大 出版部.

李喆洙. 1994. 「國語形態學」. 인천 : 仁荷大 出版部.

李喆洙. 1995. 「國語文法論」. 서울 : 開文社.

이철수・김준기. 2000. 「언어와 언어학의 이해」. 서울 : 한국문화사.

임지룡. 1993. 「국어 의미론」. 서울 : 탑출판사.

任桓宰. 1984. 「言語學史」. 서울 : 經文社.

장병기・김현권 편역. 1998. 「소쉬르의 현대적 이해를 위하여」. 서울 : 박이
    정.

張奭鎭. 1982. "비정상 질문:극성과 대조." 「語學硏究」(서울대) 18-1.

張奭鎭. 1993. 「話用과 文法」. 서울 : 塔出版社.

정경일 외 공저. 2000. 「한국어의 탐구와 이해」. 서울 : 박이정.

鄭然粲. 1995. 「韓國語音韻論」(중판). 서울 : 開文社.

조명한. 1985. 「언어심리학-언어와 사고의 인지심리학」. 서울 : 민음사.

曺錫鍾 譯. 1983. 「言語學入門」. 서울 : 塔出版社.

천소영. 1996. 「언어의 이해」. 서울 : 와우.

최명옥. 1998. "국어의 방언구획." 「새국어생활」 제8권 제4호. 국립국어연구

원.

崔昌烈·沈在箕·成光秀 共著. 1993. 「國語意味論」. 서울 : 開文社

崔鶴根. 1988. 「韓國語 系統論에 關한 硏究」. 서울 : 明文堂

텍스트연구회 편. 1993. 「텍스트언어학」 1. 서울 : 서광학술자료사.

韓國方言學會 編. 1973. 「國語方言學」. 서울 : 螢雪出版社

한문희 옮김. 1991. 「음운학원론」. 서울 : 民音社

한영목 옮김. 1994. 「형태·통사론의 이해」. 서울 : 한국문화사.

한학성. 1995. 「생성문법론」. 서울 : 태학사.

허  웅. 1993. 「언어학」-그 대상과 방법-(중판). 서울 : 샘문화사.

홍사만. 1983. 「國語特殊助詞論」. 서울 : 學文社

홍사만. 1985. 「國語語彙意味硏究」. 서울 : 學文社

小倉進平. 1944. 「朝鮮語方言の硏究」. 東京 : 岩波書店.


Beaugrande, R. D. & Dressler, W. 1972. *Introduction to Text Linguistics.* London : Longman.(金泰玉·李玄浩 共譯. 1991. 「談話·텍스트 言語學 入門」. 서울 : 養英閣.)

Bell, R. T. 1976. *Sociolinguistics,* New York, NY : St. Martin's press.

Bloomfield, L. 1933. *Language.* New York.

Clark, H. H. & Clark. E. V. 1977. *Psychology and Language : An Introduction to Psycholinguistics.* New York : Harcourt Brace Jovanovich, Inc.(이기동·임상순·김종도 共譯. 1988. 「언어와 심리」. 서울 : 塔出版社)

Fillmore, C. J. 1968. "The Case for Case." *Universals in Linguistic Theory* (ed. by Emmon W. Bach & Robert T. Harms)

Fillmore, C. J. 1971. "Some Problem for Case Grammar." *Monograph Series on Language and Linguistics* 24.

Fromkin,V. & Rodman, R. 1974. *An Introduction to LANGUAGE.* New York : Holt, Rinehart and Winston.(박의재·성낙일 옮김. 1985. 「영어학개론」. 서울 : 한신문화사.)

Gleason, H. A. 1961. *An Introduction to DESCRIPTIVE LINGUISTICS*

(Revised Edition). Holt, Rinehart and Winston, Inc.

Halliday, M. A. K. 1976. *Cohesion in English.* London, Longman.

Jespersen, O. 1924. *Philosophy of grammar.* London : Allen and Unwin.(이환무·이석무 공역. 1987. 「문법철학」 서울 : 한신문화사.)

Ladefoged, P. 1975. *A Course in Phonetics.* New York : Harcourt, Brace & Jovanovich.(황귀룡 역. 1986. 「音聲學入門」. 서울 : 翰信文化社)

Ogden, C. K. & Richards, I. A. 1923. *The Meaning of Meaning.* New York : Harcourt Brace Jovanovich.(金鳳柱 譯. 1986. 「意味의 意味」.서울 : 翰信文化社)

Palmer, F. 1971. *Grammar.* Penguin.(朴慶洙 譯. 1981. 「文法論」. 서울 : 翰信文化社)

Poppe, N. 1965. *Introduction to Altaic Linguistics.* Wiesbaden, Germany : Otto Harrassowitz.

Radford, A. 1988. *Transformational Grammar : A Fist Course.* Cambridge University Press.(서정목·이광호·임홍빈 옮김. 1990. 「변형문법」. 서울 : 을유문화사.)

Ramstedt, G. J. 1939. *A Korean Grammar.* Helsinki.

Robins, R. H. 1964. *General Linguistics : An Introduction Survey.* London : Longmans.

Sloat, C·Taylor, S. H·Hoard, J. E. 1978. *Introduction to Phonology.* Oregon.(이현복·김기섭 공역. 1983. 「음운학개설」. 서울 : 탐구당.)

Ullmann, S. 1959. *The Principles of Semantics.*(2nd edition) Glasgow-Oxford.(南星祐 譯. 1979. 「意味論의 原理」. 서울 : 塔出版社)

Ullmann, S. 1962. *Semantics : An Introduction to the Science of Meaning.* Oxford : Basil Blackwell & Mott Ltd.(南星祐 譯. 1988. 「意味論 : 意味科學入門」. 서울 : 탑출판사.)

Wardhaugh, R. 1992. *An Introduction to Sociolinguistics.*(2nd edition) Blackwell Publishers.(朴義載 譯. 1994. 「사회언어학」. 서울 : 翰信文化社)

**▌ㅇ▐**

## ▌ ㅊ ▌

창조성  12, 18, 19, 287
첨가어  115, 249
청각 영상  45, 198, 199, 200
청취 음성학  53
체언  112, 113, 117, 119, 120, 122, 125,
    150, 151, 248
초분절 음소  70
초점 지역  242
최소 대립쌍  75, 82
추상성  12, 20, 52
치간음  62
치경음  59, 60, 62, 63, 64, 78, 80, 88,
    91, 96
치찰음  61, 110

## ▌ ㅌ ▌

텍스트  301, 302, 304, 305, 306, 307,
    308, 309, 310, 311, 315, 317, 318,
    319, 320, 322, 323, 325, 326, 329
텍스트성  305, 309, 317, 319, 325
텍스트 언어학  301, 302, 304, 305, 308,
    309
텍스트학  309
통사적 합성어  140
통시 언어학  30, 31, 33, 40
통신 언어  290, 291, 292, 293, 294, 29,
    297, 298, 299

## ▌ ㅍ ▌

파생어  135, 136, 140
파열음  58, 59, 60, 64, 78, 79, 80, 84,
    87, 88, 92, 93
파찰음  58, 60, 61, 64, 87, 88

평순 모음  58, 65
폐모음  58, 66, 69
폐쇄음  58
폐쇄 형태소  131
포합어  248, 249
표면 구조  35, 36, 169, 170, 177, 189,
    194, 283
표음 문자  260, 261, 293
표의 문자  260, 261
표준어  10, 234, 235, 236, 280, 292, 298
표준이론  189, 190

## ▌ ㅎ ▌

하강적 이중 모음  70
하위어  212, 218, 219
합성어  135, 140, 295
합성어의 파생  140
해석 의미론  188, 189, 191, 194
향찰  264
형식 의미론  188, 299
형식 형태소  108, 109
형태론적 이형태  110
형태소  34, 46, 101, 103, 104, 105, 106,
    107, 108, 109, 110, 111, 112, 114,
    130, 131, 133, 134, 135, 138, 140,
    141, 167, 169, 260, 261, 263, 264
화용적 능력  161
화행 의미론  195
확대 표준 이론  189, 190
환정적 의미  202, 205
활용  115, 120, 123, 126, 127, 129, 132,
    150
활음  62
후두 자질  90
후설 모음  68, 89

**저자소개**

**김진호(金鎭浩)**

  (현) 경원대학교 국어국문학과 교수
  (전) 경원대학교 국제어학원 한국어 주임교수

<저서 및 연구논문>

  『국어 특수조사의 통사·의미 연구』(2000)
  『우리말답게 번역하기』(공저, 2002)
  『한국문화 바로 알기』(공저, 2002) 外.

  「16세기 국어의 형태주의 표기 연구」(1997)
  「문학작품의 텍스트 분석」(1998a)
  「현대국어의 주어와 주제」(1998b)
  「국어의 주제 유형에 관한 연구」(1999b)
  「국어 사이시옷의 연구」(2001) 外.

# 언어학의 이해

초판 1쇄 발행  2004년  2월  27일
초판 4쇄 발행  2016년  8월  22일
저 자 김 진 호
펴낸이 이 대 현
편 집 박 윤 정
펴낸곳  도서출판 역락
     서울시 서초구 반포4동 577-25 문창빌딩 2층
TEL 대표·영업 3409-2058  편집부 3409-2060  FAX 3409-2059
E-MAIL youkrack@hanmail.net / yk3888@kornet.net
등 록  1999년 4월 19일 제2-2803호
ISBN  89-5556-277-2-93710

정가  15,000원

  * 잘못된 책은 교환해 드립니다.